Beck'sche Reihe

Denker

BsR 5

BsR

Diese Einführung in Schellings Denken für Interessierte und Studierende nimmt zugleich zu zentralen Themen der Schelling-Forschung Stellung. Die Grundintention Schellings, der weniger als System- denn als genialer Problemdenker zwischen Fichte und Hegel gilt, zielt auf eine Philosophie des Absoluten als All-Einheitsphilosophie mit den Problemkomplexen Einheit und Vielheit, Absolutes und Endliches, Vernunft und Geschichte sowie Philosophie und Religion. Das Buch ist nach dem Werk von Kuno Fischer die erste neuere genetische Darlegung der Schelling'schen Philosophie nach ihren Hauptthemen in deutscher Sprache.

Hans Michael Baumgartner ist Lehrstuhlinhaber für Philosophie an der Universität Bonn, Mitglied der Schelling-Kommission der Bayerischen Akademie der Wissenschaften und Mitherausgeber der Historisch-Kritischen Schelling-Ausgabe. 1986–92 Präsident der Internationalen Schelling-Gesellschaft/Leonberg. *Buchveröffentlichungen*: Die Unbedingtheit des Sittlichen. Eine Auseinandersetzung mit Nicolai Hartmann (1962), Kontinuität und Geschichte. Zur Kritik und Metakritik der Historischen Vernunft (1972), Philosophie in Deutschland 1945–1975 (Mitautor) ([4]1987), Kants „Kritik der reinen Vernunft". Anleitung zur Lektüre ([4]1996, chines., jap. 1994), Endliche Vernunft. Zur Selbstverständigung der Philosophie über sich selbst (1991, poln. 1996). *Herausgeber*: Schelling. Einführung in seine Philosophie (1975), Das Rätsel der Zeit (1993), Zeitbegriffe und Zeiterfahrung (1994).

Harald Korten ist wissenschaftlicher Mitarbeiter am Philosophischen Seminar A der Universität Bonn. *Mitherausgeber*: Grenzbestimmungen der Vernunft. Beiträge zur Rationalitätsdebatte (1994).

Die Reihe „Denker" wird herausgegeben von *Otfried Höffe*. Die bisher erschienenen Bände siehe S. 263.

HANS MICHAEL BAUMGARTNER
HARALD KORTEN

Friedrich Wilhelm Joseph Schelling

VERLAG C. H. BECK

Mit 9 Abbildungen

Die Deutsche Bibliothek – CIP-Einheitsaufnahme

Baumgartner, Hans Michael:
Friedrich Wilhelm Joseph Schelling / Hans Michael Baumgartner ; Harald Korten. – Orig.-Ausg. – München : Beck 1996
(Beck'sche Reihe ; 536 : Denker)
ISBN 3 406 38935 X
NE: GT

Originalausgabe
ISBN 3 406 38935 X

Umschlagentwurf: Uwe Göbel, München
Umschlagabbildung: Gemälde von Carl Begas (Verlag C. H. Beck)

Gesamtherstellung: C. H. Beck'sche Buchdruckerei, Nördlingen
Gedruckt auf säurefreiem, alterungsbeständigem Papier
(hergestellt aus chlorfrei gebleichtem Zellstoff)
Printed in Germany

Inhalt

Anhang

Zitierweise und Abkürzungen

Schellings Werke werden zitiert nach der Ausgabe der *Sämmtlichen Werke*, hrsg. v. K. F. A. Schelling, Bd. I–XIV (urspr. erschienen in 2 Abteilungen: I, Bd. 1–10 und II, Bd. 1–4), Stuttgart/Augsburg 1856–61, ohne Sigle mit röm. Band- und arab. Seitenzahl.

Sofern die Texte bereits in der *Historisch-Kritischen Ausgabe* der Bayerischen Akademie der Wissenschaften ediert sind, wird zusätzlich auf diese Ausgabe verwiesen, z.B.: AA I, 3 49 = Akademie-Ausgabe, Reihe I (Werke), Band 3, S.49.

Mit der Sigle *BuD* wird verwiesen auf: F. W. J. Schelling: Briefe und Dokumente, hrsg. v. H. Fuhrmans, 3 Bde., Bonn 1962–1975; mit der Sigle *Plitt* auf: Aus Schellings Leben. In Briefen, 3 Bde., hrsg. v. G. L. Plitt, Leipzig 1869–70 – jeweils mit röm. Band- und arab. Seitenzahl.

Die Orthographie wird durchgehend modernisiert.

Die Titel von Schellings Werken werden bei der ersten Nennung vollständig aufgeführt; bei weiteren Nennungen wird eine entsprechende Kurzfassung benutzt, z.B. *Ideen* = *Ideen zu einer Philosophie der Natur.*

1. Einleitung

Friedrich Wilhelm Joseph Schelling ist spekulativer Idealist. Er gilt weniger als System- denn als genialer Problemdenker zwischen Johann Gottlieb Fichte und Georg Wilhelm Friedrich Hegel; und er ist als Philosoph der Romantik apostrophiert und als Reaktionär kritisiert worden. Er hat – so scheint es – ein Werk ohne eigentlichen Mittelpunkt, allenfalls ein „Werk im Werden", „une philosophie en devenir" (Xavier Tilliette) hinterlassen. Begünstigt durch den Historismus der hermeneutischen Geistes- und Geschichtswissenschaften lag der Interpretation seiner Werke lange Zeit die herrschende Vorstellung des Proteus in der Philosophie zugrunde, der, leicht von Rezeptionen beeinflußbar, in jeder neuen Schrift eine fundamental neue Gestalt annahm und durch alle möglichen Formen hindurchging. Wie aber kann ein Sammelsurium verschiedenster Phasen- oder Periodenkonzepte, freilich ohne Nivellierung oder Glättung, vermieden werden? Heinrich Heine empfahl seinerzeit, „seine Bücher chronologisch [zu] lesen, die allmähliche Ausbildung seines Gedankens darin [zu] verfolgen und sich dann an seiner Grundidee fest[zu]halten"[1]. Ihm folgend versuchen wir, diese Grundidee zu bestimmen.

Leitfaden Schellings ist der in der Konstellation der nach-Kantischen Philosophie formulierte Systemgedanke und das ein solches System begründende Prinzip, die Intention auf ein vollständiges, umfassendes System des Wissens. Die Grundintention zielt auf eine Philosophie des Absoluten als All-Einheitsphilosophie. Mit diesem Konzept ist ein Problemkomplex verbunden, der anhand von vier Gegensatzgliedern verdeutlicht werden kann: 1. das Grundproblem von *Einheit* und *Vielheit*, insofern das absolute Eine dem Vielen gegenüber selbst zu einem Vielen zu werden droht; 2. das Verhältnis von *Absolutem* und *Endlichem*, wobei der Modus ihres fundamen-

Abb. 1: Friedrich Wilhelm Joseph Schelling. Kreidezeichnung von Fr. Tieck

talen Zusammenhangs geklärt werden muß; 3. das Verhältnis von *Vernunft* und *Geschichte*, als der zeitlichen Vermittlung von Einem und Vielem, Absolutem und Endlichem, unter dem grundlegenden Gesichtspunkt der *Freiheit*; und schließlich 4. der Bezug von *Vernunft* und *Offenbarung* bzw. von *Philosophie* und *Religion* als denjenigen Gestalten des menschlichen Bewußtseins, in denen das Absolute bzw. Göttliche in besonderer Weise zur Erscheinung kommt. Alle genannten Aspekte durchziehen gleichermaßen, wenn auch zu Zeiten mit unterschiedlichem Gewicht, das Gesamtwerk Schellings.

Die Grundbewegung von Schellings Denken läßt sich nach einem allgemeinen Schema als eine Bewegung der Einheit fassen, die sich im Durchgang durch einen Prozeß realisiert und durchsetzt, der zunächst als Einholungsgedanke, später als (welt-)geschichtlicher Prozeß formuliert wird. Diese Bewegung ist nicht als solche von einem Vollendeten zum Vollendeten zu verstehen; sondern das Absolute ist hinsichtlich seiner Bestimmungen vor dem Prozeß nicht identisch mit dem Ende des Prozesses, was in der semantischen Differenz: ‚vor dem Prozeß' und ‚über dem Prozeß' oder auch ‚Erstes' und ‚Höchstes' seinen terminologischen Ausdruck findet. Diese Grundbewegung verweist in formaler Gestalt auf den jeweiligen Begriff des Absoluten: den der Indifferenz bzw. Identität der Identität in der sog. Identitätsphilosophie und als Gott bzw. personale Einheit und absoluter Geist in der positiven Philosophie. Der entscheidende Fortschritt im Fortgang der Schriften Schellings beruht demnach auf dem differenzierten und ausgeführten Gottesbegriff als Person. Als Person setzt dieser sich gleichsam noch gegen den abstrakten Identitätsbegriff durch. In diesem Licht erscheint Schellings Philosophie als zweiphasiger Entwicklungsgang, dessen Gelenkstück die Freiheitsschrift markiert: von der Identität von Natur und Geist zum tieferen Problem des eigentlichen Gegensatzes von Freiheit und Notwendigkeit als „dem innersten Mittelpunkt" (VII 333) einer wesentlich geschichtlichen Philosophie. Es ist diese heuristische Hypothese mit ihrer impliziten Schwerpunktbildung, die – nach einer eröffnenden biographischen Skizze – dem Durchgang durch Schellings Werke zugrundeliegt. Ob sie sich in der Interpretation bewährt, mag der Leser entscheiden. .

Wenn dabei auch Ähnlichkeiten, etwa mit der Gliederung von Horst Fuhrmans unübersehbar sind, so wird hier doch eine andere Nomenklatur geltend gemacht. Schellings Spätphilosophie ist nicht als bloßer Theismus, und auch nicht als genuin christliche Philosophie im herkömmlichen Sinne verstanden, sondern als differenzierte und vertiefte All-Einheitslehre, die Schellings Philosophie von Anfang an war: „Hen kai pan [Eins und Alles], ich weiß nichts anderes, sagte seiner Zeit Lessing. Ich weiß auch nichts anderes"[2], heißt es bekenntnishaft in einem Brief an seinen Sohn Karl Friedrich August kurz vor seinem Tod 1854. Auch nach der Überbietung durch Hegel, der das Identitätssystem gleichsam zur begrifflichen Perfektion bringt und auf höchstem Niveau ausführt, hat Schelling den Systemgedanken selbst in einer durch einen offenen geschichtlichen Horizont charakterisierten Wirklichkeitsphilosophie nicht aufgegeben, wenngleich er an seine Grenzen stößt. Schelling hat damit eine paradigmatische Philosophie formuliert, deren Prämissen gewiß diskutabel sind, deren Anspruch und Zumutung an ein endliches Vernunftwesen freilich auf ähnliche Weise fragwürdig und uneinlösbar scheinen wie die vergleichbaren Versuche Fichtes und Hegels.

Schelling hat nicht eigentlich eine philosophische Schule ausgebildet; seine Wirkungsgeschichte ist zumeist untergründig verlaufen, ebendeshalb aber auch verzweigt. Schlaglichtartige Hinweise am Schluß des Bandes machen darauf aufmerksam.

2. Biographische Skizze

Am 27. Januar 1775 wurde Schelling in Leonberg als Sohn einer alteingesessenen schwäbischen Pastorenfamilie geboren. Der Vater, Pfarrer und Diakon, war angesehener Orientalist und seit 1777 Lehrer am Höheren Seminar des Klosters Bebenhausen. Protestantische Mystik und pietistische Innerlichkeit der Schwabenväter Johann August Bengel (1687–1752) und Christian Friedrich Oetinger (1702–1782) kennzeichnen das intellektuelle Klima des Elternhauses. Zunächst an der Deutschen Schule in Bebenhausen, 1785 in der Lateinschule in Nürtingen unterrichtet, wird der geistig frühreife Schelling ins Kloster Bebenhausen zurückgeholt und lernt in Seminaren, die für bereits ältere Schüler bestimmt waren, neben Griechisch und Latein vor allem Hebräisch und Arabisch sowie neuere Sprachen. Knapp sechzehnjährig wird Schelling 1790 mit einer Sondererlaubnis zwei Jahre vor der offiziellen Altersgrenze im Tübinger Stift zum Studium der Theologie und dem dieses vorbereitenden Studium der Philosophie zugelassen. Im Stift, das vor allem Staats-, Kirchen- und Schuldiener des Landes ausbildete, ist Schelling den fünf Jahre älteren Friedrich Hölderlin und Hegel bis zu deren Abgang 1793 freundschaftlich verbunden. Vor allem der Briefwechsel mit Hegel bis zum Herbst 1795, da auch Schelling sein Studium beendet, ist ein wesentliches Dokument für Schellings erste philosophische Konzeption.

In einer Zeit revolutionärer Grundstimmung in allen gesellschaftlichen Bereichen, kurz nach der Französischen Revolution, wurde am Stift ein streng reglementiertes, politisch konservatives bis reaktionäres Regiment unter Herzog Karl Eugen geführt, der zum Teil selbst in das Universitätsleben eingriff. Einmal pro Semester war ihm Rapport über das Betragen der Stipendiaten zu erstatten. So soll Schelling an einem als Leseclub getarnten Politischen Club teilgenommen und die Marseillaise ins Deutsche übersetzt haben. Vor allem während des auf das vorbereitende zweijährige Philosophiestudium folgenden dreijährigen Theologiestudiums (ab WS 1792/93), einer Phase, in der Schelling bereits in kritisch distanzierter Haltung zu den theologischen Gehalten und Vorstellungen des traditionellen Christentums steht, fällt es ihm zunehmend schwerer, die Reglementierungen wie die Grundpositionen der Tübinger Orthodoxie zu ertragen. Der Verdacht, Jacobiner, Aufklärer und Demokrat zu sein, sollte ihn nicht nur bei der späteren Hoflehrerstelle, sondern auch noch in den Augen Johann Wolfgang v. Goethes bei seiner ersten Berufung nach Jena verfolgen.

Die bei den Studenten vorherrschende eschatologische Grundstimmung in der Hoffnung auf radikale gesellschaftspolitische Veränderungen und die Erwartung, mit einem letzten kritischen Schritt die endlich zu erreichende Vollendung der Menschheit, die Vollendung des menschlichen Wissens und der Philosophie im besonderen, realisieren zu können, wurde zum Teil von Publikationen der Zeit genährt: So war ihnen Fichte mit seiner *Kritik aller Offenbarung* (1792) und der *Zurückforderung der Denkfreiheit von den Fürsten Europens, die sie bisher unterdrückten. Eine Rede* (1793) bekannt geworden.

Im Gegensatz zur tradierten Vorstellung über das Tübinger Stift war man in der Lehre jedoch durchaus auf der Höhe der

Abb. 2: Das Stift in Tübingen. Um 1820. Kupferstich von Rupp

Zeit, wenn auch mit der geboten erscheinenden kritischen Distanz. Zum Teil fördernd, zumeist aber gegen ihren kritischen Gehalt (so etwa bei Gottlob Christian Storr, Professor für systematische Theologie), waren in der Lehre der Professoren, nachdrücklicher freilich auf der Ebene des ‚Mittelbaus', der Repetenten, die wesentlichsten Neuerscheinungen der philosophischen Literatur – wie etwa die Prüfungsthemen zeigen – präsent[1]. Neben Immanuel Kants Vernunftkritiken (*Kritik der reinen Vernunft* [1781], *Kritik der praktischen Vernunft* [1788], *Kritik der Urteilskraft* [1790]) und Karl Leonhard Reinholds Elementarphilosophie war es vor allem Friedrich Heinrich Jacobis 1789 in 2. Auflage erschienene Schrift *Über die Lehre des Spinoza in Briefen an Herrn Moses Mendelssohn*, die auf die jungen Studenten faszinierend wirkte. Sollte nach der Absicht Jacobis der Spinozismus als Pantheismus und Atheismus diskreditiert werden, so wurde er, zugleich als einzig mögliche vollendete Gestalt einer Vernunftphilosophie präsentiert, zum Leitfaden der nach ihrer Meinung noch ausstehenden Vollendung der Kantischen Philosophie: der Erhebung und Ausgestaltung der ‚Kritik' zum philosophischen System. Neben der Transzendentalphilosophie war hiermit von Anfang an ein zugleich gegenläufiger Impuls in Schellings Denken präsent.

Entgegen den Üblichkeiten, nach denen die Schüler eine Arbeit des Lehrers verteidigten, verfaßte Schelling am Ende seines Philosophiestudiums seine Dissertation selbst: *Antiquissimi de prima malorum humanorum origine philosophematis Genes. III. explicandi tentamen criticum et philosophicum*, „Ein kritischer und philosophischer Versuch, das älteste Philosophem über den ersten Ursprung der menschlichen Übel in Genesis III auszulegen" (1792). Hier zeigt sich Schelling mit den einschlägigen Veröffentlichungen Johann Gottfried Herders, Kants und Christian Gottlob Heynes vertraut, deren Ansätze er zu einer geschichtsphilosophischen Auslegung der Vernunft formiert. Die bisher leider noch nicht aufgefundenen Specimina, die schriftlichen Hausarbeiten zu den Prüfungen, behandelten bezeichnenderweise Themen zu Reinhold und Kant. Sie verweisen auf Fragen und zentrale Problemstellungen, für die Schelling dann durch Fichtes Schrift *Über den Begriff der Wissenschaftslehre oder der sogenannten Philosophie* (1794) eine philosophische Artikulationsform (Ich, Nicht-Ich; Grundsätze) erhält. Die *Begriffs*-Schrift kann er angemessen rezipieren und auf der bereits entwickelten Problemfolie die Prinzipienüberlegungen sehr schnell in einen durchaus eigenständigen, auch von anderen als rein transzendentalphilosophischen Motiven durchzogenen Entwurf integrieren.

So versucht er in der noch während des Studiums publizierten Schrift *Über die Möglichkeit einer Form der Philosophie überhaupt* (1794) schon vor Fichtes Ausführung der Wissenschaftslehre eine eigenständige Deduktion der Kantischen Kategorien. Mit dieser Schrift wurde er von Fichte als philosophischer Schriftsteller von Rang anerkannt und hatte fortan in der scientific community einen Namen.

Nach Beendigung des Theologiestudiums 1795, bei dem von Anfang an klar war, daß Schelling nicht die theologische Laufbahn einschlagen wird, unterrichtet er in Stuttgart als Hauslehrer die Barone von Riedesel aus Darmstadt. Im März 1796 geht er mit ihnen nach Leipzig, wo er selbst an der Universität Mathematik, Naturwissenschaften und Medizin studiert und

Abb. 3: Ansicht der Stadt Jena vom Rasenmühl-Berge. Radierung von Jacob Roux um 1800

schließlich seine ersten naturphilosophischen Schriften, programmatisch *Ideen zu einer Philosophie der Natur* (1797) genannt, veröffentlicht.

Im August 1798 hält sich Schelling für sechs Wochen in Dresden auf, um die dortigen Kunstsammlungen zu studieren, und gewinnt einen ersten Kontakt zum Kreis der Frühromantiker um die Gebrüder August Wilhelm und Friedrich Schlegel, Novalis, Friedrich Tieck und Friedrich Ernst Daniel Schleiermacher. Mit Goethes Unterstützung wird er 1798 auf eine außerordentliche Professur nach Jena berufen. Hier entfaltet er eine rege Lehrtätigkeit, vor allem in den Vorlesungen über Natur- und Transzendentalphilosophie, zunächst bis zum durch den Atheismusstreit 1799 erzwungenen Weggang Fichtes neben diesem, danach immer mehr allein zum geistigen Mittelpunkt der Universität aufstrebend. Umgang pflegt er mit Goethe, dessen Farben- und Metamorphosenlehre er bewundert, und dem Landsmann Friedrich Schiller im nahen Weimar; den Frühromantikern verdankt er vor allem Anregungen für seine Kunstphilosophie. 1800 erscheint, aus den Vorlesungen hervorgegangen, das *System des transzendentalen Idealismus*, in dem er dem Anspruch nach den Idealismus der Wissenschaftslehre erstmalig in seiner ganzen Ausdehnung als System vorlegt. Es ist sicherlich das geschlossenste Werk, das Schelling veröffentlicht hat. Im Briefwechsel 1801/02 kommt es zum Dissens mit Fichte über die zentrale Frage des Verhältnisses von Natur- und Transzendentalphilosophie. Im 2. Heft der ab 1801 von Schelling herausgegebenen *Zeitschrift für spekulative Physik* erscheint eine Schrift, die bereits mit dem Titel *Darstellung meines Systems der Philosophie* ein von Fichte unabhängiges philosophisches Konzept ankündigt: die Identitätsphilosophie. 1801 habilitiert sich der Jugendfreund Hegel in Jena und veröffentlicht seine Schrift *Differenz des Fichteschen und Schellingschen Systems der Philosophie*, in der er eine eigenständige Fichte-Kritik erabeitet, die Schelling und Hegel in den folgenden Jahren ihrer philosophischen Zusammenarbeit vertreten. 1802/03 dokumentiert sich diese Zusammenarbeit im gemeinsam verfaßten *Kritischen Journal der Philosophie*.

Im Mai 1803 verläßt Schelling Jena und heiratet nach deren Scheidung von A.W. Schlegel Caroline, geb. Michaelis, die ihn seit ihrer ersten Bekanntschaft verehrt hat. Nicht zuletzt aufgrund der Scheidungsaffäre und persönlicher Animositäten, weniger aufgrund philosophischer oder religiöser Differenzen, die es gab und denen Schelling in seinem Knittelversgedicht *Epikuräisch Glaubensbekenntnis Heinz Widerporstens*, dem Entwurf einer pantheistischen Naturreligion, Ausdruck verleiht, stellt sich zum Romantiker-Kreis eine Distanz her. Im WS 1803/04 folgt Schelling einem Ruf nach Würzburg, das nach dem Reichsdeputationshauptschluß an Bayern gefallen war und dessen Universität als Landesuniversität ausgebaut werden sollte. Hierhin wird ein illustrer Kreis von Gelehrten berufen: neben den Medizinern Albert Friedrich Marcus und Johannes Andreas Röschlaub, die sich in Bamberg Schellingsche Grundideen angeeignet und für ihr Gebiet fortgeführt hatten und die Schelling 1800 bereits aufgesucht hatte, Karl August Eschenmayer, Henrik Steffens, Heinrich Schubert und

Abb. 4: Caroline Schlegel. Kopie nach einem Gemälde von F. A. Tischbein

Lorenz Oken, allesamt Anhänger und Verfechter der neuen Naturphilosophie, daneben noch der Jurist Christoph Wilhelm Hufeland und die Theologen Heinrich Eberhard Gottlob Paulus und Friedrich Immanuel Niethammer. Die Verdächtigungen, Schelling trage Verantwortung für den Tod der Tochter Carolines, Auguste Böhmer (1785–1800), die er mit Mitteln der Brown'schen Erregungslehre therapiert haben soll, wie auch seine Zwischenstellung zwischen katholischem Klerus (vor allem Franz Berg) und protestantischen Theologen wie Paulus, denen gleichermaßen die romantisch-religiösen Tendenzen suspekt sind, verleiden den Aufenthalt.

Seit der Auseinandersetzung mit Eschenmayer, die sich in der Schrift *Philosophie und Religion* (1804) niederschlägt, wird ihm eine religiöse Erneuerung und die Einbeziehung des Spirituellen in die Philosophie zum zentralen Problem. Die Sinnen-

Abb. 5: Johann Gottlieb Fichte. Zeichnung von Bury

welt erscheint als Abfall vom Absoluten und fordert einen weitaus differenzierteren Begriff des Absoluten. Fichte, der sich mittlerweile vernehmbar kritisch zur Natur- und Identitätsphilosophie geäußert hat, wird 1806 in einer Streitschrift *Darlegung des wahren Verhältnisses der Naturphilosophie zu der verbesserten Fichteschen Lehre* abgefertigt. Mit der 1807 erschienenen *Phänomenologie des Geistes* von Hegel, dessen kritische Töne in der Einleitung Schelling auf sich bezieht, bricht auch dieser Kontakt ab. Später haben beide sich zufällig bei einem Kuraufenthalt in Karlsbad getroffen – über philosophische Themen wurde indes nicht gesprochen.

Am 17. April 1806 verläßt Schelling Würzburg, das nach dem Frieden von Preßburg an den Großherzog von Toskana fällt, in Richtung München, um in Bayern als dem mächtigsten der Rheinbundstaaten zu verbleiben. Als Ersatz wird ihm vom Bayerischen König die Aufnahme an die Münchener Akademie der Wissenschaften angeboten. Bis 1820 bleibt Schelling, ohne einer akademischen Lehrtätigkeit nachzugehen, in München. Aufsehen erregt die Rede am 12. Oktober 1807 *Über das Verhältnis der bildenden Künste zu der Natur*; Schelling wird Generalsekretär der 1807 gegründeten Akademie der bildenden Künste. In München nimmt er Kontakt zu Franz v. Baader auf, der sich vor allem für Jacob Böhme und dessen mystisch-theosophische Ausrichtung interessiert. Im Frühjahr 1809 erscheinen die *Philosophischen Untersuchungen über das Wesen der menschlichen Freiheit*. Mit dieser Schrift setzt Schelling eine Zäsur: Nachdem es bisher vornehmlich um Gegensatz und Einheit von Natur und Geist ging, stehe nun das Problem von Freiheit und Notwendigkeit als eigentlicher Mittelpunkt im Zentrum der Philosophie. Das verlangt sowohl eine Klärung des Wesens der menschlichen Freiheit wie auch einen distinkten Begriff von Gott.

Am 7. September 1809 stirbt Caroline. In der Schrift *Clara. Oder über den Zusammenhang der Natur- mit der Geisterwelt* hat Schelling seine meditatio mortis und Trostschrift der Philosophie verfaßt. Von Januar bis Oktober 1810 weilt Schelling in Stuttgart und hält *Privatvorlesungen* im Hause des Juristen Eberhard Friedrich Georgii. Nach München zurückgekehrt, beginnt er mit der Arbeit an den *Weltaltern*, die, 1811 bereits im Messekatalog angekündigt, in der Folge Entwurf und unveröffentlicht bleiben. In ihnen wird das große Thema, das Schelling bis zu seinem Lebensende beherrscht, in Angriff genommen: die Geschichte der Selbstoffenbarung Gottes in der Welt philosophisch zu bewältigen. 1811/12 kommt es zu einer Kontroverse mit Jacobi. Schelling reagiert in kurzer Zeit mit der stilistisch glanzvollen Kampfschrift *Denkmal der Schrift Von den göttlichen Dingen etc. des Herrn Friedrich Heinrich Jacobi*, die die gegen die Naturphilosophie gerichtete These von der prinzipiellen Unerkennbarkeit des Göttlichen, das von jeder Verbindung mit der Natur fernzuhalten sei, zurückweist.

Wenn auch Schelling seinen Gegnern nie darin nachstand, zur Not auch jenseits philosophischer Argumentation den ‚Feind' mit moralischen Invektiven und Denunziationen zu überziehen und abzuqualifizieren, so ist diese Schrift doch von ungewöhnlich scharfer Polemik.

Am 11. Juni 1812 heiratet Schelling Pauline Gotter, die Tochter einer Freundin seiner ersten Frau Caroline. Mit ihr hat er drei Töchter und drei Söhne. Ein neues Zeitschriftenprojekt *Allgemeine Zeitschrift von Deutschen für Deutsche* erweist sich als erfolglos. Die am 12. Oktober 1815 vor der Akademie der Wissenschaften vorgetragene Rede *Über die Gottheiten von Samothrake* wird als *Beilage zu den Weltaltern*, die noch nicht erschienen sind, veröffentlicht. In ihr findet sich erstmals die religionsphilosophische Interpretation des griechischen Mythos, aus der die Philosophie der Mythologie hervorgehen wird. In der Folge wird Schelling, abgesehen von Vorträgen und kurzen Texten, kein philosophisches Werk mehr veröffentlichen; in München vereinsamt er philosophisch zusehends; es geht das Gerücht um, er sei zum Katholizismus übergetreten, und seine politischen Äußerungen leisten der Vorstellung Vorschub, er sei zum Reaktionär geworden. So weist er zwar die reaktionären Karlsbader Beschlüsse zurück, nicht aber, ohne auch andere Kritiker wiederum zu kritisieren.

Als Honorarprofessor ohne feste Lehrverpflichtung ging Schelling dann Ende 1820 für sieben Jahre nach Erlangen, wo er bis 1823 Vorlesungen abhält: *Initia philosophiae universae oder: Über die Natur der Philosophie als Wissenschaft* sowie *Philosophie der Mythologie* und den ersten, in die positive Philosophie einleitenden Vortrag zur *Geschichte der neueren Philosophie*. Ein akademisches Lehramt nimmt er wieder 1827 mit dem Ruf an die Münchener Universität an, nachdem 1826 die Landesuniversität von Landshut nach München verlegt wurde. Im Mai 1827 wird er Generalkonservator der staatlichen wissenschaftlichen Sammlungen. Als Mitglied der Kommission unter Vorsitz des Kultusministers von Schenk ist er am Entwurf des Bayerischen Schulplans beteiligt, setzt sich mit Nachdruck für die klassische Bildung an den Schulen sowie für

Abb. 6: Einzug der Universität in München nach ihrer Verlegung von Landshut. Lithographie von Joseph Kirchmair. Am 15. November 1826 zogen die Professoren nach einem feierlichen Hochamt in St. Michael in die ihnen zugewiesenen Räume im ehemaligen Jesuitenkolleg ein

die akademische Freiheit ein und bekämpft jeglichen Studienzwang. Mit einer politisch engagierten Rede am 29. Dezember 1830 trägt er dazu bei, eine viertägige blutige Studentenunruhe zu beenden und eine Schließung oder Verlegung der Universität zu verhindern. Bis 1840 eröffnet er jeweils durch eine Rede die zweimal im Jahr stattfindenden öffentlichen Sitzungen der Akademie der Wissenschaften. Zu den bedeutendsten gehört sicherlich die vom 28. März 1832 *Über die Entdeckung der elektromagnetischen Induktion durch M. Faraday*.

1833 wird Schelling Ritter der französischen Ehrenlegion und neben Friedrich Carl v. Savigny und Schleiermacher korrespondierendes Mitglied der Pariser Akademie der Wissenschaften. An das Publikum dringt aus seinen Vorlesungen vor

Abb. 7: Georg Wilhelm Friedrich Hegel während einer Vorlesung „nach d. Nat. gez. 1828 u. lith. von F. Kugler“ (Ausschnitt)

allem die Kritik an Hegel. Dieser habe zentrale Gedanken seiner Identitätsphilosophie übernommen, sie aber schließlich in der reinen Begrifflichkeit seiner Logik ihrer wahren Bedeutung entkleidet und insbesondere den (im Sinne Schellings bloß) logischen Charakter der rationalen Philosophie verkannt. Ihm stellt Schelling in den Vorlesungen das Konzept einer positiven Philosophie entgegen.

Die nach der Juli-Revolution 1830 verstärkten Restaurationsbestrebungen, die sowohl die Freiheit der Universität als auch die Religionstoleranz den Protestanten gegenüber einschränkten, machen es Schelling leichter, am 1. August 1840 dem Ruf an die Berliner Universität zu folgen, um nach den Worten Friedrich Wilhelms IV. der „Drachensaat des Hegel'schen Pantheismus, der flachen Vielwisserei und gesetzlichen Auflösung häuslicher Zucht, deren Ernte in jene Tage fallen muß" als der „zum Lehrer der Zeit berufene Philosoph" – so Bunsen in seinem Konzept zum Berufungsschreiben – zu begegnen[2]. Als kulturpolitisches Ereignis ersten Ranges aufgenommen, trifft Schelling auf die gespannten Erwartungen eines kritischen, zum Teil voreingenommenen Publikums. Rechts- und Linkshegelianer wie Arnold Ruge, Michael Bakunin, Friedrich Engels, sowie Sören Kierkegaard, Henrik Steffens, Jacob Burckhardt u. a. gehören zu seinen Hörern. Einen Tag nach dem 10. Todestag Hegels beginnt Schelling am 16. November 1841 seine Vorlesungstätigkeit. 1843 gibt Paulus eine Nachschrift dieses Schellingschen Kollegs 1841/42 heraus, versehen mit eigenen ausführlich kommentierenden und polemischen Bemerkungen. Schelling sucht einen Prozeß wegen verbotenen Büchernachdrucks anzustrengen, verliert ihn aber und gibt 1846, gesundheitlich angeschlagen, seine Vorlesungstätigkeit, zu der er im übrigen nicht verpflichtet ist, auf.

Gemessen an den hochgespannten Erwartungen war seine Lehrtätigkeit in Berlin kein Erfolg. Bis 1852 hält er noch vereinzelte, für seine späte Philosophie indessen bedeutsame Vorträge in der Berliner Akademie der Wissenschaften. In den letzten Lebensjahren nimmt er in den gesellschaftlichen Kreisen Berlins einen bedeutenden Rang ein, obwohl ihm Preußen offensichtlich fremd geblieben ist. Zur Vollendung seines Werkes arbeitete er bis zuletzt noch an der *Darstellung der rein-rationalen Philosophie*. Die Tagebücher bezeugen dies. In einer Art philosophischem Testament hat er seinen Söhnen Anweisungen zur Veröffentlichung seiner Schriften gegeben[3]. 1856 beginnt der zweitälteste Sohn, Karl Friedrich August, mit der Herausgabe der *Sämtlichen Werke* seines Vaters: Zunächst erscheinen als II. Abteilung die nachgelassenen Vorlesungen über Philosophie der Mythologie und Offenbarung (4 Bände), dann die I. Abteilung mit den chronologisch angeordneten veröffentlichten und posthumen Schriften und Vorlesungen (10 Bände).

Abb. 8: Schelling im Jahre 1850. Bleistiftzeichnung von Kayser

Am 20. August 1854 starb Schelling während eines Kuraufenthaltes im Schweizer Bad Ragaz. Dort ließ ihm der Bayerische König Maximilian II., der als Kronprinz 1835–1840 sein philosophischer Schüler war, ein klassizistisches Grabmal mit der Inschrift errichten: „Dem ersten Denker Deutschlands".

I. Philosophie des Absoluten: Natur und Geist

3. Die Vernunft und das Pathos der Vollendung

a) Schellings philosophische Anfänge

Mit der Magister-Dissertation *Antiquissimi* beendet Schelling 1792 den philosophisch-propädeutischen Teil seines Studiums. Sie wird mit einem lobenden Nachwort seines Lehrers Christian Friedrich Schnurrer, Ephorus des Tübinger Stifts zwischen 1777–1806, veröffentlicht. Bereits der Titel weist auf ein philosophisch-theologisches Grundproblem und formuliert ein Programm. Schelling greift ein in den theologischen Lehrveranstaltungen des Stifts latent aufgeworfenes systematisches Grundproblem auf: das der Vermittlung von Vernunft und Offenbarung. Mit der von Spinoza sich herleitenden und in der Aufklärung tradierten Methode rationaler historischer Textüberlieferungskritik drohte nämlich die Grundlage der theologischen Dogmatik zu zerbrechen. So hatte Kant bereits in seiner kleinen Schrift *Mutmaßlicher Anfang der Menschengeschichte* (1786) ein Vorbild dafür geliefert, den Text des III. Kapitels der Genesis als eine Erzählung über den Sündenfall und die Erbsündenlehre zu verstehen, die eine Vernunftwahrheit zum Ausdruck bringt. Damit wird dem Anspruch der Theologen entgegen das Historische des Christentums als Vehikel einer Vernunftidee dargestellt und die allzu naive exegetische Ermittlung positiv dogmatischer Lehrsätze unterlaufen. Kants Schrift *Die Religion innerhalb der Grenzen der bloßen Vernunft*, die 1793 vollständig veröffentlicht war, gab dazu eine aus der Ethikotheologie heraus geführte philosophische Begründung sowie eine beispielhafte Ausführung. Schelling ist diesem Beispiel auch gefolgt. Während seines Theologiestudiums findet sich in den von den Repetenten

Abb. 9: Immanuel Kant (1724–1804). Porträt von I. B. Becker 1768 im Auftrag des Buchhändlers Kanter, bei dem Kant von 1766 bis 1769 wohnte

regelmäßig zu erstellenden Berichten, daß Schelling „gleichsam den Ton dazu angab, in Kantischer Manier über Predigttexte positiven Inhalts zu allegorisieren“[1].

Schellings Abhandlung über den ersten Ursprung der menschlichen Übel und das Böse interpretiert die biblische Sündenfallgeschichte als Mythos, als Erzählung. Bei diesem Erklärungsversuch werden verschiedene Vergleiche – bis hin zur Rede vom Paradies – zu mythischen Erzählungen in anderen Kulturtraditionen, etwa des Orients und der Antike, angestellt: Philosophische Kritik bezieht sich vor allem darauf, über einen Struktur- und Gehaltsvergleich den Mythos als Dokument einer Geisteshaltung und -verfassung der Menschheit zu verstehen, die einer bestimmten Phase ihrer Entwicklung angemessen war.

Allgemeiner noch wendet sich Schelling diesem Versuch, die Mythen als „Geist der Kindheit" der Menschheit zu verstehen, in der Schrift zu, die er 1793 in der von Paulus herausgegebenen philosophisch-theologischen Zeitschrift ‚Memorabilien' veröffentlicht: *Über Mythen, historische Sagen und Philosopheme der ältesten Welt*. Mit dem Problem theologischer Exegese, dem Verhältnis von Vernunft und Offenbarung, drängt sich ihm zugleich das Problem von Vernunft und Geschichte auf. Dabei bietet er eine Lösung an, die er als originäre Leistung der Philosophie reklamiert: ein geschichtsphilosophisches Konzept der Entwicklung der Vernunft. Der Versuch, die Wahrheit des Mythos bzw. der Mythologie zu begreifen, impliziert nämlich einen Zusammenhang von Vernunftsystem und Geschichte. Sollen Mythen, also etwa der Schöpfungsbericht, als Manifestation von Wahrheit denkbar sein, wie Schelling im Anschluß an Heyne und Herder, aber auch Gottfried Wilhelm Leibniz ausführt, so müssen unterschiedliche Artikulationsweisen der Vernunft zugleich als Grundbestimmungen geschichtlicher Epochen der Menschheitsgeschichte gedacht werden. Zu diesem Zweck legt Schelling Kants – von diesem als ahistorisch gedachte – Strukturtheorie der Vernunft geschichtlich aus, so daß Einbildungskraft, Urteilskraft und Vernunft im engeren Sinne solche geschichtlichen Prinzipien darstellen bzw. durch sie begründete Epochen bezeichnen[2]. Vernunft wird damit als Moment und Resultat des menschlichen Bildungsprozesses begreifbar. Die gesamte Geschichte kann auf diese Weise, ausgehend von einem ursprünglichen Naturzustand (Paradies, goldenes Zeitalter) und begründet in einem Sich-Losreißen von der Natur (Sündenfall), als Übergang zu einem aus und durch Freiheit entwickelten und gestalteten Vernunftzustand gedeutet werden.

Die beiden ersten Schriften stellen also gleichermaßen interessante und wichtige erste Versuche dar, durch eine philosophische Mytheninterpretation zu einer Historisierung der Religionen, und des Christentums insbesondere, zu gelangen.

Und zwar in einer Weise, die nicht der Naivität der Aufklärung verfällt, indem sie den Mythos als ein Vergangenes für obsolet erklärt. Mit einer philosophischen Erklärung des Mythos im Sinne Schellings wird dessen Wahrheits- bzw. Geltungsgehalt geborgen: Er gibt damit Aufschluß über eine spezifisch bestimmte geistige Welt und deren Entwicklung in der Menschheitsgeschichte. Der Mythos gewinnt so eine positive Bedeutung, wenn er auch nicht mehr die adäquate Weise darstellt, in der nach der philosophischen Aufklärung die grundlegenden Fragestellungen thematisiert werden: Diese ist jetzt vielmehr philosophische Reflexion und Begrifflichkeit.

Das geschichtsphilosophische Konzept enthält darüber hinaus einen eminent gesellschaftlich-praktischen Impetus, denn es impliziert nicht nur eine Erkenntnis von Ziel und Ende der Geschichte im vollendeten Vernunftzustand, sondern fordert überdies auch dazu auf, die Welt aus dieser Erkenntnis heraus zu gestalten. Schellings politisch-aufklärerische Ambitionen zielen primär auf eine Revolution des Bewußtseins, nach der sich dann gesellschaftlich-politische Realität gestalten werde: „gebt dem Menschen das Bewußtsein dessen, was er *ist*, er wird bald auch lernen, zu sein, was er *soll*“ (I 157/AA I,2 77 f.). In seinem, nach einigen recht kritischen Äußerungen über Kant[3], sehr ausgewogenen und bedeutenden Nekrolog *Immanuel Kant* (1804) verweist er bewußt auf die möglichen unterschiedlichen Formen geschichtlich-gesellschaftlicher Veränderung: „daß es ein und derselbe von lange her gebildete Geist war, der sich nach Verschiedenheit der Nationen und der Umstände dort [in Frankreich] in einer realen, hier [im Deutschland der Kantischen Philosophie] in einer idealen Revolution Luft schaffte“ (VI 4). Das bereits im Blick auf Kant formulierte frühe geschichtsphilosophische Konzept erklärt aber auch das ‚Pathos der Vollendung‘, das für Schellings erste, noch während seines Theologiestudiums (1794/95) verfaßten und veröffentlichten philosophischen Schriften zum Problem der systematischen Begündung und Ausführung der Philosophie charakteristisch ist.

Als revolutionäres, epochemachendes Ereignis hat sich Schelling Kants kritische Hauptwerke angeeignet, und bereits während seines Studiums war er offensichtlich in die Problementwicklung der nachkantischen Philosophie hineingezogen worden. Die Themen der Specimina deuten an, daß Schelling mit den Problemen bereits befaßt und vertraut ist: *Über die Möglichkeit einer Philosophie ohne Beinamen nebst einigen Bemerkungen über die Reinholdische Elementarphilosophie* sowie *Über die Übereinstimmung der Kritik der theoretischen und praktischen Vernunft, besonders in Bezug auf den Gebrauch der Kategorien, und der Realisierung der Idee einer intelligiblen Welt durch ein Faktum derselben* lauteten die Titel. Es erklärt sich von daher aber auch Schellings Fähigkeit der schnellen Rezeption und Umsetzung von Fichtes *Begriffs-*Schrift.

Zu den Grundproblemen der nachkantischen Philosophie gehören im wesentlichen die folgenden:

1. Reinhold hatte in seinen *Briefen über die Kantische Philosophie* (ab 1786 im Teutschen Merkur) vor allem erkenntnistheoretische Probleme der *Kritik der reinen Vernunft* analysiert. Danach beruhe die Kantische Kritik auf unbewiesenen Voraussetzungen, die zum Teil unverbunden nebeneinander stünden. Reinhold strebte nach einer analytisch präzisen Darstellung der Kantischen Kritik: Von einem höchsten Grundsatz aus sollten deduktiv Kants Begriffe und Grundsätze als ein System abgeleiteter Begriffe und Sätze entwickelt werden. Seiner Überlegung lag zugrunde, daß Wissenschaft als System, näherhin als deduktiv hergeleiteter Zusammenhang von Sätzen, zu begreifen sei, und das Fundament der wissenschaftlichen Philosophie in einem obersten Grundsatz bestehen müsse. Dieser geforderte Grundsatz muß durch sich selbst bestimmt und klar sein, und er kann nur ein einziger sein. Damit war ein Cartesisches Moment, nämlich das Postulat eines unerschütterlichen Fundaments, explizit im Blick auf die Kantische Philosophie eingeführt worden. In seinem Hauptwerk *Versuch einer neuen Theorie des menschlichen Vorstellungsvermögens* (1789) stellt Reinhold als grundlegenden Begriff den Begriff

der Vorstellung heraus. In seinen Schriften *Über die Möglichkeit der Philosophie als strenge Wissenschaft* (1790) und *Über das Fundament des philosophischen Wissens* (1791) hatte er mit seinen Überlegungen zum Grundsatz der Philosophie insgesamt das für diese Epoche charakteristische Problem des Systemgedankens in die Philosophie eingeführt. Der Satz des Bewußtseins: „daß die Vorstellung im Bewußtsein durch das Subjekt vom Objekt und Subjekt unterschieden und auf beide bezogen werde"[4] wird als der gesuchte oberste (Grund-)Satz behauptet. Daß die Philosophie von einem obersten Grundsatz her aufgebaut werden müsse, nannte Fichte Reinholds „unsterbliches Verdienst". Nicht zu Unrecht, wurde doch die Frage nach dem Gehalt des obersten Grundsatzes zum wesentlichen und zentralen Ausgangspunkt einer Philosophie des Absoluten *nach* Kant; wohingegen Kant in der Dialektik der *Kritik der reinen Vernunft* kritisch die Möglichkeit metaphysisch-theoretischer Aussagen über Seele, Welt und Gott zurückgewiesen hatte.

2. Der die Kantische Philosophie durchziehende Dualismus: aposteriori – apriori, Sinnlichkeit – Verstand, Rezeptivität – Spontaneität, Phaenomena – Noumena, Materie – Form etc. markiert ein weiteres Grundproblem. Er wurde vor allem hinsichtlich des Zusammenhangs von Form und Materie in Frage gestellt. Werden beide nämlich auf einen unterschiedlichen Ursprung verteilt, d. h. wird die Form als transzendentales Moment ausgewiesen, Materie als Gegebenes bestimmt, so mußte Kants Lehre von der Affektion des Gemüts durch die Dinge an sich Kritik hervorrufen. Diese hatte Jacobi in seiner 1787 erschienenen Schrift *David Hume über den Glauben, oder Idealismus und Realismus. Ein Gespräch* sowie in der Beilage zu dieser Schrift *Über den transzendentalen Idealismus*[5] formuliert. Bei einer Affektion durch die Dinge an sich kann es sich nach Jacobi nur um eine Form von Kausalität handeln, welche den auf Erscheinungen restringierten Kategoriengebrauch unterläuft und demnach in der *Kritik der reinen Vernunft* keinen Ort hat. Für Jacobi bestand das Problem näherhin darin, daß er „unaufhörlich darüber irre wurde, daß [er]

ohne jene Voraussetzung in das System nicht hineinkommen, und mit jener Voraussetzung darin nicht bleiben konnte". Der – freilich polemisch gemeinte – Vorschlag, einen „kräftigsten Idealismus, der je gelehrt worden ist, zu behaupten, und selbst vor dem Vorwurf des spekulativen Egoismus sich nicht zu fürchten"[6], war für Fichte wesentlicher Hinweis zur näheren Bestimmung und Konzeption des Prinzips (Grundsatzes) der Wissenschaftslehre.

3. Gottlob Ernst Schulze (1761–1833) schließlich hat unter dem Pseudonym Aenesidemus 1792 den Skeptizismus gegen dessen, seiner Ansicht nach angemaßte, Überwindung durch Kant und Reinhold zu verteidigen versucht. Eines der Grundprobleme bestand für ihn im Status des Gemüts, in dem apriorische Formen der Anschauung und des Verstandes bereitliegen sollen. Für Schulze schwebt die Kritik Kants zwischen empirischer oder Vermögens-Psychologie und einer Theorie transzendentaler, d. h. empirisch ortloser Subjektivität. Die Untersuchung, ob das Gemüt, da es nicht empirisch sein kann, wenn die Notwendigkeit in unseren Urteilen soll begründet werden können, entweder als Ding an sich, als Noumenon oder als transzendentale Idee, zu denken sei, führt zu einem negativen Ergebnis: Alle drei Fälle werden mit Argumenten von der Kantischen Theorie her abgewiesen. Damit hat Schulze freilich Gesichtspunkte benannt, die Fichte den Zugang zu einer Theorie nicht-empirischer und nicht-psychologischer Subjektivität eröffnen: zu einer Theorie des absoluten Ich. Für Fichte war aus dieser Diskussion heraus klar, daß die Einwände Kants Position nicht grundsätzlich und wirklich treffen, daß Kant Recht hat, seine Darstellung der Transzendentalphilosophie aber noch unzulänglich sei.

So geht Fichte in seiner *Aenesidemus-Schulze-Rezension* (1794) die Einwände gegen Kant und Reinhold durch und bezieht sich u. a. auf den nach Reinhold sich in seinem Sinn selbst erklärenden Satz des Bewußtseins. Aenesidemus hatte diesbezüglich die Unbestimmtheit der verwendeten Begriffe hervorgehoben. Fichte bezieht diesen Grundsatz auf einen noch „auszuforschenden höhern Grundsatz, auf eine reale Gültigkeit des

Satzes der Identität, und der Gegensetzung“, und stellt die kritische Rückfrage: „und wenn der Begriff des Unterscheidens und des Beziehens sich nur durch die der Identität, und des Gegenteils bestimmen ließe?“[7] Zudem ist Vorstellen eine empirische Bestimmung des Gemüts. Daß die Reflexion über Bewußtsein empirische Vorstellungen zum Objekt hat, schließt für Fichte aber nicht ein, daß die Theorie der Subjektivität den Status einer empirischen Psychologie haben muß. Subjektivität charakterisiert eine „notwendig zu denkende Handlungsweise des Gemüts, um eine Vorstellung hervor zubringen“[8]. Was Reinhold als Tatsache des Bewußtseins formuliert hat, wird von Fichte in einer Tathandlung begründet, in einem sich selbst Setzen des Ich oder absoluten Subjekts in intellektueller Anschauung. Der empirischen Bestimmung des Gemüts liegt demnach eine elementarere Subjektivität als Bedingung zugrunde. Hinsichtlich der Frage nach der Möglichkeit synthetischer Urteile apriori, die Kant als Leitfaden für seine kritischen Untersuchungen über die Möglichkeit von Metaphysik als Wissenschaft formuliert hat, betont Fichte im Anschluß an Jacobi, daß diese nicht diskursiv und durch deduktive Gewißheit gewonnen werden können, daß vielmehr der demonstrierbaren eine undemonstrierbare Gewißheit zugrundeliege. Der Immanentismus der Philosophie, der angesichts der Schwierigkeiten einer Erklärung von etwas dem Bewußtsein Transzendentem unausweichlich ist, stellte sich von Aenesidemus her für Fichte als Problem des Ursprungs des Bewußtseins der Notwendigkeit dar, die weder im Gemüt noch in den Dingen an sich begründet sein könne: „Aber die Frage ist ja eben von einem *Übergange* von dem äußern zum innern, oder umgekehrt. Es ist ja eben das Geschäft der kritischen Philosophie, zu zeigen, daß wir eines Überganges nicht bedürfen; daß alles, was in unserem Gemüte vorkommt, aus ihm selbst vollständig zu erklären, und zu begreifen ist“[9]. Alles, was im Gemüt vorkommt, vollständig aus ihm selbst zu erklären, fordert, es aus spontanen Akten eines nicht-sinnlichen Ich herzuleiten.

Die systematische Form und die Gewißheit des Fundaments ist wesentliches Grundproblem für die Philosophie, die sich als

Wissenschaft im eminenten Sinne versteht. Fichtes Konzeption der Wissenschaftslehre als Wissenschaft von der Wissenschaft überhaupt stellt die Frage, wie Wissenschaft selbst möglich sei, in den Mittelpunkt. Philosophie ist darum diejenige Wissenschaft, die die Frage nach dem Grund des Wissens und des philosophischen Wissens insbesondere zu beantworten hat.

b) Absolutes Ich: Grundsatz und Prinzip der Philosophie

Schelling tritt 1794 in die skizzierte öffentliche philosophische Diskussion ein mit seiner Schrift *Über die Möglichkeit einer Form der Philosophie überhaupt.* Deren Absicht besteht, wie er an anderer Stelle in einer Reaktion auf eine kritische Rezension, klarstellt darin, „die Resultate der kritischen Philosophie in ihrer Zurückführung auf die letzten Prinzipien alles Wissens darzustellen" (I 152/AA I,2 71). Allgemeiner noch faßt Schelling Ausgangspunkt und Intention seiner philosophischen Überlegungen in seinem Brief an Hegel vom 6. 1. 1795: „Die Philosophie ist noch nicht am Ende. Kant hat die Resultate gegeben, die Prämissen fehlen noch. Und wer kann Resultate verstehen ohne Prämissen? – Ein Kant wohl, aber was soll der große Haufen damit?" (BuD II 57)[10]. Mit den Prämissen wird eine systematische Vollendung der Kantischen Philosophie angestrebt, indem die drei kritischen Hauptwerke Kants auf eine Einheit zurückgeführt bzw. mit einer Einheit unterlegt werden, von der her sie selbst und ihr Zusammenhang verständlich werden. Das Programm einer systematischen Vollendung der kritischen Philosophie kann man sich so verdeutlichen: Kants *Kritik der reinen Vernunft* befaßt sich mit den Prinzipien und Grundlagen der theoretischen Erkenntnis der Welt, und zwar in kritischer Perspektive auf die Möglichkeit metaphysischer Erkenntnis apriori. Die *Kritik der praktischen Vernunft* arbeitet den kategorischen Imperativ als Grundsatz der Sittlichkeit heraus und formuliert ein Konzept der mit dem Imperativ verknüpfbaren Postulate, die die Möglichkeit der Freiheit des Menschen, die Unsterblichkeit der Seele und die Existenz Gottes betreffen. Die *Kritik der Urteilskraft* schließlich widmet sich zum einen der ästhetischen Urteilskraft oder der Theorie des Schönen (und des Erhabenen), zum anderen der teleologischen Urteilskraft oder Theorie des Lebendigen bzw. des Organismus. In ihr unternimmt Kant den Versuch, theoretische Erkenntnis oder das Reich der Natur auf der einen Seite und praktische Erkenntnis, das Reich der Freiheit auf der anderen Seite miteinander in Verbindung zu bringen. Bereits in der letzten Kritik stellt sich also deutlich erkennbar auch für Kant selbst (anhand der Frage nach der Schönheit und der Zweckmäßigkeit der Natur) das Problem der Einheit von theoretischer und praktischer Philosophie, gegenständlich gesprochen, das Problem der Vermittlung bzw. der Einheit von Natur und Freiheit.

Schellings Anspruch auf eine Vollendung reicht freilich weiter als Kants Vermittlungsversuch unterschiedlicher Weltperspektiven. Denn er unterstellt, daß Kant die Prinzipien seiner Philosophie nicht zureichend kenntlich gemacht habe, von denen her die „Resultate“ allein zu begründen wären. Dieser Versuch der Einheitsstiftung im kritischen Werk Kants soll systematisch vollzogen werden, d. h. die Philosophie, insofern sie auf die Einheit der drei Kritiken hin orientiert ist, muß zur Systemphilosophie werden. Damit schließt eine systematische Vollendung der kritischen Philosophie ein, daß bezüglich jeder Aussage entscheidbar ist, ob sie wahr oder falsch ist und wo sie im systematischen (Satz-)Zusammenhang steht, d. h. wie sie aus anderen Aussagen hergeleitet werden kann. Wenn sie nicht hergeleitet werden kann, ohne unwahr zu sein, muß es sich um einen Grundsatz handeln, der nur aus sich selber gewiß sein kann.

Schellings *Form*-Schrift bezieht sich nun zunächst ausdrücklich nur auf Kants *Kritik der reinen Vernunft*, wobei im Vordergrund seiner Überlegungen die von Kant vollzogene Unterscheidung analytischer und synthetischer Urteile sowie dessen Urteils- und Kategorienlehre stehen. Im Blick auf deren allgemeine prinzipientheoretische Begründung erschien Schelling in diesem Werk „von Anfang an nichts dunkler und schwieriger ..., als der Versuch, *eine Form aller Philosophie* zu begründen, ohne daß doch irgendwo ein Prinzip aufgestellt war, durch welches nicht nur die allen einzelnen Formen zu Grunde liegende Urform selbst, sondern auch der notwendige Zusammenhang derselben mit den einzelnen von ihr [dieser Urform] abhängigen Formen begründet worden wäre" (I 87/AA I,1 265 – kurs. v. Verf.). Schelling skizziert hierbei folgendes Problem: Als letzter Horizont all unseres Wissens muß die Philosophie ihrer Form und ihrem Inhalt nach begründet werden. Welche Form muß Philosophie als die geforderte erste bzw. oberste, sich selbst bestimmende Ursprungswissenschaft haben, welchen Inhalt hat sie, und wie hängen Form und Inhalt der Philosophie zusammen? Mit der Frage nach der Einheit der Philosophie als Wissenschaft stellt sich für Schelling also unmittelbar die Frage nach der Bestimmung ihres obersten einheitgebenden Grundsatzes, der zugleich Form und Inhalt aller Philosophie in sich vereinigen und sowohl als inhaltliches wie als formales Prinzip alles Wissens gelten muß. Unmittelbarer Anknüpfungspunkt dieses von Schelling gewählten Ansatzes ist die kurz zuvor erschienene *Begriffs*-Schrift Fichtes 1794[11]. In Anlehnung an Fichte konzipiert Schelling hier die philosophia prima als „Theorie (Wissenschaft) aller Wissenschaft, Urwissenschaft, oder Wissenschaft *kat exochen*" (I 92/ AA I,1 272). An den von Fichte übernommenen drei Grundsätzen alles Wissens entwickelt er nicht nur die „Urform aller Wissenschaft", die er als „die Form der Unbedingtheit [1. Grundsatz], der Bedingtheit [2. Grundsatz] und der durch Unbedingtheit bestimmten Bedingtheit [3. Grundsatz]" (I 101/AA I,1 285) formuliert, sondern gleichermaßen den ursprünglich gegebenen Inhalt des Wissens. Aufgrund des Wechselverhältnisses von Form und Inhalt hat dieser Inhalt eine Bestimmung, die sich jeweilig aus den zunächst erörterten drei Grundsätzen ergibt, nämlich: Die Form der Unbedingtheit ist identisch oder äquivalent mit dem Inhalt ‚Ich', die Form der Bedingtheit mit dem Inhalt ‚Nicht-Ich'; die Form der durch Unbedingtheit bestimmten Bedingtheit schließlich ist äquivalent mit dem, was er hier das ‚Produkt beider' (Ich und Nicht-Ich) nennt. Der Versuch, „die Resultate der kritischen Philosophie in ihrer Zurückführung auf die letzten Prinzipien alles Wissens darzustellen" (I 152/AA I,2 71), wendet sich dann der Herleitung der Kategorien und der Frage nach der Einheit von synthetischen und analytischen Urteilen zu.

Wenn auch Fichtes *Begriffs*-Schrift den unmittelbaren Anknüpfungspunkt darstellt, so enthalten Schellings Ausführungen doch auch einige typische Abweichungen. So weicht die Formulierung des 3. Grundsatzes – einer ‚durch Unbedingtheit *bestimmten* Bedingtheit' – erheblich von Fichtes Grundsatz der Teilbarkeit (von Ich und Nicht-Ich) ab und weist auf das Programm einer All-Einheitsphilosophie voraus[12]. Aber auch hinsichtlich der Deduktion der Kategorien finden sich selbständige Vorgriffe, so daß man insgesamt sagen muß, daß Schelling nie in einem strikten Sinne Fichteaner gewesen ist. Er selbst deutet im genannten Brief an Hegel an, durch seine Fichte-Rezeption „indessen Spinozist geworden" zu sein, freilich mit dem Zusatz: „Spinoza war die Welt (das Objekt schlechthin im Gegensatz gegen das Subjekt) – *Alles*, mir ist es das *Ich*" (BuD II 65). Ausdruck findet diese Bestimmung des Ich als absoluter Substanz in der folgenden, nicht mehr primär am Formproblem der Philosophie orientierten Schrift *Vom Ich als Prinzip der Philosophie oder über das Unbedingte im menschlichen Wissen*. In ihr wird die Bestimmung des Prinzips der Philosophie, des Wesens des Ich, vertieft, und der Grundriß einer Systemkonzeption skizziert.

Schellings metaphilosophischer Versuch in der *Form*-Schrift, über den Begriff des *Ich* eine Grundlegung der Philosophie als oberster Wissenschaft zu formulieren, enthält zugleich eine grundlegende, über philosophie-interne Begründungsfragen hinausreichende Perspektive. Die so grundgelegte Philosophie eröffne nämlich zugleich „die Aussicht auf eine endlich zu erreichende Einheit des Wissens, des Glaubens und des Wollens" und damit die Möglichkeit, durch Philosophie „auf die Schicksale unseres ganzen Geschlechtes" Einfluß zu nehmen und „die Übel der Menschheit [zu] heilen" (I 112/AA I,1 300). Der inhaltliche Ertrag dieses mit hohem Anspruch in der *Nachschrift* (I 111 f./AA I,1 299 f.) konzipierten, großen und weit ausholenden Programms bleibt zunächst freilich noch recht dürftig. Daher lag es nahe – und so verfährt Schelling auch –, mindestens den Inhalt des obersten Grundsatzes bzw. das in ihm formulierte Prinzip einer genaueren Analyse zu unterziehen. Denn mit den einheitsstiftenden Grundsätzen, mit der Urform der Unbedingtheit und dem Urinhalt des Ich war allererst der allgemeine formale Rahmen abgesteckt. Und auch im Blick auf die geschichtliche Bedeutung einer zur Vollendung gebrachten Philosophie kam es gerade darauf an, das Ich als Prinzip der Philosophie genauer zu explizieren.

Eben dieser Aufgabe ist die Schrift *Vom Ich* gewidmet. In ihr geht es darum, die Einheit der Philosophie aus dem einen Prinzip (Ich), dem Absoluten als dem letzten Einheits- und Realgrund alles Wissens und alles Seins, so zu denken, daß nicht nur die einzig mögliche Philosophie, sondern auch das wahre Wesen des Menschen, das „selbst nur in der Einheit und durch Einheit bestehe“ (I 157/AA I,2 78), worin die Einheit des Wollens und Handelns begründet sei, zur Darstellung gebracht wird. Ist das absolute Ich wesentlich durch Freiheit bestimmt, so gilt: „Der Anfang und das Ende aller Philosophie ist – *Freiheit*“ (I 177/AA I,2 101). In der Vorrede wird diese Perspektive mit entsprechendem Pathos herausgestellt. Mit der Aussicht auf eine mögliche Vollendung der Wissenschaften, insbesondere der Philosophie als oberster Wissenschaft, verbindet Schelling dort „den großen Gedanken ..., daß, so wie alle Wissenschaften, selbst die empirische nicht ausgenommen, immermehr dem Punkt vollendeter Einheit entgegeneilen, auch die Menschheit selbst, das Prinzip der Einheit, das der Geschichte derselben von Anfang an als Regulativ zu Grunde liegt, am Ende als konstitutives Gesetz realisieren werde“, und verleiht dementsprechend den „kühnen Hoffnungen vom Fortgang der Menschheit“ Ausdruck, daß „auch die verschiedenen Wege und Abwege, die das Menschengeschlecht bis jetzt durchlaufen hat, endlich in Einem Punkte zusammen laufen werden, an dem sich die Menschheit wieder sammeln, und als Eine vollendete Person demselben Gesetze der Freiheit gehorchen werde.“ (I 158/AA I,2 79) Demnach wird ein Verständnis von Philosophie als Philosophie des Absoluten und als Systemphilosophie reklamiert, von dem her die Meinung und Erwartung Schellings plausibel wird, daß die Menschheit mit ihrer Ausführung einen wesentlichen Schritt zur wahren Einheit vollziehen würde. Denn mit der Realisierung einer solchen Philosophie des Absoluten und eines systematisch vollendeten Wissens als Schritt auf dem Weg zur wahren Einheit der Menschheit im Wissen, Glauben und Wollen, näherhin der Menschheit zu *einer* Person, wäre gleichsam die Weltgeschichte vollendet, d. h. die Aussicht auf einen Friedenszusammenhang in dieser Welt gegeben, der gleich einem Reich Gottes zu denken wäre.

Die Programmatik seiner Philosophie des Unbedingten oder Absoluten umfaßt also folgende Perspektiven: Die eine ist die Vollendung der kritischen Philosophie Kants; die Vollendung des wahren Wissens über den Menschen bildet die andere dazu korrelative; die Vollendung des geschichtlichen Prozesses der Menschheit, die im Wissen zur wahren Einheit als einer umfassenden Person oder eines Reiches Gottes gelangt, ist das übergreifende Charakteristikum des gesamten Konzepts. Diese Perspektiven verschränken sich, unterschiedlich gewichtet und profiliert, im übrigen in allen folgenden Versuchen Schellings. Mit ihnen sind zugleich vielschichtige systematische Probleme verbunden: Das Problem des Verhältnisses von Absolutem und Endlichem; das Problem von Vernunft und Geschichte, als einer Auslegung des Absoluten in die Zeit; und das Problem von Vernunft und Offenbarung oder von Philosophie und Religion als Erscheinungsformen des Absoluten.

Der Schrift *Vom Ich* liegt folgender Argumentationsgang zugrunde. Sie hebt an mit der Deduktion eines letzten Realgrundes unseres Wissens überhaupt: Da Wissen, in einem emphatischen Sinn, ohne Realität (Sachhaltigkeit) kein Wissen ist, muß es einen letzten Punkt in dem vielfältig sich verzweigenden und bedingenden Wissen und d. h. einen letzten Grund der Realität alles Wissens geben, der nur als das Absolute verstanden werden kann. Dieses Absolute – so wird weiter gedacht – kann nur durch sich selbst gegeben werden; es ist zu denken als „ein Etwas, das nur durch sich selbst, d. h. durch sein Sein denkbar ist, das nur insofern gedacht wird, als es ist, kurz, bei dem das Prinzip des Seins und des Denkens zusammenfällt." (I 163/AA I,2 86) Insofern dieses Absolute das Bedingende alles Bedingten ist, kann es, wie Schelling an der Semantik der Worte ‚bedingen' und ‚Ding' (vgl. I 166 f./AA I,2 89 f.) zu erläutern sucht, selbst nicht in die Sphäre dieses Bedingten fallen. Daher ist es selbst „nur insofern *unbedingt* ..., als es zugleich *unbedingbar* ist" (I 168/AA I,2 91). Da sich dieses Unbedingte nun ohne inneren Widerspruch weder als absolutes Objekt noch in der Sphäre des empirischen Selbstbewußtseins als bedingtes Objekt bzw. als bedingtes Subjekt denken läßt, d. h. da es sich überhaupt nicht in der Sphäre der Objekte und der Dinge bestimmen läßt, kann es allein, so ist der Rückschluß, im absoluten Ich liegen. Dessen Realität selbst kann nicht bewiesen, sondern nur im Regressus vom Bedingten her aufgewiesen werden. Muß man aber das Unbedingte im menschlichen Wissen ausschließlich als absolutes Ich konzipieren, so läßt sich als philosophische Theorie des Unbedingten weder ein ‚vollendeter Dogmatismus' (im Sinne Spinozas, der das Unbedingte nach Schelling als absolutes Ding denkt) noch der ‚unvollendete Kritizismus', der zugleich ein ‚unvollendeter Dogmatismus' ist (sei es Kant, sei es Reinhold), aufrecht erhalten. Gefordert ist ein ‚vollendeter Kritizismus', der weder vom Ding an sich noch von der Erscheinung, sondern vom absoluten, alles Entgegengesetzte ausschließenden Ich ausgeht (vgl. I 169 ff./AA I,2 93 ff.). Damit ist für Schelling eine Grundbestimmung gewonnen, die als Ausgangspunkt für die Entwicklung der weiteren, implizite bereits gesetzten Bestimmungen des Ich fungieren kann: so die Bestimmung der ‚reinen Identität', gefaßt als Sichselbstgleichheit, des weiteren die ‚absolute Freiheit', welche die Form seines Gesetztseins beschreibt, und schließlich die ‚intellektuale Anschauung'[13] als die einzig mögliche Form seines (Selbst-)Gegebenseins. Am Leitfaden der Kantischen Kategorientafel entwickelt Schelling darüber hinaus sowohl die untergeordneten Formen des Ich (§§ 9–15) als auch die durch das Ich begründeten Formen aller Setzbarkeit

(§ 16) (vgl. I 182–216 u. 216–242/AA I,2 107–146 u. 146–175). Zu den untergeordneten Formen des Ich gehören die Bestimmungen absolute Einheit (Quantität), absolute Realität (Qualität), absolute Substanzialität und absolute Kausalität, Macht (Relation) sowie reines absolutes Sein (Modalität): „Im Ich hat die Philosophie ihr *hen kai pan* gefunden ... Auf meinem Ich ruht alles Dasein: mein Ich ist alles, in ihm und zu ihm ist alles, was ist“ (I 193/AA I,2 119). Sein und Wesen des Menschen, der seiner Faktizität nach endliches Selbstbewußtsein ist, bestimmt sich also letztlich durch das absolute Ich; sein Dasein ist die unendliche und zugleich paradoxe Aufgabe, die Schranken der Endlichkeit aufzuheben, d. h. reine Identität und absolute Freiheit zu realisieren.

In Anlehnung an Fichte und im kritischen Rückblick sowohl auf Spinoza wie auf Kant bestimmt Schelling das Unbedingte im Wissen als absolutes Ich, das *jenseits* des in Ich und Nicht-Ich sich auslegenden Selbstbewußtseins als reine differenzlose Identität und als absolute Freiheit verstanden wird. Diese muß in einer Anschauung gegeben sein, die nur eine nichtsinnliche, deshalb intellektuale Anschauung sein kann. Während der Grundbegriff der Philosophie Kants das transzendentale Bewußtsein, „das: *Ich denke*“, das „alle meine Vorstellungen begleiten *können*“ muß[14], also das Bewußtsein der Ichheit war, verweist Schelling auf ein dem Selbstbewußtsein vorausliegendes Moment. Denn das in seinem Selbstbewußtsein auf eine Vielzahl von zu verbindenden Vorstellungen bezogene Ich Kants ist selber noch in sich eine Vielheit, insofern es sich als Einheit von Subjekt und Objekt erkennt: Selbstbewußtsein als das Bewußtsein, das unmittelbar sich selber weiß, ist Subjekt; insofern es jedoch auch um sich als bestimmtes Etwas weiß, ist es Objekt. Sofern Selbstbewußtsein ein Bewußtsein von Vielem einschließt, ist es selber nicht die Einheit, auf die es in der intellektualen Anschauung bezogen, bzw. die ihm in intellektualer Anschauung präsent ist. Soll das wahrhaft Absolute gedacht werden, so muß es der Bestimmung des Selbstbewußtseins als Einheit von Subjekt und Objekt vorauf gedacht werden. Dabei sucht Schelling sowohl den

Fehler Spinozas wie den des grundsätzlichen Spinoza-Kritikers Jacobi zu vermeiden: Spinoza begeht nach Schelling den Fehler, vom Absoluten als absoluter Substanz, als absolutem Ding oder Objekt, zu reden und auszugehen. Jacobi kritisierte zwar den Immanentismus und Atheismus, für den er Spinozas Philosophie hielt und ausgab; dabei aber verfehlte er das nach Schelling Entscheidende, da er den Zugang zum Absoluten, zu Gott, nur über den Glauben, nicht jedoch über das Wissen für möglich erklärte. Die Intention von Schellings spekulativer Philosophie des Absoluten liegt zwischen Spinozistisch-absoluter Philosophie und Jacobisch-absolutem Glaubensdenken: Das Absolute ist zwar nicht (bloß) Substanz, aber doch erkennbar.

Indem die Philosophie aber als eine Philosophie des Absoluten intendiert wird, muß sie das Viele, als das wir uns selbst im Selbstbewußtsein präsent und dessen wir uns überhaupt bewußt sind, aus dem Absoluten begreifen. Es muß gezeigt werden, wie die absolute Einheit zu denken sei und wie demzufolge das Verhältnis des Absoluten als schlechthinige Einheit zum Selbstbewußtsein als einer Einheit in Vielheit begriffen werden könne. „Vom Unbedingten", so heißt es an anderer Stelle im Brief an Hegel, „muß die Philosophie ausgehen." (BuD II 65) In welcher Weise aber das Endliche aus dem Absoluten, das Viele aus dem Einen hervorgehend zu denken ist, war bisher nicht wirklich gezeigt und wird als Frage in dem nachfolgenden Text geradezu abgeschnitten: ‚Vom Unendlichen zum Endlichen kein Übergang' (vgl. I 313 ff./AA I,3 82 ff.) – das einzig mögliche Konzept, das ein solches Verständnis des Verhältnisses von Absolutem und Endlichen begreifen kann, ist eine Philosophie der Immanenz, nicht aber eine solche, die hier ein Verhältnis der Transzendenz behauptet. So stellt Schelling am Ende dieser Schrift, die sowohl ein philosophisches Prinzip wie ein systematisches Programm skizziert, in Aussicht, ein auf dem Ich begründetes System, eine „Ethik à la Spinoza" (vgl. I 159/AA I,2 80)[15], zu realisieren.

c) *Der Widerstreit der philosophischen Systeme*

Das Problem des Verhältnisses von Vernunft und Offenbarung, das von den Tübinger Professoren teils wahrgenommen, teils selber hervorgerufen und in kantianisierender Strategie zu lösen versucht wurde, wuchs sich nach Kants Veröffentlichung der *Religionsschrift* zu einer Krise der Tübinger Theologie aus. Nachdem Johann Friedrich Flatt in seinen Vorlesungen ebenso wie Gottlob Christian Storr in Veröffentlichungen versucht hatten, Kant für die Zwecke der orthodoxen Theologie zu interpretieren, mußte Kants moralphilosophisch begründete Etablierung einer reinen Vernunftreligion als augenfällige Leugnung des Offenbarungsglaubens verstanden und für die Tübinger Orthodoxie zum weitreichenden Problem werden. Denn von hier aus gesehen war – gleichsam Kant-immanent – ihr eigener Versuch ins Leere gelaufen gegen die transzendental-kritischen Einschränkungen des Wissens in der *Kritik der reinen Vernunft* Bestände der traditionellen Metaphysik im Rückgriff auf die Postulatenlehre der *Kritik der praktischen Vernunft* für die Theologie zu retten. Darüber hinaus haben Schelling wie auch Hegel immer wieder den moralischen Despotismus, mit dem die Orthodoxie auf ihren eigenen internen Konflikt (Vernunftkritik versus Postulatenlehre) reagierte, beklagt. Im Briefwechsel mit Hegel, der zu diesem Zeitpunkt das Stift bereits verlassen hat und philosophisch vor allem an einer Weiterführung der Kantischen Postulatenlehre arbeitet, berichtet Schelling über die geistige Lage der Tübinger Theologie und Philosophie. In seiner zum Teil heftigen Polemik deutet er zugleich an, wie er in seiner folgenden Schrift *Philosophische Briefe über Dogmatismus und Kritizismus* auf diese Usurpation der kritischen Philosophie durch die Orthodoxie zu reagieren versucht. Besonders im Briefwechsel stellt Schelling deutlich seine grundsätzlichen Vorbehalte bereits gegenüber Kants Postulatenlehre heraus. Im Mittelpunkt seiner Kritikpunkte an Kant und den Kantianern steht neben dem Moralismus in der Philosophie insbesondere der Dualismus. Wenn sich zeigt, daß nach Kant theoretisch die Existenz Gottes nicht erkennbar ist, in praktischer Absicht, gleichsam durch die Hintertüre, aber alle religiös relevanten Forderungen gestellt werden können, verweist dies nach Schelling auf einen Mangel an Begründung: Warum etwa sollte gerade die Existenz Gottes als ein Postulat erscheinen? Die Tübinger Theologen hätten die Postulatenlehre gleichsam wie eine metaphysische Ontologie genommen und daraus ihren Gottesbeweis angetreten, was nicht nur verkehrt sei, sondern auch den Sinn der Kantischen Lehre verfälsche. So enthalten die *Philosophischen Briefe*, wie Schelling noch 1809 im Vorwort der Sammlung seiner *Philosophischen Schriften* hervorhebt, „eine lebhafte Polemik gegen den damals fast allgemeingeltenden und vielfach gemißbrauchten sogenannten moralischen Beweis von der Existenz Gottes" (I 283 Anm.), die auch weiterhin gültig sei.

Den Versuchen, Gott als persönliches Wesen, bzw. das Absolute überhaupt in Form eines Schlusses am Ende und als Resultat der Philosophie beweisen zu wollen, stellt Schelling sein Programm einer Philosophie, die vom Unbedingten ausgeht, entgegen. So sucht er gleichsam in einem strategischen Gegenzug zwei verschiedene inhaltliche Systeme der Philosophie als möglich zu erweisen, das System des Dogmatismus einerseits, das System des Kritizismus (Fichte) andererseits, zu denen beiden Kants *Kritik der reinen Vernunft* als „die eigentliche Wissenschaftslehre" (I 304/AA I,3 72) den Grund gelegt habe. Mit einer Aufklärung über Gehalt und Sinn beider Systeme sucht er zugleich die genannten ‚Auswege' zu versperren. Beide Systeme stimmen darin überein, daß für sie das Prinzip der Philosophie das Unbedingte sein muß und ist, und daß sie monistisch verfaßte Konzeptionen sind, in denen das Absolute zugleich auch als das All-Eine zu denken ist. Für Schelling ist die von Kant in der *Kritik der reinen Vernunft* behandelte Frage, wie synthetische Urteile apriori möglich sind, gleichbedeutend mit der Frage: „Wie komme ich überhaupt dazu, aus dem Absoluten heraus, und auf ein Entgegengesetztes zu gehen?", so daß „jener Übergang vom Unendlichen zum Endlichen das Problem *aller* Philosophie" (I 293, 313 f./AA I,3 60, 82) bezeichnet. Diesbezüglich gilt das bereits formulierte Diktum des

Immanentismus: ‚Vom Unbedingten zum Bedingten: kein Übergang'. Beide Konzeptionen vermögen nicht, das Absolute theoretisch „zu realisieren" (I 314/AA I,3 83), und verweisen so auf eine praktische Lösung der Aufgabe. Somit tritt ein wirklicher Gegensatz zwischen beiden Systemkonzeptionen allerdings dann auf, wenn es darum geht, wie das jeweils als das Absolute Angesehene in bezug auf das praktische Vermögen des Menschen zu denken sei.

Nach dem in der *Ich*-Schrift entwickelten Katalog möglicher Theorien des Absoluten hat der Dogmatismus ein absolutes Objekt oder Nicht-Ich zum Prinzip. Dieses aber könnte – ohne es mit dem absoluten Ich identisch zu sehen – gar nicht veranschlagt werden, wären wir selbst nicht endliche, freie Wesen. Im Dogmatismus entsteht also das Problem, daß in der Realisierung der von ihm selbst gestellten praktischen Aufgabe eines Aufgehens des Subjekts im absoluten Objekt, einer ‚Selbstvernichtung' des Ich, just die eigene Voraussetzung eliminiert wird, nämlich Freiheit. Was etwa in der intellektuellen Anschauung Gottes, als Ziel der dogmatischen Lehre Spinozas, als Wirkung des absoluten Objekts angesehen wird, ist der Sache nach die Tat des Subjekts. In einer vollkommenen Selbstanschauung erkennt es sich selbst, als von allen Schranken frei sich fühlend, in einem Zustand nicht der Vernichtung, sondern der Erweiterung der Persönlichkeit, nicht des Untergangs, sondern der Seligkeit. In Schwärmerei geht diese Position über, wenn die geforderte absolute Einheit als realisiertes bzw. überhaupt realisierbares Objekt gedacht wird. Der Kritizismus hingegen verlangt von seinem Prinzip, dem Ich, her keine Selbstpreisgabe des freien Ich im Absoluten, sondern denkt die geforderte absolute Einheit als unendliche Aufgabe der Selbstbetätigung. Hegel gegenüber hat Schelling mit der pointierten Wendung, daß „*Freiheit* ... das A und O aller Philosophie" (BuD II 65) sei, seine eigene Entscheidung zwischen der entwickelten Systemalternative bekräftigt und den von Kant und Fichte her begründeten praktizistischen Standpunkt seiner Theorie des Absoluten freigelegt. Es ist dabei freilich nicht zu übersehen, daß im Freiheitspathos Schellings – neben der Bestimmung von Freiheit als Selbstgesetzgebung und Autonomie, der sich ein an Kant orientierender Denker gar nicht entziehen konnte – immer auch ein spinozistisches Moment mitschwingt: die Bestimmung von Freiheit als Unabhängigkeit von anderem und als Selbstbestimmung nach der Notwendigkeit des eigenen Wesens. Beide Momente werden später in der Schrift *Über das Wesen der menschlichen Freiheit* entsprechend differenziert.

In der Linie der internen Problementwicklung drängt sich die Frage auf, wie man erklären kann, daß das indifferente Absolute überhaupt aus sich hervor- und heraustritt, bzw. warum überhaupt Differenz und Endlichkeit, die wir selbst erfahren, wirklich ist. Die Antwort, die Schelling hier gab, schnitt zunächst jeden Versuch einer theoretischen Lösung dieses Problems ab: Es kann nur praktisch aufgelöst werden. Denn der Bruch, der erfolgt ist, wenn wir uns selbst und unsere empirische Welt wahrnehmen, kann nicht als Heraustreten des Absoluten aus sich begriffen werden; man müßte umgekehrt sagen, daß wir – für uns – aus der Einheit herausgetreten sind und sie uns nur wieder werden könne, indem wir als ‚gefallene Geistnatur' (vgl. I 325 f./AA I,3 95) das Absolute durch freie Tätigkeit in uns und in der Welt realisieren.

Die in der Entwicklungsgeschichte des Schellingschen Denkens zumeist übergangene[16] Schrift *Neue Deduktion des Naturrechts*, Anfang 1796 entstanden und 1796/97 erschienen, greift das Problem der *Philosophischen Briefe* auf: Daß das Absolute nicht theoretisch zu realisieren sei, daß es demnach nicht Objekt sein könne, sondern „als das Letzte, das allem Existierenden zu Grunde liegt, das absolute Sein, das in jedem Dasein sich offenbart, als *identisch mit mir selbst*" erfaßt werden muß. Wird derart die Freiheit zum Prinzip der Philosophie erhoben, dann folgt der Imperativ: „*Sei!* im höchsten Sinne des Worts: höre auf, *selbst* Erscheinung zu sein: strebe, ein *Wesen an sich* zu werden! – dies ist die höchste Forderung aller praktischen Philosophie." (I 247/AA I,3 139) Voraussetzung des Gedankens eines solchen Strebens nach Unbedingtheit, näherhin eines unbedingten Strebens, ist, daß es keine unüberwindlichen Schranken für das Ich gibt. So gelangt Schelling über den Gedanken der Begründung der Herrschaft des Menschen über die Natur zu einer bemerkenswerten, weiter als das Naturrechtsproblem reichenden Ansicht: Wenn die Welt als „mein moralisches Eigentum“ gedacht werden können soll, dann muß auch „die Kausalität der Freiheit durch physische Kausalität sich offenbaren“. Das schließt ein, daß die physische Kausalität, die ihrem Objekt nach zwar heteronomisch ist, „doch ihrem Prinzip nach *autonomisch*“ verfaßt sein muß. Mit einer an Schillers Bestimmung des Schönen[17] erinnernden Wendung formuliert Schelling: *„Diese Kausalität heißt Leben. Leben ist die Autonomie in der Erscheinung“* (I 249/AA I,3, 140 f; kurs. v. Verf.). Damit ist sowohl die physische Macht des Ich gegenüber der Natur (ein Können) als auch die moralische Perspektive der Menschheit (ein Dürfen) begründet.

Schelling sucht von seiner systemtheoretisch begründeten höchsten Forderung „Sei!“ aus, den Ursprung und den bestimmten Unterschied von Ethik und Rechtswissenschaft herzuleiten. In Anknüpfung an den ‚Form-Materie-Schematismus‘ seiner *Form*-Schrift erörtert er das Problem von Moralität und Recht anhand der Unterscheidung von Form (Autonomie) und Materie (Objekt) der Willens- und Selbstbestimmung im Spannungsfeld von Individual- und Allgemeinwillen. Während der allgemeine Wille durch ein ethisches Gebot auf ein Reich moralischer Wesen abgestellt ist, folgt der individuelle Wille dem moralischen Gebot einer absoluten Selbstbestimmung des Individuums. Aus dem Widerstreit, daß die Geltung des allgemeinen Willens eine Einschränkung des individuellen fordert, geht das Problem der Rechtslehre hervor, da die Form der (individuellen) Willensfreiheit unbedingt anzuerkennen ist und nur die Materie des Willens, d.h. das Machtgebiet des Könnens, eingeschränkt werden kann. Dieses eingeschränkte Können ist ein Dürfen: *„Ich habe ein Recht zu allem, was der Form des Willens überhaupt gemäß ist“* (I 260/AA I,3 153). Bezüglich der durch die Form persönlicher Willensfreiheit bestimmten Materie des Dürfens lassen sich drei Rechte herleiten: Gegenüber dem allgemeinen Willen das Recht der moralischen Freiheit; gegenüber anderen individuellen Willen die formale

Gleichheit; und gegenüber dem Willen überhaupt (d. h. keinem bestimmtem) das Recht gegen jeden Willen, d. h. das Recht auf Sachen. Die Schrift endet mit einem Ausblick auf eine mit Macht versehene Institution, die diese Rechte schützt und garantiert, das Staatsrecht.

Wenn auch im Rahmen der neuzeitlichen Naturrechtstradition Schellings Schrift nicht wirksam geworden ist, so ist sie doch ein wichtiges Moment seiner Entwicklung: Sie konkretisiert die in den systemtheoretischen Überlegungen vergleichsweise abstrakten Bestimmungen des Praktischen und seiner Funktion. Darüber hinaus ist die *Naturrechts*-Schrift darauf ausgerichtet zu zeigen, wie das spekulative Konzept auch als ‚Prämisse' zu Kants praktischer Philosophie im Detail fungiert. Kants *Metaphysik der Sitten* erschien bekanntlich erst 1797, woraus ersichtlich wird, daß Schelling auch hier in einem eigenständigen Vorgriff argumentiert. Mit der Bestimmung des Begriffs ‚Leben' weist diese Schrift, die gewissermaßen eine erste Etappe in Schellings Denken abschließt, voraus auf das Grundproblem der Naturphilosophie. Am Ende der genannten Etappe wurden Dogmatismus und Kritizismus, oder mit anderen Begriffen, Realismus und Idealismus, als die beiden einzig möglichen Theorieformen einer spekulativen Philosophie vorgestellt, von denen allerdings in praktischer Hinsicht (der Freiheit als Wesensbestimmung des Menschen und auch des Absoluten) der Dogmatismus untauglich ist, obgleich ihn dasselbe Problem beschäftigt und er es gleichfalls als praktisch zu lösende Aufgabe ansieht. Nun gehörte zur genannten Strategie gegenüber den Kantianern, daß Schelling bei der Charakterisierung der beiden inhaltlich möglichen philosophischen Systeme die Kantische *Kritik* ausdrücklich, Fichtes *Wissenschaftslehre* einschlußweise, zu einer bloß formalen und methodischen Grundlegung jener Systeme herabstuft. Dies hat Fichte zu einer Kritik in seinen beiden *Einleitungen zur Wissenschaftslehre* (1797) herausgefordert. Sie orientiert sich daran, daß es zwei gleichmögliche Systeme gibt, zwischen denen man wählen kann, je nachdem – mit Fichte zu reden – was für ein Mensch man ist: ob man die Freiheit oder das Sichvergessen im

Absoluten will. Fichtes Kritik bezieht sich nun auf das Konzept des Dogmatismus. Dabei stellt er heraus, daß *zu Beginn* des Philosophierens durchaus zwei solcher Systeme möglich sind, die sich aber in der Durchführung nicht beide als gleich möglich erweisen, da der Dogmatismus vielmehr an einem Selbstwiderspruch zugrundegeht. Fichte akzeptiert also nicht wirklich die von Schelling erläuterte Systemalternative; überdies verteidigt er den transzendentalen Idealismus der Wissenschaftslehre auch gegenüber dem Vorwurf der bloßen Formularphilosophie. Schelling kommt auf die Unterscheidung der beiden Systeme Dogmatismus und Kritizismus nicht wieder zurück; die mit seinem Konzept einer Philosophie der Natur verbundene Komplementarität von Realismus (Naturphilosophie) und Idealismus (Transzendentalphilosophie) aber wird schließlich einen grundsätzlichen Streit zwischen Fichte und ihm hervorrufen, der mit Schellings Identitätsphilosophie (1801) zum Bruch zwischen beiden führt.

In der Chronologie ist an dieser Stelle auf das sogenannte *Älteste Systemprogramm des Deutschen Idealismus*[18] einzugehen. Franz Rosenzweig, der diesen in Hegelscher Handschrift vorliegenden Text aus dessen Nachlaß veröffentlicht hat, hat Schelling als Autor identifiziert. Sehr schnell hat sich ein Disput über die Autorschaft ergeben, für die auch Hölderlin, Hegel selbst oder ein unbekannter Vierter evtl. aus dem Umkreis der Genannten Stammender in Frage kommen. Gegenwärtig wird nach den eingehenden Forschungen Otto Pöggelers überwiegend Hegel als Verfasser angenommen; Tilliette hält an einer vorsichtigen Zuschreibung zu Schelling fest. Tatsächlich gibt es wesentliche Gedanken des Textes, die Schellings Denken frappierend nahe kommen, weshalb es sinnvoll ist – auch ohne die Diskussion über die Urheberschaft weiterzuführen –, auf solche Parallelen und Übereinstimmungen mindestens hinzuweisen.

Der Titel *Ältestes Systemprogramm* suggeriert nun freilich anderes, als der Text zu bieten vermag: So handelt es sich, wie Dieter Henrich[19] zu Recht herausstellt, bei diesem Text weder um ein ältestes, noch überhaupt um ein Systemprogramm gemäß den Möglichkeiten, die den drei in Frage kommenden Denkern Hegel, Hölderlin und Schelling damals schon zu Gebote standen: Schellings Ansätze zu einem System liegen früher, und zu der Zeit, da Fichte in Jena (seit 1794) gelehrt und Hölderlin ihn dort gehört hat, hätte man etwa im Kreis um Isaac Sinclair schon sehr viel genauer wissen können, wie man ein philosophisches System konzipiert. Henrich ist über solche Feststellungen schließlich auf die interessante Idee gekommen, es könnte sich um eine Art Flugblatt zum Zweck der Agitation im Volk gehandelt haben, das sich Hegel abgeschrieben habe. Aus der Textstruktur geht hervor, daß dieser Text einen bestimmten Adressaten hat: Er begründet nämlich nicht, was er sagt, sondern setzt es thetisch hin; er spielt auf Kant an, nimmt aber dann Kant doch wieder in ganz anderer Weise auf. Er redet von der Kantschen Postulatenlehre, meint aber im Grunde einen systematischen Zusammenhang, der gleichsam wie ein Konzept der zu bearbeitenden Ideen verstanden werden kann. So kommt Henrich zu der am einleuchtendsten erscheinenden Auffassung, daß dieser Text offensichtlich eine Art von Agitations- oder Propagandatext war.

Im Blick auf Schelling sind etwa folgende Wendungen von Interesse: Der Ausgangspunkt wird genommen bei der „Vorstellung von mir selbst als einem absolut freien Wesen", mit dem zugleich „eine ganze Welt", eine „Schöpfung aus Nichts" hervortritt. Des weiteren behandelt der der Natur gewidmete Abschnitt die Frage „Wie muß eine Welt für ein moralisches Wesen beschaffen sein?" und die Aussicht darauf, der Physik durch eine Neubegründung „Flügel" zu verleihen, sie zur Wissenschaft zu erheben. Auf spätere Themen Schellings (z. B. im *System des transzendentalen Idealismus*) verweisen Passagen zur Auffassung des Staates als Not- und Menschenwerk, der keiner Idee fähig sei, weil er keinen Gegenstand der Freiheit darstelle; schließlich sind auch die Bestimmung der Poesie als Lehrerin der Menschheit, die Forderung einer *neuen Mythologie*, in der die Ideen ästhetisch werden, und einer *neuen Religion* Gedanken, die in Schellings Philosophie wesentliche Bedeutung erlangt haben.

4. Natur- und Transzendentalphilosophie als komplementäre philosophische Wissenschaften

a) Die Idee einer Philosophie der Natur

Schellings Name wird in der Entwicklungsgeschichte der Philosophie des Deutschen Idealismus wesentlich mit dem Konzept einer Philosophie der Natur verbunden. Vergleichbare spekulativ-holistische Theorien über die Natur liegen allenfalls in der Naturphilosophie der Griechen, insbesondere der Vorsokratiker (z.B. bei Anaximander), sowie in der Philosophie der Renaissance (z.B. bei Giordano Bruno) vor[1]. Gegenüber gegenwärtig unter dem Titel Naturphilosophie firmierenden Ansätzen, die sich im wesentlichen auf wissenschaftstheoretische und methodologische Reflexionen der (empirischen) Naturwissenschaften beschränken, zeichnet sich Schellings Ansatz durch die Idee der Natur als Einheit und Totalität und den Anspruch auf absolut gültiges philosophisches Wissen über die Natur aus. Schellings Naturphilosophie formuliert das Grundgerüst einer metaphysischen Ontologie der Welt des Natürlichen: einen in sich begründeten und geschlossenen Zusammenhang der Naturphänomene von der Selbstkonstruktion der Materie aus einfachsten Kräften angefangen bis hin zur höchsten und in sich komplexesten Seinsform der Natur, dem individuellen Organismus, dem organischen Träger der Vernunft. Als Einheitsphilosophie – sowohl im Blick auf ihr Prinzip wie auf die innere Ordnung der Natur und die dynamische Stufenfolge ihrer Phänomene – ist die Naturphilosophie auf einem relativ einfachen Grundgedanken gegründet: Natur ist nach Schelling durchgehend und in allen ihren Momenten Organisation; organische und anorganische Natur stellen nicht zwei getrennte Naturen mit unterschiedlichen Prinzipien dar. Diese (Gesamt-)Organisation ist nur durch eine produzierende Kraft denkbar, die ihrerseits eines organisierenden Prinzips bedarf. Und dieses Prinzip kann kein blindes, sondern nur ein solches sein, das die in den Naturprodukten enthaltene Zweckmäßigkeit zwecktätig hervorgebracht hat; es muß demnach ein geistiges Prinzip sein: Schelling nennt es je nach Kontext das Unbedingte oder absolute Identität von Realem und Idealem. Die Natur denkt er darum als unbewußten Geist.

Es kann hier keine auf alle Themenbereiche und Details eingehende Darstellung von Schellings Naturphilosophie gegeben werden. Eine grundsätzliche Schwierigkeit besteht überdies darin, daß Schelling sein Programm nicht in einer einzigen Schrift, die zugleich hinreichend ausführlich wäre, ausgearbeitet und realisiert hat. Hilfreich als orientierender Leitfaden für das gesamte Oeuvre ist immer noch die ‚Übersicht über Schellings naturphilosophische Schriften', die K. Fischer vorgelegt hat (vgl. u. S. 241f.). Zu der dort gegebenen formalen bzw. thematischen Zuordnung ist freilich zweierlei zu bemerken: a) die bei den ‚einleitenden Schriften' (I.) getroffene sinnvolle Unterscheidung von ‚A. Propädeutischen Schriften' und ‚B. Schriften zur allgemeinen Naturphilosophie' betrifft zugleich ein entwicklungsgeschichtliches Faktum. Für Schellings naturphilosophische Überlegungen nach 1801 ist die Unterscheidung einer allgemeinen von einer speziellen Naturphilosophie maßgeblich, am deutlichsten in der erst aus dem Nachlaß veröffentlichten Würzburger Vorlesung von 1804: *System der gesamten Philosophie und der Naturphilosophie insbesondere*. In den unter B. genannten Schriften, bzw. in Partien aus Schriften der Jahre 1803–1806, werden die allgemeinen onto-kosmologischen Prinzipien dargelegt, die vor allem die Lehre von Materie und Licht als metaphysischer Prinzipien, aber auch die drei realen Potenzen des Wirklichen: Materie, Licht und Leben betreffen. Dafür gibt es aufgrund anderer systematischer Eröffnungszüge in den früheren Schriften kein entsprechendes Pendant. b) Bei den ‚ausführenden Schriften' ist die Zuordnung weitgehend schlüssig; das ‚System des Ganzen' betreffend, muß bemerkt werden, daß der *Erste Entwurf eines Systems der Naturphilosophie* eher eine umfangreiche Materialiensammlung geblieben und die thematische Abfolge noch nicht an der „natürlichen Ordnung" ausgerichtet ist (s. u.). Die Schriften von 1801/02 zum System der Philosophie schließlich brechen unvollständig ab bzw. sind auf Aspekte beschränkt, wenn auch im Blick auf das Ganze die entsprechenden ausführenden Ergänzungen antizipierbar sind. Die einzige thematisch nahezu vollständige Darstellung der Naturphilosophie gab Schelling in seinen oben genannten Vorlesungen von 1804.

Für das Gesamtkonzept entwicklungsgeschichtlich bedeutsam ist zweifelsohne die *Darstellung meines Systems der Philosophie* (1801), die Schelling 1809 rückblickend als „erste wissenschaftliche Darstellung" (VII 357) der Naturphilosophie auszeichnet. Mit dieser Schrift endet gewissermaßen der Formierungsprozeß des naturphilosophischen Programms. Das hier gefundene modellhafte Grundgerüst im Aufbau, das zwar im Zeitraum bis 1806 noch einige zum Teil erweiternde Ergänzungen (etwa zur Kosmologie, Astronomie, Geologie und Erdgeschichte, Medizin) bzw. Umordnungen erfährt, vor allem aber der methodische Leitfaden bleiben in Schellings Denken bis zuletzt in Geltung. In den ab 1827 gehaltenen Vorlesungen *Zur Geschichte der neueren Philosophie* wird dieses Modell in der (Selbst-)Darstellung seiner Naturphilosophie entsprechend in den Grundzügen dargelegt. Die Qualifikation ‚wissenschaftlich' weist überdies aber auch darauf hin, daß in dieser Schrift 1801 erstmalig das Prinzip einer *durchgängigen* Identität von Realem und Idealem in den Erscheinungen der natürlichen (und geistigen) Welt methodisch ausgeführt wird. Im Vorgriff auf die folgende Darstellung läßt sich eine Schrittfolge in der Entwicklung der frühen Naturphilosophie herausstellen:

1. Begründet und ausgeführt wird das Programm zunächst im Horizont einer, auf die Bedingungen der Möglichkeit eines Wissens von der Natur abgestellten, konstitutionstheoretischen Reflexion Kantisch-Fichtescher Prägung. Schelling beschreibt später seine frühe Philosophie als Versuch, „von Fichte herkommend" einen Weg ins Objektive zu finden, näherhin, zu zeigen, wie „auch unter Voraussetzung des Fichteschen Satzes, daß alles nur durch das Ich und für das Ich ist, die objektive Welt begreiflich sey" (X 95). Dieser Wendung „ins Objektive", den die auf Einheit und Totalität der Natur ausgerichtete Naturphilosophie nimmt, liegt ein metaphysischer Grundgedanke zugrunde: Es ist der Gedanke der Ein-

heit von Natur und erkennendem Geist, der Wesensidentität des Realen und des Idealen, der die Möglichkeit eines Wissens von der Natur, als vom Erkennenden unabhängiger Außenwelt, begründet: „*Hier* also, in der absoluten Identität des Geistes *in* uns und der Natur *außer* uns, muß sich das Problem, wie eine Natur außer uns möglich sei, auflösen." (II 56/AA I,5 107) Natur wird hierbei als notwendiges und integrales Moment des Strebens der absoluten Identität nach Selbstbewußtwerdung verstanden, als sichtbare Selbstwerdung des Absoluten.

2. Im Ausgang von diesem Prinzip der absoluten Identität, das in Realität (Natur) und Idealität (Intelligenz) disjungiert ist und in die absolute Identität zurückstrebt, formuliert Schelling das von der Sache her begründete Konzept zweier unterschiedlicher, komplementärer philosophischer Grunddisziplinen: In der Naturphilosophie besteht die Aufgabe einer „Erklärung" des Ideellen aus dem Reellen, oder der Ergänzung der Realität um die Idealität; in der Transzendentalphilosophie besteht die Aufgabe einer „Unterordnung" des Reellen unter das Ideelle, bzw. einer Ergänzung der Idealität um die Realität. In der *Einleitung zum Ersten Entwurf* folgt nach dieser Exposition etwas unvermittelt die Bestimmung ihres Zusammenhangs: „beide Wissenschaften sind also Eine, nur durch die entgegengesetzten Richtungen ihrer Aufgaben sich unterscheidende Wissenschaft; da ferner beide Richtungen nicht nur gleich möglich, sondern gleich notwendig sind, so kommt auch beiden im System des Wissens gleiche Notwendigkeit zu" (III 272 f.). Naturphilosophie firmiert hier – als realistischer Systemteil bzw. als einzig mögliches dogmatisches System – in Abgrenzung v. a. zu den empirischen Wissenschaften unter dem Titel einer *Spekulativen Physik*.

3. Aufgrund der internen Schwierigkeiten des Konzepts zweier komplementärer philosophischer Grundwissenschaften, die vor allem hinsichtlich des philosophischen Fundamentalanspruchs der Transzendentalphilosophie die Kritik Fichtes hervorrufen mußten, geht Schelling 1801 schließlich dazu über, Natur- und Transzendental- bzw. Geistphilosophie in einem

einheitlichen Zusammenhang als Teile *eines* philosophischen Systems darzustellen und zu entwickeln.

Die Entwicklung der Naturphilosophie vollzieht sich also kurzgefaßt im Blick auf das Prinzip und seine systematische Entfaltung: Von der Bestimmung des *Prinzips* als absoluter Identität von Realem und Idealem (1796/97) hin zur Ausführung (1801) der ‚*durchgängigen* Identität von Realem und Idealem' im Realen und Idealen (Natur und Geist) als solchem, was sowohl mit einer Modifikation der Ansicht auf der Ebene der Phänomene als auch mit einer vertieften Bestimmung des Identitätssinns im Begriff des Absoluten einhergeht[2]. Erst hier – so kann man sagen – hat Schelling die in der Begründungsdimension latent vorhandenen Schwierigkeiten und Spannungen zwischen seiner Intention einer gegenüber der Transzendentalphilosophie selbständigen Philosophie der Natur und dem Ausgangspunkt bei einer Konstitutionstheorie des subjektiven Bewußtseins überwunden. (Auf diese im engeren Sinne identitätsphilosophische Fassung der Naturphilosophie wird im Kapitel 5. kurz eingegangen werden.) Der skizzierten Schrittfolge in Begründung und Ausführung der Naturphilosophie entsprechen gewisse Schwerpunkte bezüglich der behandelten Gegenstände: Zunächst beschäftigt sich Schelling, von Kants *Metaphysischen Anfangsgründen der Naturwissenschaft* (1786) herkommend, vor allem mit dem Problem der Konstruktion der Materie bzw. der anorganischen Natur; im zweiten Schritt liegt der Schwerpunkt auf der organischen Natur und ihrer Einheit mit der anorganischen; die Identitätsphilosophie schließlich kündigt sich an als umfassende Theorie des Universums.

Die ersten Schriften sind von besonderem Interesse, weil sich hier die Grundgedanken der Naturphilosophie herausbilden und formieren. Schelling hat sich schon während seines Studiums im Tübinger Stift entsprechende Grundkenntnisse erworben, die er während seines Aufenthaltes an der Universität Leipzig durch Studien in Mathematik, Physik und Physiologie erweitern und vertiefen konnte[3]. Seine in Kantischer Begrifflichkeit vollzogene Rezeption von Platons *Timaeus* und *Philebus* (1794), v. a. zum Problem der Entstehung der Welt und ihrer Prinzipien, gehört zu den wesentlichen philosophischen Quellen der Naturphilosophie[4].

Im folgenden skizzenartigen Überblick wird einerseits auf philosophische Motive und andererseits auf die zum einen philosophischen, zum anderen naturwissenschaftlichen Quellen – bedeutende Entdeckungen, aber auch Probleme naturwissenschaftlicher Theoriebildung der Zeit – von Schellings Naturphilosophie hingewiesen. Unbestritten liegt das Verdienst der entstehenden Naturphilosophie und auch ihre geschichtliche Bedeutung darin, daß sie im Anschluß an das zum großen Teil noch rudimentäre und unverbundene einzelwissenschaftliche Wissen von der Natur – aber natürlich auch auf dieses Wissen hin – übergreifende Gedanken, Ideen zu entwerfen sucht, welche die Einheit des Wissens von der Natur intendieren und damit Natur selbst als Einheit begreifbar machen. Im übrigen ist zu bemerken, daß sich die gegenwärtige Rezeption von Schellings Naturphilosophie mehr oder weniger auf diese frühen Schriften gründet und konzentriert, orientiert an Stichworten wie ‚Natur als Subjekt', ‚dynamischer Atomismus' und ‚Natur als sich selbst entfaltende Totalität'. In den Erörterungen der identitätsphilosophischen Phase (1801–1806), etwa in den Vorlesungen von 1804, wird demgegenüber die dynamische Stufenfolge der Natur gleichsam überlagert von methodisch-systematisch erzwungenen Analogien, die dem Konzept nicht nur eine gewisse Statik verleihen, sondern überdies der Naturphilosophie das Ansehen willkürlicher Phantastereien gegeben und ihre in Philosophie und Wissenschaft gleichermaßen zumeist negative Wirkungsgeschichte im 19. Jahrhundert begünstigt haben.

b) Spekulative Physik

In Schellings erster naturphilosophischer Schrift, den *Ideen zu einer Philosophie der Natur* (1797), ist ein grundsätzlicher programmatischer Entwurf der Naturphilosophie formuliert. Der Titel spielt auf Herders *Ideen zu einer Philosophie der Ge-*

schichte der Menschheit an; beide haben einen ähnlichen Blickpunkt. So wie Herder mit seiner Schrift seinerzeit die Geschichtsphilosophie neu begründen wollte, sucht nun Schelling nach einer neuen Grundlegung der Naturphilosophie. ‚Ideen' zu einer Philosophie der Natur meint im Sinne von Herder die Angabe von Grundproblemen, Grundbegriffen und Perspektiven, von denen her durchsichtig wird, wie eine Philosophie der Natur aufgebaut und strukturiert sein müßte.

Zunächst weist Schelling in der Vorrede einer Philosophie der Natur den Ort im System der Philosophie zu. Nach Kantischem Vorbild untergliedert er theoretische und praktische Philosophie jeweils in einen reinen und einen angewandten Teil: „Die *reine* theoretische Philosophie beschäftigt sich bloß mit der Untersuchung über die Realität unseres Wissens *überhaupt*; der angewandten aber, unter dem Titel einer Philosophie der Natur, kommt es zu, ein *bestimmtes* System unseres Wissens, (d. h. das System der gesamten Erfahrung) aus Prinzipien abzuleiten. Was für die *theoretische* Philosophie die *Physik* ist, ist für die *praktische* die *Geschichte*, und so entwickeln sich aus diesen beiden Hauptteilen der Philosophie die beiden Hauptzweige unseres empirischen Wissens. Mit einer Bearbeitung der *Philosophie der Natur*, und der *Philosophie des Menschen* hoffe ich daher die gesamte angewandte Philosophie zu umfassen. Durch jene soll die Naturlehre, durch diese die Geschichte eine wissenschaftliche Grundlage erhalten" (II 4/AA I,5 61 f.)[5]. Die aus der Einteilung der Philosophie heraus formulierte Programmatik ist entwicklungsgeschichtlich in mehrerer Hinsicht bedeutsam. Zunächst begründet sich von ihr her eine im Vergleich zu den früheren Schriften modifizierte Ansatzweise. Hierbei steht nicht mehr wie bisher die Frage im Mittelpunkt, ob das Wissen Realität habe und wie dies möglich sei, daß das Wissen Realität habe, sondern: wie Erkenntnis möglich sei. Erst in einem zweiten Schritt wird dann dargelegt, daß darin die Realitätsfrage in einem gewissen Sinne eingeschlossen ist (vgl. I 366/AA I,4 85 u. II 16/AA I,5 73). Die Grundlegungsstrategie gewinnt aber, wenn sie auf die Wahrheitsproblematik, auf den Anspruch auf Wahrheit zurückgeht, einen allgemeineren Ausgangspunkt. Dessen strategische Bedeutung besteht näherhin darin, daß Schelling Wahrheit und Erkenntnis als wahres Wissen sogleich in eine Perspektive der Übereinstimmung verlegen kann: Die Frage, wie Erkenntnis möglich sei, zielt auf ein zwischen dem vorstellenden Geist und der Wirklichkeit (Vorstellung und Gegenstand) vermittelndes Moment, das beide strukturiert und einander zuordnet. Diese Strategie war beinahe zeitgleich bereits in der Auseinandersetzung mit zeitgenössischen philosophischen Veröffentlichungen in der *Allgemeinen Übersicht über die neueste philosophische Literatur* (1796/97), später (1809) unter dem Titel *Abhandlungen zur Erläuterung des Idealismus der Wissenschaftslehre* erneut veröffentlicht, entwickelt worden. Und diese Strategie bestimmt dann auch die systematischen Eröffnungszüge im *System des transzendentalen Idealismus* (1800).

In der *Allgemeinen Übersicht* wie auch in den *Ideen* hat Schelling zunächst erkenntnistheoretische Probleme der *Kritik der reinen Vernunft* im Blick, die durch ein entsprechendes Prinzip bewältigt (gegebenenfalls kritisch aufgelöst) werden sollen. Einschlägig ist dabei die Frage nach dem Ursprung der Sukzession von Vorstellungen und ihrer Notwendigkeit, also die Unwillkürlichkeit der theoretischen Vorstellungen von Gegenständen unserer Welt. Abzuweisen ist allerdings der Erklärungsversuch einer Bestimmung der Vorstellungen durch transzendente Dinge, gar als Affektion durch ein Ding an sich. So erscheint die Frage nach der Möglichkeit der Erkenntnis für Schelling gleichbedeutend mit der Frage nach der Identität als Übereinstimmungsgrund von Vorstellung und Gegenstand. Die einzige Bedingung dafür wäre, daß es ein Wesen gibt, das sich selbst anschaut, weil allein darin die geforderte – immanente – Vermittlung vorhanden wäre. Schelling gebraucht hierfür variierende Formulierungen: Einmal sagt er, wir selbst seien es; ein anderes Mal verwendet er den bekannten Ausdruck ‚das Ich', schließlich führt er einen neuen Terminus ein, der bis dahin bei ihm noch keine Relevanz hatte: *Geist*. Er wird als „absoluter *Selbstgrund* seines Wissens und Erkennens“ (II 38/AA I,5 92), als absolutes, für sich seiendes Subjekt-Objekt bestimmt. Geist ist demnach dasjenige, was sich sowohl in der Natur (Objekt) wie im konkreten, erkennenden Ich (Subjekt) zum Ausdruck bringt. Mit der Einführung des Geist-Begriffs eröffnet sich für Schelling die Möglichkeit, vom Ich und seiner Selbstanschauung auf dem Niveau ausgebildeter, konstituierter Iche an einen ‚Ort‘ zurückzutreten, von dem her sowohl die Natur wie der menschliche Geist, die Intelligenz, verständlich gemacht werden können als Ausdrucksweisen eben desselben Geistes, der tätige, produktive, erzeugende Anschauung ist.

Erst 1801 hat Schelling dieses Verfahren der *Depotenzierung* ausdrücklich thematisiert und reflektiert, der Sache nach aber ist es bereits seit 1797 einschlägig. Beide, Vorstellung und Ding, sind somit als Produkte ein und desselben Geistes zu verstehen: „die Vorstellung [ist] zugleich Original und Kopie“ (I 379/AA I,4 106). Diese Formulierung – wie etwa auch die Wendung: „die unendliche Welt … ist ja nichts anders, als unser schaffender Geist selbst in unendlichen Produktionen und Reproduktionen“ (I 360/AA I,4 78) – kann zwar noch den transzendentalen Ansatz implizieren, es ist aber nicht zu übersehen, daß der Begriff der Vorstellung als solcher nur noch analoge Bedeutung besitzt und es Passagen gibt, in denen geradezu von der Natur gesagt wird, sie sei nicht bloß das selbst angeschaute Produkt der Vorstellungstätigkeiten, des Geistes in ihnen, sondern des Geistes, an dem auch das menschliche Ich teilhat. Dieser Geist ist im Blick auf die Natur als schaffender oder unbewußt produzierender Geist zu bestimmen: „die Natur soll der sichtbare Geist sein, der Geist die unsichtbare Natur sein“ (II 56/AA I,5 107). Bezüglich der unbewußten Produktion knüpft Schelling an Fichtes Lehre von der produktiven Einbildungskraft an, die in ihrer unreflektierten, bewußtlosen Produktion die Natur ‚schafft‘. Schelling wendet dieses subjektive Prinzip ins Objektive, hält es gleichwohl aber als ein zugleich geistiges Prinzip fest. So wie bei Fichte das Ich reine substanzlose Tätigkeit ist, geht auch die Naturphilosophie von einem Unbedingten aus; der unbewußte Geist ist reine Kraft ohne Substrat, und während das Reale allein durch ihn besteht, kann er selbst nicht an einem Realen sein. Es geht demnach nicht darum, aus der Natur des Geistes eine notwendige Folge von Vorstellungen von der Natur abzuleiten, sondern „die Dinge selbst zugleich mit dieser Aufeinanderfolge in ihm werden und entstehen zu lassen" (II 35/AA I, 5 89), d. h. die Vorstellung des subjektiven Bewußtseins in ihrem objektiven Werden, d. h. als Produktivität der Natur zu denken.

Auf diesem Gedanken der Produktivität der Natur ist der Versuch einer einheitlichen Theorie der Naturerscheinungen begründet. Damit ist die Naturphilosophie – bereits ansatzweise in möglichem Gegensatz zur Transzendentalphilosophie – als Theorie der Entwicklung des Geistes, als Geschichte des Selbstbewußtseins grundgelegt. Das Handeln des Geistes zeigt sich einerseits in bewußtloser Produktion und wird Natur, andererseits in einer zu sich selbst kommenden Produktion, die sich zu einem Objektbewußtsein bildet, also Objekte entwirft, die im Bewußtsein aufgenommen und im Selbstbewußtsein als Momente seiner selbst gefaßt werden können: „Die äußere Welt liegt vor uns aufgeschlagen", so Schelling, „um in ihr die Geschichte unseres Geistes wieder zu finden." (I 383/AA I,4 110) Damit ist er bereits auf dem Weg von einer transzendental-genetischen Theorie des Geistes zu einer genetischen Theorie der Natur.

Zu den wesentlichen philosophischen Quellen dieses Konzepts gehört neben Spinozas Theorie der einen absoluten Substanz auch Leibniz' monadologisches Individualitätsprinzip, die Lehre von den immanenten Produktionen der Vorstellungskräfte. Nicht zuletzt aber im Blick auf Kant zeigt sich: Wenn die Übereinstimmung von Vorstellung und Gegenstand kein zufälliges Zusammenfallen sein kann, dann ist eine Theorie der Naturteleologie nicht mehr an eine bloß fiktionale Als-ob-Rede über die Zweckmäßigkeit in der organischen Natur gebunden. Schelling kann dieses Problem der Erkenntnis von Organismen sogleich dahingehend wenden, daß er von der Idee einer sich selbst organisierenden Materie spricht, die den Naturdingen zu unterstellen sei, und daß auch mit Bezug auf die Erkenntnis der Organismen eine ursprüngliche Vereinigung des Geistes und der Materie in ihnen gedacht werden müsse.

In der programmatischen Schrift *Ideen* rekurriert Schelling eindringlich auf das empirisch-naturwissenschaftliche Wissen seiner Zeit. Zunächst wird das empirische Material gesammelt und in der Vermittlung widersprechender Theorien systematisiert. Dazu gehört etwa der chemische Verbrennungsprozeß, dessen Theorie von Antoine Laurent Lavoisier revolutioniert wurde; die Theorie des Lichtes und seiner Bewegung, der Luftzusammensetzung sowie der Sauerstoffverbindungen; die Theorie der Entstehung und der Arten der Elektrizität, schließlich der Zusammenhang von Elektrizität und Magnetismus. In all diesen unterschiedlichen Bereichen von Naturerscheinungen wird die systematische Struktur einer Wechselwirkung von positiv und negativ aufeinander bezogenen Kräften aufgewiesen. Diese Struktur generiert sich als Wechsel von Gleichgewicht und dessen Störung bzw. Aufhebung. Prinzipiell begründet wird sie in Abgrenzung vom mechanistischen Atomismus George Louis Lesage's durch die dynamische Rückführung der Produktivität der angeschauten Natur auf eine ursprüngliche Kraft. Als Möglichkeit von Produkten ist sie zugleich als Prozeß zweier Kräfte zu denken. Dieser Prozeß läßt sich als ein Streben nach einem Gleichgewicht der Kräfte, das in einem Produkt erscheint bzw. sich als ein solches realisiert, und als eine stetige Wiederaufhebung des Gleichgewichts, worin die Produktivität begründet liegt, charakterisieren. Am Anfang dieses Prozesses steht – Kants *Metaphysischen Anfangsgründen der Naturwissenschaft* folgend – die Konstruktion der Materie aus Attraktions- und Repulsionskraft[6]. Über den Gedanken einer Entfaltung der Materie in ihre Verschiedenheiten erfolgt der Versuch einer Konstruktion der Qualitäten. Nach Kant sind sie als das Reale in der Empfindung, als graduelle intensive Größen, nicht apriori darstellbar. Auch für Schelling sind die Qualitäten nicht in diesem Sinne konstruierbar, wohl aber erschließbar, weil ihre Empfindung ihre Grundlage im chemischen Prozeß hat und dieser selbst als intensive stetige Bewegung zu denken ist. Vorausgesetzt wird dabei freilich der für Kant problematische Begriff einer völligen (chemischen) Durchdringung der Stoffe. Der Versuch einer Konstruktion des chemischen Prozesses beendet diese Schrift. Die in Aussicht gestellte Darstellung einer Stufenfolge der Natur, von der Konstruktion der Materie bis hin zum Organismus, als Ausdruck von Produktivität wurde nicht mehr ausgeführt.

Die Schrift *Von der Weltseele. Eine Hypothese der höheren Physik* bietet, wie ausdrücklich betont wird, nicht diese angekündigte Fortsetzung der *Ideen.* Grundproblem ist hier der Zusammenhang von organischer und anorganischer Natur, die in ein und demselben Prinzip begründet werden sollen. Für dieses Prinzip steht der Ausdruck ‚Weltseele'. Schelling kritisiert die mechanistische Theorie der anorganischen Gebilde, verwirft eine Mechanisierung des Lebens in der Theorie, aber auch die überkommene vitalistische Hypothese einer besonderen Lebenskraft in den Organismen als unangemessen und unausweisbar. Die gesamte Natur gilt ohne Unterschied als organisiert, Mechanismus und Organismus bilden keinen grundlegenden Gegensatz. Näherhin aber soll Organisation nicht etwa teleologisch, aus der Idee einer absichtlichen Erschaffung, sondern allein aus Naturprinzipien erklärt werden. Wenn die geforderte einheitliche physikalische Erklärung des Lebens und des Unlebendigen möglich sein soll, müssen bereits die physikalischen Grundkräfte das Prinzip des Lebens enthalten.

Daher wird der allgemeine Dualismus der Natur, die ursprüngliche Entzweiung der Kräfte, deren Gegensetzung reell sei und eine dynamische Identität begründet, dargelegt. Für das materielle Dasein hatte Kant eine durchgehende Polarität der Kräfte nachgewiesen: Attraktion und Repulsion, aus deren Wechselwirkung das stofflich und physikalisch Bestimmte entsteht. Prototyp der Polarität ist der Magnet, eine streng korrelative Zweiheit der Pole, in deren Auseinanderspannung und zugleich erfolgender gegenseitiger Attraktion das Wesen des Magnetismus liegt. Das an der Natur des Magneten sinnfällig gemachte Gesetz wird zum ‚allgemeinen Weltgesetz'

(II 489) erhoben: In negativer und positiver Elektrizität, im Verhalten von Säuren und alkalischen Verbindungen in der Chemie, im Wechselverhältnis von Reproduktion und Irritabilität sowie im Verhältnis von Irritabilität zur Sensibilität in der Physiologie herrscht derselbe Dualismus der Kräfte. Die einheitliche Urkraft, an der alle Polarität erscheint, ist identisch mit der Natur selbst, natura naturans hinter allen Produkten und Erscheinungen (natura naturata). Diese Urkraft treibt den Gegensatz potenziert immer wieder aus sich hervor und kann nur eine lebendige Kraft in der Wechselwirkung polarer Kräfte sein. Natur als Ganzes ist ein Lebendiges, ein großer Organismus, harmonisch ausgeglichen; im einzelnen ist sie freilich immer nur als Widerstreit von Momenten darstellbar. Dieses Zugleichsein von Identität und Differenz erscheint als Wechselwirkung bzw. als Gleichgewicht (Produkt) und Störung (Produktivität). ‚Weltseele' meint ebendiese prozessual in sich zurückkehrende endlich-unendliche Bewegung.

In der Konstruktion des Begriffs des Lebens, der empirisch als Gesetzlichkeit der Lebenserscheinungen aufzuweisen ist, wird Leben weder als Eigenschaft der animalischen Materie im Sinne einer Lebenskraft noch als eine von außen verursachte Bewegung gefaßt. Der Grund des Lebens liegt in einem Zusammenspiel von passiver Rezeptivität und eigener Aktivität von Organismen. Dabei wird dem Phänomen der Irritabilität zentrale Bedeutung zugesprochen, sofern in ihm das geforderte Verhältnis von Aktivität und Rezeptivität deutlich erscheint. Die angeführte Dreistufung von Sensibilität, Irritabilität und Bildungs- bzw. Reproduktionsprozeß geht auf Herder und Carl Friedrich Kielmeyer zurück. Im *Ersten Entwurf eines Systems der Naturphilosophie* (1799) wird sodann der Gedanke eines einheitlichen, in allen Lebensfunktionen abgestuft wirksamen Lebensprinzips begründet. Dieses Prinzip läßt die Gattungsdifferenzen von tierischen Organismen selbst wieder als eine Stufung von Grundfunktionen der Reproduktion, Irritabilität und Sensibilität begreifen; nach dem Gesetz: je höher der Organismus, desto größer der Anteil der Sensibilität an den prinzipiell irritablen Lebensvorgängen. Am Ende der

Schrift *Weltseele* steht, ähnlich wie in den *Ideen*, der Gedanke der Einheit der Natur und ihrer durchgängigen Kontinuität im allgemeinen Dualismus.

Ausgangspunkt des aus Schellings ersten Vorlesungen in Jena hervorgegangenen *Ersten Entwurfs* ist die reine Produktivität oder unendliche Tätigkeit, die als das Unbedingte, das Ausgangspunkt und Gegenstand auch der Naturphilosophie sei, bestimmt wird. Sie stellt sich als unendliches, immerzu werdendes, nie seiendes Produkt dar. Im strikten Sinne ist sie das Sein selbst, von dem nicht gesagt werden kann, daß es sei. Die Darstellung des Produkts verlangt, eine unendliche Hemmung dieser unendlichen Tätigkeit zu denken, wobei der Grund der Hemmung freilich in ihr selbst liegen muß. Als produktive Tätigkeit ist sie apriori Dualität. Damit wird die Struktur der Natur überhaupt erklärt sowie die jedes natürlichen Geschehens, einschlußweise der ‚logischen Vorgeschichte' der nicht empirisch wahrnehmbaren, ursprünglichen Qualitäten der Natur. Dieser Entwurf löst das Problem der Qualitäten, das in den *Ideen* angesprochen war, indem der Grund der Qualitäten in eine Vorgeschichte des empirisch Erscheinenden verlegt wird. Als Qualitäten bezeichnen sie die Hemmungspunkte, durch die die Produktivität zur Darstellung kommt. So sind sie bloße Bedingungen und damit logisch vor aller Raumerfüllung loziert; als reine Intensität bezeichnen sie die Aktualität einer unendlichen Teilung und sind daher jenseits des Raumes anzusiedeln. Dafür prägt Schelling den Ausdruck einer ‚ersten Aktion', weshalb die Naturphilosophie neu und in Abgrenzung zu anderen Ansätzen als *dynamische Atomistik* definiert wird.

Im ersten Teil wird die Natur als eine Stufenfolge dargestellt, die vom Amorphen bis zum Organismus reicht. Sie ist Ausdruck der Entwicklung ein und derselben Organisation, die im Organismus seine höchste Ausformung erhält. Die vielgestaltige Mannigfaltigkeit der Organismen mit einer konstanten Typik von Arten ist demnach nicht Ausdruck einer ursprünglichen Zerspaltenheit des Lebens in selbständige Formen, sondern durch die Menge der Typen hindurch geht ein einheitliches Prinzip der Entwicklung, welches das für den endlichen Verstand Auseinanderliegende verbindet. Im Organismus offenbart sich die ursprüngliche Dualität (der Kräfte) als Geschlechterdifferenz, zugleich aber auch als (Re-)Produktivität. Das endliche Individuum erhält durch Zeugung die unendliche Gattung, aber auch sein eigenes Leben. Bezüglich der Aufgabe, Leben selbst zu denken, folgt die Schrift weitgehend der *Weltseele*. Negative Lebensbedingung ist eine Erregung von außen; sie leitet einen chemischen Prozeß ein, durch den sich der Organismus erhält. Dieser hat aber zur positiven Bedingung die in der Sensibilität wurzelnde Erregbarkeit. Die Bestimmung des Lebens als Verhältnis von organischem Inneren und anorganischem Äußeren führt im zweiten Teil zur Konstruktion des Anorganischen: Hierbei wird die Schwere als Möglichkeit des Zusammenhangs von Massen und letztlich des Universums als Bedingung von Leben deduziert. Im dritten Teil schließlich wird die Wechselbeziehung zwischen Organischem und Anorganischem thematisiert. Nahtstelle ist die Irritabilität, die auf Sensibilität, deren Phänomen sie ist, zurückweist. Auch diese Struktur wird zur Triplizitätsstruktur erweitert, weil die in der Qualität von Innen und Außen erzeugte Bewegung noch nicht Erhaltung des Lebens bedeutet. Abschluß der Lebensstruktur bildet die Nutritions- und Reproduktionsfunktion.

Zuletzt werden organische und anorganische Natur aufeinander abgebildet. Dabei sind sie nicht so entgegengesetzt, daß sie in einem gemeinsamen Ausdruck gleichsam zur Indifferenz gebracht werden können; ihr Verhältnis wird vielmehr als das – nach einem mathematischen Ausdruck – von Potenzen gefaßt. Der Organismus ist demnach eine höhere Potenz des Anorganischen oder – wie Schelling sagt – Anorgischen. Die Entgegensetzung bleibt gleichwohl produktiv. Der als kategoriales Schema ausgeführten Triplizität der Grundphänomene von Magnetismus, Elektrizität und chemischem Prozeß entspricht auf der Stufe der höheren Potenz die Triplizität von Sensibilität, Irritabilität und Reproduktion. Im Menschen hat der Weltorganismus seinen Endzweck. Damit wird die Gliederung eines einheitlichen Entwicklungsganges der Naturformen in einer Stufenfolge der Kategorien der Natur bzw. der Potenzen (Stufen) des Unbedingten (Absoluten) angedeutet, die gleichsam das bleibende Grundraster von Schellings Naturphilosophie bilden. Erstmalig im Zusammenhang ausgeführt hat Schelling diese Stufenfolge in der *Allgemeinen Deduktion des dynamischen Prozesses* (1800), die am Leitfaden der Stufenfolge von Anschauungen, die zunächst im *System des transzendentalen Idealismus* entwickelt wurde, orientiert ist. Demnach entsprechen den Momenten der Materie (Attraktions-, Repulsions- und Schwerkraft) auf der Ebene der anorganischen Natur: Magnetismus, Elektrizität und chemischer Prozeß; und auf der Ebene der organischen Natur: Sensibilität, Irritabilität und Reproduktion.

Die abschließenden Überlegungen des *Ersten Entwurfs* gelten einer Stufenfolge der organischen Wesen. Dabei verschieben sich Reproduktion und Irritabilität in ihrem Verhältnis; je komplexer die Organisation, umso bedeutsamer das Leben des Einzelwesens und umso geringer die Gattungsfunktion, die bloße Reproduktionsfähigkeit. Dem entspricht ein Verhältnis fortschreitender Umkehrung von Irritabilität und Sensibilität: Höhere Wesen werden differenzierter in der Reizbarkeit, Beweglichkeit, Reaktionsfähigkeit und Selbständigkeit. Die Sinnestätigkeit gewinnt in den höheren Formen die Herrschaft und führt schließlich, den Stufengang der Natur abschließend, zum menschlichen Bewußtsein: Im Menschen ist der Endzweck des Weltorganismus erreicht.

Der Geist in der Natur ist ein produktiver, aber nicht reflektierender: ein unbewußter Geist. Die Stufenfolge der Naturprodukte ist der Weg, den er in seinem Streben nach Selbstbewußtsein durchläuft. Im individuellen Ich erscheint dieses Bewußtsein, in ihm durchdringt sich die unbewußte Intelligenz und wird gleichsam ihrer selbst habhaft und sich bewußt. Der Ausdruck, mit dem dieses naturphilosophische Konzept charakterisiert wird, lautet *dynamischer Atomismus* oder, mit Blick nicht auf die inhaltliche Grundthese, sondern auf einen eher wissenschaftstheoretisch-methodologischen Gesichtspunkt: *Spekulative Physik*. Diesen Namen gab ihm

Schelling in der *Einleitung zum Ersten Entwurf* (1799). Zum einen wird damit eine Abgrenzung von der empirischen Wissenschaft, nach damaligen Sprachgebrauch zumeist gleichgesetzt mit ‚historisch' oder ‚faktisch' im Sinne eines zufälligen Wissens, vollzogen; demnach ist Spekulative Physik nicht über die Einstellung des Alltagsbewußtseins zur Natur zu erreichen. Zum anderen wird damit aber auch im System der Philosophie Naturphilosophie als grundlegende philosophische Disziplin, als realistischer oder objektiver Systemteil reklamiert.

Voraussetzung jeder Wissenschaft – so war im *Ersten Entwurf* dargelegt – ist ein Unbedingtes, „obschon [sich] zum absolut-Unbedingten im menschlichen Wissen nur die Transzendentalphilosophie ... erhebt" (III 11). Dieses Unbedingte kann nicht in einem *Ding* bzw. Etwas liegen, von dem man sagen kann, es *ist*; vielmehr ist es *„das* ***Sein selbst***, das in keinem endlichen Produkte sich ganz darstellt, und wovon alles Einzelne nur gleichsam ein besonderer Ausdruck ist", „eine einzelne Form oder Art des Seins" (III 11, im Orig. alles gesperrt). Das Unbedingte, von dem die Naturphilosophie ausgeht, ist die *„höchste konstruierende Tätigkeit*, die, obgleich selbst nie Objekt, doch Prinzip alles Objektiven ist" (III 12). Demnach ist Naturphilosophie qua spekulativer Physik „Ableitung aller Naturerscheinungen ... aus einer absoluten Voraussetzung" (III 278). Für Schelling ist Natur im wesentlichen Produktivität. Von der als selbständig und reell gedachten Natur und dem Verhältnis ihrer Kräfte, die Gegenstand der spekulativen Physik sind, soll die Totalität der Produkte genetisch hergeleitet werden. Die Erklärung der Produkte vom Produktiven her nennt Schelling ‚Konstruktion'. Der Konstruktion der einzelnen Momente muß die Konstruktion des Ganzen von Produkten (Natur) vorhergehen. Die Methode der Ableitung einzelner Produkte aus Naturkräften als Ursachen nennt er physikalische Konstruktion, nicht aber Erklärung, die von einer Erscheinung auf die Ursache zurückgeht. Möglich ist eine solche Konstruktion entweder als spekulative Selbstkonstruktion oder aber als Konstruktion aufgrund von Experimenten: „Jedes Experiment ist eine Frage an die Natur, auf welche zu antworten sie gezwungen wird. Aber jede Frage enthält ein verstecktes Urteil apriori; jedes Experiment, das Experiment ist, ist Prophezeiung; das Experimentieren selbst ein Hervorbringen der Erscheinungen. – Der erste Schritt zur Wissenschaft geschieht also in der Physik wenigstens dadurch, daß man die Objekte dieser Wissenschaft selbst hervorzubringen anfängt." (III 276) Für diese Konstruktion ist eine Verifikation nötig: „Es ist eine unnachläßliche Forderung, welche unsere Wissenschaft zu erfüllen hat, daß sie ihren Konstruktionen apriori entsprechende äußere Anschauungen beigeselle, denn sonst würden diese Konstruktionen für uns nicht mehr Sinn haben, als die Theorie der Farben für den Blindgebornen." (III 20)

Gemäß dem Anspruch, Natur als das objektive Ganze in seiner Genese, d. h. in seiner Selbstkonstruktion aufzuweisen, wird Schelling 1801 auch für die Natur eine intellektuelle Anschauung fordern, eine Anschauung, durch die sich die Naturphilosophie nun selbst gegen die Empirie abschottet und ‚im Absoluten' ‚das Besondere in der Idee', näherhin ‚das Allgemeine am Besonderen konstruiert', und das Kriterium der Richtigkeit des Ableitungsverfahrens in der Übereinstimmung von konstruierender und konstruierter Natur (Erfahrung) hat: „Die Erfahrung ist für [den Naturphilosophen] freilich nicht Prinzip, wohl aber Aufgabe, nicht terminus a quo, wohl aber terminus ad quem der Konstruktion." (IV 97)

c) Das ‚System des transzendentalen Idealismus'

Im Jahr 1800 veröffentlicht Schelling das aus zeitgleich gehaltenen Vorlesungen hervorgegangene *System des transzendentalen Idealismus.* Er versteht es gemäß dem Ansatz zweier komplementärer philosophischer Grundwissenschaften als Pendant zur Naturphilosophie. Während die Naturphilosophie das Werden des Geistes objektiv darstellt, soll nun transzendentalphilosophisch das gesamte System des Wissens entfaltet werden. Der Zweck dieses Werkes wird in der Vorrede dahingehend bestimmt, vor allem gegenüber den Fichte'schen Entwürfen den transzendentalen Idealismus „zu einem System des gesamten Wissens" zu erweitern, „d. h. durch die wirkliche Ausdehnung seiner Prinzipien auf alle möglichen Probleme in Ansehung der Hauptgegenstände des Wissens [durchzuführen], welche entweder schon vorher aufgeworfen aber nicht aufgelöst waren, oder aber erst durch das System selbst möglich gemacht worden und neu entstanden sind." (III 330) Im Hinblick auf die grundlegenden Untersuchungen dieser Schrift räumt er ein, nichts Neues zu sagen, jedenfalls nicht viel anderes, „was nicht entweder in den Schriften des Erfinders der Wissenschaftslehre, oder in denen des Verfassers schon längst gesagt wäre" (III 330 f.). Allerdings beansprucht die gegenwärtige Bearbeitung „in Ansehung einiger Punkte eine größere Deutlichkeit" (III 331).

Entscheidend ist die Weise der Durchführung dieser Ausdehnung der Prinzipien auf das gesamte Wissen, der gemäß „alle Teile der Philosophie in Einer Kontinuität und die gesamte Philosophie … als fortgehende Geschichte des Selbstbewußtseins" (III 331) dargestellt werden soll. Die Stufenfolge von Anschauungen, die in dieser Kontinuität und fortgehenden Geschichte des Selbstbewußtseins dargelegt werden, reichen von der niedrigsten Stufe des Ich in der Natur, in seiner Anschauung von Etwas, bis zum höchsten Bewußtsein des menschlichen Ich, „zum Bewußtsein in der höchsten Potenz" (III 331): also von der theoretischen über die praktische Philosophie und von da über die Lehre von der Teleologie der Natur zur Philosophie der Kunst. Schelling gründet diese Idee auf den „Parallelismus der Natur mit dem Intelligenten, auf welchen er schon längst geführt worden ist, und welchen vollständig darzustellen weder der Transzendental- noch der Natur-Philosophie allein, sondern nur *beiden Wissenschaften* möglich ist" (III 331). Dieses Konzept zweier komplementärer philosophischer Wissenschaften leitet sich her von der Struktur und dem Grund wahren Wissens, womit in den ersten Überlegungsschritten, wie bereits seit den *Ideen*, die Frage nach dem Grund der Wahrheit im Wissen der Frage nach dem Grund der Realität vorgeordnet wird: „Alles Wissen beruht auf der

Übereinstimmung eines Objektiven und eines Subjektiven. – Denn man *weiß* nur das Wahre; die Wahrheit aber wird allgemein in die Übereinstimmung der Vorstellungen mit ihren Gegenständen gesetzt." (III 339) Schelling präzisiert die Frage nach der Wahrheit durch folgende Definitionen: „Wir können den Inbegriff alles *Objektiven* in unserem Wissen *Natur* nennen; der Inbegriff alles *Subjektiven* dagegen heiße das *Ich* oder die *Intelligenz*. Beide Begriffe sind sich entgegensetzt. Die Intelligenz wird ursprünglich gedacht als das bloß Vorstellende, die Natur als das bloß Vorstellbare, jene als das Bewußte, diese als das Bewußtlose." (III 339) Daraus ergibt sich folgerichtig, daß in jedem Wissen ein wechselseitiges Zusammentreffen von Natur und Intelligenz anzutreffen ist. Gemäß der zu klärenden Grundfrage, wie Wahrheit möglich ist, muß darum dargelegt werden, wie dieses Zusammentreffen möglich ist. Im Wissen ist Subjektives und Objektives derart vereinigt, daß man nicht sagen kann, welches den Vorrang vor dem anderen hat; es gibt keine Priorität, kein erstes und zweites, weil beide gleichzeitig und eins sind. Für eine Erklärung muß man daher notwendigerweise entweder das eine oder das andere voraussetzen, entweder das Subjektive oder das Objektive, die Intelligenz oder die Natur. Daher sind nur zwei Fälle der Erklärung des Zusammentreffens oder der Identität im Wissen, d. h. der möglichen Wahrheit, denkbar: „Entweder wird das Objektive zum Ersten gemacht und gefragt: wie ein Subjektives zu ihm hinzukomme, das mit ihm übereinstimmt." (III 340, im Orig. gesp.) „Oder das Subjektive wird zum Ersten gemacht, und die Aufgabe ist die: wie ein Objektives hinzukomme, das mit ihm übereinstimmt." (III 341, im Orig. gesp.) Die erste Frage, die ein Objektives voraussetzt, ist die zentrale Fragestellung in der Naturwissenschaft und schließlich in der Naturphilosophie; die Frage, wie zu einem gegebenen Subjektiven ein Objektives so hinzukomme, daß es mit ihm übereinstimme, ist die unabhängige Frage der anderen Philosophie, der Transzendentalphilosophie.

Damit werden – durchaus im Anschluß an die oben ausgeführten früheren Überlegungen, nun jedoch präziser – zwei voneinander unabhängige philosophische Wissenschaften etabliert, die im Blick auf dieselbe Frage zwei verschiedene Perspektiven explizieren. Dieses Konzept setzt zweierlei voraus: 1. daß es zwei Reihen der Produktion des Geistes gibt: die Reihe der Naturprodukte und die Reihe der Stadien der Selbstanschauung des Ichs. Diesbezüglich muß eine prästabilierte Harmonie zwischen den beiden Welten Natur und Intelligenz, der reellen und der ideellen Welt, gedacht werden, was nur möglich ist, wenn die Tätigkeit, durch welche die objektive Welt produziert ist, ursprünglich identisch ist mit der, welche sich im Erkennen und Wollen äußert. Die sich in der einen *und* in der anderen Reihe äußernde Tätigkeit, die selber der Grund für die Harmonie der beiden Reihen ist, ist je nach Perspektive unterschiedlich bestimmt: Auf der Ebene der Transzendentalphilosophie erscheint sie als Selbstbewußtsein, das in einer ‚Geschichte' expliziert wird; in der Naturphilosophie – worauf im *System des transzendentalen Idealismus* nicht eingegangen wird – als absolute produktive Tätigkeit. Und 2. daß – wie dann auch in der Schrift *Über den wahren Begriff der Naturphilosophie* (1801) dargelegt – der Idealismus, wie ihn Fichte in der Wissenschaftslehre dargestellt hat, aber auch in der Form, die er im *System des transzendentalen Idealismus* erhalten soll, „kein rein theoretisches Fundament hat" (III 332), was bedeutet, daß der Idealismus selber durch die Wissenschaftslehre nur in formeller Weise begründet werden und nur eine Naturphilosophie den eigentlichen ‚materiellen Beweis' für den Idealismus des Bewußtseins erbringen kann. Eben deshalb kann der Idealismus „niemals die [theoretische] Evidenz haben ..., welcher die Naturwissenschaft fähig ist" (III 332).

Das Prinzip der Transzendentalphilosophie, das Schelling ermittelt und zu rechtfertigen sucht, ist das Selbstbewußtsein. Nach der theoretischen Philosophie ist die Möglichkeit der Erfahrung in ihm begründet. Es ist das höchste Prinzip des Wissens, das als unmittelbare Einheit von Subjekt und Objekt, näherhin als Duplizität in der Identität, begriffen und als Akt intellektueller Anschauung, in dem sich das Ich vor aller Bestimmtheit weiß und produziert, verstanden werden muß. Im spontanen Übergang der unendlichen Anschauungstätigkeit des Ich in eine Selbstanschauung wird es sich selbst Objekt, und aus der damit verbundenen Selbstentzweiung geht die gesamte Prinzipienstruktur des Wissens hervor. Im Moment der Anschauung ist für Schelling der Grund der Realität all unseres Erkennens und Wissens fundiert und begründet. In der ursprünglichen Identität von Subjekt und Objekt sind demnach zwei Tätigkeiten zu unterscheiden, eine unendliche und eine gegenläufig begrenzende, näherhin eine ideale unbegrenzte und eine reale begrenzte. Die ideale Tätigkeit erscheint in jeder neuen Gestalt und Form des Bewußtseins gesteigert, d. h. potenziert, bis sich das Ich über diese vermittelnden Stufen seiner selbst als Subjekt-Objekt bewußt geworden ist.

Die so entworfene Geschichte des Selbstbewußtseins hat in der theoretischen Philosophie drei Epochen, von denen die erste ‚von der ursprünglichen Empfindung bis zur produktiven Anschauung' führt. Ideale und reale Tätigkeit vereinigen sich zunächst in einem Dritten, in der Empfindung. Empfindendes Subjekt wird die Intelligenz durch die eigene tätige Natur; das Entstehen von Empfindung kann nicht als bloße Rezeptivität, als Eindruck von Außen erklärt werden, weil sie dann durch das Gesetz der Kausalität geregelt wäre, das „nur zwischen gleichartigen Dingen [gilt]" (III 407). Oder man müßte materialistisch zeigen, daß die Vorstellung eine Art des Seins ist, womit „man [jedoch] die Materie selbst zu einem Gespenst, zur bloßen Modifikation einer Intelligenz macht, deren gemeinschaftliche Funktion das Denken und die Materie sind. Mithin treibt der Materialismus selbst auf das Intelligente als das Ursprüngliche zurück." (III 407) Ebensowenig kann das Sein aus dem Wissen so erklärt werden, daß es die Wirkung von diesem wäre. Im Blick auf die Realität (Sachhaltigkeit) von Erkenntnis nennt Schelling jede Philosophie ‚mißlungen', „welche die Empfindung nicht erklären kann" (III 407). Auf der Stufe der produktiven Anschauung der ursprünglichen Realität werden sodann Empfundenes von Empfindung und damit Außen und Innen unterschieden.

Die zweite Epoche ‚Von der produktiven Anschauung bis zur Reflexion' entwickelt die Handlungsformen innerer und äußerer Anschauung: in Bezug auf Intensität die Zeit, hinsichtlich der Extensität den Raum. Aus ihrer Relationalität werden die Anschauungsformen oder Kategorien entwickelt. Während die erste Epoche durch die Differenz von Subjekt und Objekt charakterisiert ist und als Pendant die Konstruktion der Materie hat, wird in der zweiten Epoche die Differenz als Wechselwirkung angeschaut. Hierzu bildet die Deduktion des Organischen das entsprechende Pendant.

Die dritte Epoche ‚Von der Reflexion bis zum absoluten Willensakt' muß die Frage klären, warum dem Ich die Welt nicht überhaupt als umfassender und in sich geschlossener Organismus erscheint, warum es vielmehr überhaupt etwas als außer sich setzen kann. Die Bedingung für dieses Von-sich-weg-Setzen und -Beziehen liegt im abstrahierenden Urteil, das Anschauung und Begriff trennt und schematisiert wiederum aufeinander bezieht. Das Urteil ist begründet in einer absoluten Abstraktion, durch die sich das Ich als Intelligenz aus der Totalität des Anschauens losreißt und selbst setzt: „Die absolute Abstraktion [ist] der Anfang des Bewußtseins" (III 532), womit überhaupt ein Gegenstandsbewußtsein möglich wird.

Die theoretische Philosophie endet demnach in einem Stadium der Selbstanschauung des endlichen Ich, in dem das Bewußtsein allererst anfängt, sich seiner selbst bewußt zu werden. An dieser Stelle, nachdem der Prozeß des unbewußten Zu-sich-selbst- bzw. Zum-Bewußtsein-Kommens der Intelligenz durchlaufen ist, bricht die auch auf Natur bezogene, gleichsam naturphilosophische Reihe, bzw. der Parallelismus zwischen Naturkonstitution und Bewußtseinsbildung, ab und wird in die Reihe der Freiheit, der Entfaltung des selbstbewußten Geistes überführt.

Damit beginnt die praktische Philosophie, die zwar kein detailliertes System der ethischen Begriffe, wie etwa Kants *Kritik der praktischen Vernunft*, gibt, indessen gleichwohl die Grundbestimmungen von Praxis (Kategorischer Imperativ, Willkür, Deduktion des Rechts, Völkerbund etc.) entwickelt, in ihrem Kern jedoch eine Philosophie der Geschichte liefert. Danach ist der Anfang des Bewußtseins nur aus einem Akt der Selbstbestimmung, einem freien Handeln der Intelligenz auf sich selbst, zu begreifen. Dieses Selbstbestimmen äußert sich, obgleich frei, zunächst bloß natural als Trieb. Um sich selbst objektiv zu werden, muß das Wollen darauf reflektieren, daß es seinen Grund nicht in einer Anschauung und einem Wollen des Wollens hat, sondern im Handeln anderer Intelligenzen. Dadurch, daß Intelligenzen außer mir sind, werde ich mir allererst als wollendes und freies Wesen in einer Welt, die Gegenstand meines Handelns sein kann, präsent und objektiv. Die Möglichkeit objektiven Wollens ist darin begründet. Da der reine objektive Wille immer auch zugleich als natural bestimmte Willkür erscheint, verweist er auf ein Absolutes, das als unbedingtes Wollen der Willkür als ein unbedingtes Sollen gegenübersteht. Dieses stellt sich dar als Forderung des Sittengesetzes: nur das zu wollen, was alle Intelligenzen auch wollen können. Diese Forderung kommt nur angesichts des Triebes und einer Situation der Wahlfreiheit ins Bewußtsein.

Es folgt die Deduktion von Rechtsgesetz und Staatsordnung unter dem Titel ‚Zusätze zur praktischen Philosophie', und schließlich wird die Vereinigung von Freiheit und Notwendigkeit als höchstes Problem der praktischen Philosophie thematisiert, womit Philosophie zur Konstruktion der Geschichte als Geschichte der Offenbarung des Absoluten wird. Das Rechtsgesetz ist ein Zwangsgesetz, das verhindert, daß Vernunftwesen als Individuen sich „in der Wechselwirkung aller" (III 582) gegenseitig zerstören. Die durch dieses Gesetz begründete Rechtsordnung erscheint als „zweite Natur" (III 583), die umwillen der Freiheit des Einzelnen und ihrer Sicherung existiert. Das Ideal einer Gesellschaftsordnung besteht in der Aufstellung einer Rechtsverfassung. Diese wird auf die Beziehung aller Staaten untereinander ausgedehnt. Hierbei sind Kants Schriften *Idee zu einer allgemeinen Geschichte in weltbürgerlicher Absicht* (1784) und *Zum ewigen Frieden* (1795) maßgeblich. Schelling denkt dabei an einen Staat der Staaten, eine Föderation, deren Mitglieder sich gegenseitig ihre Unverletzlichkeit garantieren, so daß Frieden und Sicherheit zwischen den Staaten entstehen. Ein „allgemeiner Völkerareopag" soll, aus den Kulturnationen zusammengesetzt, als Schlichtungsorgan fungieren, „welchem gegen jedes einzelne rebellische Staatsindividuum die Macht aller übrigen zu Gebot steht" (III 587).

Die Entwicklung der Gesellschaft einerseits, der Staaten andererseits zu einer allgemeinen Rechtsverfassung ist Inhalt der Geschichte. In ihr zeigt sich die freie Tätigkeit der Menschen mit historischer Notwendigkeit verflochten. Der Mensch ist zwar frei handelndes Wesen, aber was „das endliche Resultat seiner Handlungen betrifft, abhängig ... von einer Notwendigkeit, die über ihm ist, und die selbst im Spiel seiner Freiheit die Hand hat." (III 595) Schelling benutzt hierfür das Bild vom ‚großen Welttheater', in dem der Spieler seine Rolle nicht nur spielt, sondern zugleich erfindet, in dem also die handelnden Individuen vollkommen frei und mit Bewußtsein handeln, aber bewußtlos etwas entsteht, was nicht beabsichtigt ist und dennoch dem Sinn des Ganzen dient. Eine derartige Gesetzmäßigkeit in der Freiheit ist vermittelt durch ein Höheres zu denken, das „weder Subjekt noch Objekt, auch nicht beides zugleich" sein kann, „sondern nur die *absolute Identität* ..., in welcher gar keine Duplizität ist, und welche eben deswegen, weil die Bedingung alles Bewußtseins Duplizität ist, nie zum Bewußtsein gelangen kann. Dieses ewig Unbewußte, was, gleichsam die ewige Sonne im Reich der Geister, durch sein eigenes ungetrübtes Licht sich verbirgt, und obgleich es nie Objekt wird, doch allen freien Handlungen seine Identität aufdrückt, ist zugleich dasselbe für alle Intelligenzen, die unsichtbare Wurzel, wovon alle Intelligenzen nur die Potenzen sind" (III 600). Mit dem hier entwickelten Gottesbegriff einer absoluten Synthesis von Handeln und Geschehen wird das Absolute zum ‚Gegenstand des Bewußtseins', freilich in dem Sinne: „Gott *ist* nie, wenn Sein das ist, was in der objektiven Welt sich darstellt; *wäre er*, so wären *wir* nicht: aber er *offenbart* sich fortwährend." (III 603) Die Weltgeschichte stellt sich demnach als fortlaufende Offenbarung des Absoluten dar, in der drei Perioden:

Schicksal (Aufgang und Untergang der antiken Reiche), Natur (Ausbreitung der römischen Republik bis zur Herbeiführung eines Völkerbundes) und Vorsehung zu unterscheiden sind. Die dritte Periode wird eintreten, wenn das, was als Schicksal bzw. naturgegeben erschien, sich zur Vorsehung wandelt. Darin hat die Weltgeschichte ihr Telos und ihre Vollendung.

In der Geschichte also ist sich das Ich als eines freien und handelnden Individuums bewußt, es kann aber nicht die Einheit von Freiheit und Notwendigkeit begreifen, solange ihm die ursprüngliche Harmonie als solche noch nicht objektiv und bewußt geworden ist. Das Bewußtwerden der ursprünglichen Harmonie, die für den vollständigen Begriff von Geschichte gefordert ist, gelingt nur über die Erkenntnis der Zweckmäßigkeit der Natur einerseits und – im Hinblick auf die hierin nur in einer äußerlichen Weise sichtbar gewordene Harmonie, die als ursprüngliche Identität auch im Menschen deutlich werden soll – in der Erfahrung von Kunst und künstlerischer Produktion andererseits.

In den ‚Hauptsätzen der Teleologie' wird die Vereinigung von Freiheit und Notwendigkeit im Naturprodukt, im Organismus der Natur, als Einheit von bewußter und bewußtloser Tätigkeit aufgewiesen; und es wird präzisiert, inwiefern sich in der Teleologie die Einheit von theoretischer und praktischer Philosophie manifestiert.

Den Abschluß des Systems bildet derjenige Teil, in dem die Einheit von Freiheit und Notwendigkeit, bewußter und bewußtloser Tätigkeit, für das konkrete empirische Ich *im Ich* selbst als Selbstbewußtsein, das als Prinzip der Philosophie postuliert worden war, nachgewiesen wird: die Philosophie der Kunst. In der künstlerischen Tätigkeit des Genies und in der ästhetischen Anschauung wird diese Vereinigung objektiv und als im Ich selbst liegend aufgewiesen. Die ästhetische Anschauung ist die höchste Form der produktiven Anschauung, die objektiv gewordene intellektuelle Anschauung, der eine gewisse Allgemeingültigkeit zukommt. Während die Philosophie im gemeinen Bewußtsein gar nicht vorkommt, nicht allgemeingültig werden kann, so ist von der ästhetischen Anschauung mindestens zu sagen, daß sie „in jedem Bewußtsein vorkommen" *kann*. Die Kunst wird näherhin als „das einzige wahre und ewige Organon zugleich und Dokument der Philosophie" (III 627) bestimmt: Dokument, weil nach Schellings Anspruch die Philosophie mit dieser Beglaubigung und Urkunde (der Kunst) in ihr zunächst nur postuliertes Prinzip (des Ich oder Selbstbewußtseins) zurückkehrt und das System im Rückgang auf den Ausgangspunkt geschlossen und vollendet ist; Organon, weil in dieser über die Kunstanschauung als ‚Werkzeug' und Mittel bewußt werdenden ursprünglichen Harmonie erst der letzte Grund der Harmonie objektiv erfaßt werden kann. „Ein System ist vollendet, wenn es in den Anfangspunkt zurückgeführt ist. Aber eben dies ist der Fall mit unserem System. Denn eben jener ursprüngliche Grund aller Harmonie des Subjektiven und Objektiven, welcher in seiner ursprünglichen Identität nur durch die intellektuelle Anschauung dargestellt werden konnte, ist es, welcher durch das Kunstwerk aus dem Subjektiven völlig herausgebracht und ganz objektiv geworden ist, dergestalt, daß wir unser Objekt, das Ich selbst, allmählich bis auf den Punkt geführt, auf welchem wir selbst standen, als wir anfingen zu philosophieren." (III 628 f.) Die Kunst gilt dem Philosophen als „das Höchste, weil sie ihm das Allerheiligste gleichsam öffnet" (III 628). Ihre Bedeutung besteht näherhin darin, das, was der Philosoph nur subjektiv darzustellen vermag, „mit allgemeiner Gültigkeit objektiv zu machen" (III 629). Für das Verhältnis von Kunst und Philosophie heißt dies: „die Philosophie erreicht zwar das Höchste, aber sie bringt bis zu diesem Punkt nur gleichsam ein Bruchstück des Menschen. Die Kunst bringt *den ganzen Menschen*, wie er ist, dahin" (III 630).

Die Einheit von Wissenschaft und Poesie ist nach Schelling in der antiken Mythologie realisiert, und er prophezeit, dem romantischen Programm eines F. Schlegel verwandt, eine neue ästhetische Mythologie. Philosophie und Wissenschaften, „so wie sie in der Kindheit der Wissenschaft von der Poesie geboren und genährt worden, [werden] nach ihrer Vollendung als ebenso viele einzelne Ströme in den allgemeinen Ozean der

Poesie zurückfließen, von welchem sie ausgegangen waren." (III 629) Mit diesem Ausblick endet das in formaler Hinsicht wohl geschlossenste Werk Schellings. Überdies hat es seine besondere Eigenart darin, daß Schelling in Anlehnung an Fichte eine methodische Struktur entwickelt, die paradigmenbildend auch für Hegels *Phänomenologie des Geistes* geworden ist, der gemäß das philosophierende Ich das gemeine, normale Ich jeweils auf eine höhere Stufe der Selbsterkenntnis und Durchsichtigkeit seiner selbst führt.

5. Das System der absoluten Identität

a) Der Grundgedanke: Einheit und Totalität

1801 kündigt Schelling am Schluß der Abhandlung *Über den wahren Begriff der Naturphilosophie* „eine neue Bearbeitung und Entwicklung" seines „Systems, von den ersten Gründen aus" (IV 84) an, in dem Natur- und Transzendentalphilosophie in einem Einheitsentwurf dargestellt werden. Die bisher behauptete Komplementarität zweier philosophischer Grundwissenschaften, die, ewig antagonistisch, „niemals in Eins übergehen können" (III 331), wird fallengelassen und ein Systemkonzept formuliert, in dem „absolute Kontinuität", „*eine* ununterbrochene Reihe, … vom Einfachsten in der Natur an bis zum Höchsten und Zusammengesetztesten, dem Kunstwerk heraufgeht" (IV 89). Während Schelling hier noch, unter der Voraussetzung eines ursprünglicheren ‚Idealismus der Natur' gegenüber dem ‚Idealismus des Ich', eine dreiteilige, um den realidealen Teil der Philosophie der Kunst ergänzte Systemgliederung andeutet, aber nicht ausführt[1], kündigt sich die Identitätsphilosophie als Theorie des Universums, der einen Welt an, in der Natur und Geist nicht entgegengesetzt, sondern eins sind. Auf ihrem Standpunkt ist „aller Dualismus auf immer vernichtet" und wird „alles absolut Eins" (IV 102).

Bereits der Titel der folgenden Schrift *Darstellung meines Systems der Philosophie* (1801) signalisiert ein kritisch auf

Fichtes Transzendentalphilosophie bezogenes, von ihr jedoch unabhängiges Konzept. Formal wird darin ein Standpunkt eingenommen, der als ‚Indifferenzpunkt' zwischen dem Realismus der Naturphilosophie und dem Idealismus der Transzendentalphilosophie steht. In Ignaz Paul Vital Troxlers Nachschrift der Vorlesung aus dem Jahr 1801/02 werden Realismus und Idealismus „als Grenzpunkte einer Elipse" angenommen, von denen aus propädeutisch zum Zentralpunkt des Absoluten fortgeschritten wird: „Das Problem des Idealismus ist ..., von der Intelligenz aus das Sein zu deduzieren und so zu dem Absoluten zu gelangen, die Aufgabe des Realismus ist eine umgekehrte Deduktion. Realismus und Idealismus werden so zu einer, der einzigen Philosophie" (T 31), die „nicht mehr als einen Gegenstand der Erkenntnis annehmen [kann]; – ihre Aufgabe ist, in allem das Absolute zu finden, und sie verdient also den Namen der Wissenschaft des Absoluten" (T 30). Daß die absolute Erkenntnis zugleich die Erkenntnis des Absoluten ist, ist *die* These und Voraussetzung der Identitätsphilosophie: „Erkenntnis unterscheidet sich gar nicht durch den Gegenstand, sie ist in dieser Hinsicht immer eine und ebendieselbe, nur in ihrer Form kann sie verschieden sein. Die unmittelbare absolute ist die philosophische." (T 31) Daß es nur *ein* Erkennen in allem Erkennen, daß es philosophisch im strikten Sinne auch nur *einen* Gegenstand des Erkennens gibt, liegt begründet im Prinzip der Philosophie, dem Absoluten selbst: „Das Prinzip der Philosophie ist auch nicht das, aus dem Mannigfaltiges kann abgeleitet werden, es ist vielmehr das All, das Absolute, Unendliche selbst, es ist die absolute Identität." (T 31) Mit dieser Bestimmung des Absoluten schließt Schelling deutlich, nun aber vertieft, an die Intention der *Ich*-Schrift an.

Den Begriff ‚absolute Identität' (zwischen Denken und Sein) erläutert Schelling zunächst anhand des formallogischen Grundsatzes der Identität A=A. Dieser Grundsatz ist Ausdruck für „die Existenz, das Wesen und die Form der absoluten Identität" (T 50); in ihm ist Sein und Gesetztsein, d. h. die „These in der höchsten Ansicht der Vernunft" (T 52) enthalten. Spekulativ als höchste umfassende Einheit verstanden, kann dieser These nicht ein Fortgang in Antithese und Synthese gegenüberstehen. Im Satz sind, wenn er nicht bloß tautologisch verstanden wird, drei Momente der Identität zu unterscheiden: das gesetzte A als solches, die Relate, die durch die Position von Subjekt und Prädikat bezeichnet sind, oder wie Schelling gegenständlich wendet: Subjekt und Objekt (Denken und Sein), und die beziehende Relation. Demnach ist das Absolute zunächst Indifferenz des Differenten, Ununterschiedenheit von Subjekt/Prädikat, Denken/Sein, Subjekt/Objekt. Dieser Begriff des Absoluten wird gewonnen durch Abstraktion (Depotenzierung) von Gegenstandsbestimmungen, d. h. vom Begriff des Subjekt-Objekts. In dieser Hinsicht schließt die Indifferenz als einfache, bestimmungs- und mannigfaltigkeitslose Identität alle Gegensatzbestimmungen *aus*. Dieses Eine, absolut Identische, enthält aber auch, weil es nichts außer sich hat und ihm nichts entgegengesetzt ist, zugleich die entgegengesetzten Bestimmungen von Denken und Sein, Subjekt und Objekt, Idealität und Realität *in* sich. Es ist Identität von Denken und Sein sowie Einheit des Unendlichen und Endlichen: „es muß gesagt werden durch das A=A, Denken und Sein sind verschieden, und zugleich, Denken und Sein sind eins." (T 34) Das Absolute ist einfache Indifferenz *und* in sich mannigfaltige Einheit, Ein-Alles oder Alleinheit, Einheit und Totalität (vgl. IV 126 f. Anm.).

Im Anschluß an diese erste Bestimmung des Absoluten expliziert Schelling die in ihm konzipierte Alleinheit durch die weiteren Bestimmungsmomente Wesen und Form. Das *Wesen* des Absoluten ist Identität, sein aus diesem Wesen notwendig folgendes Sein ein Erkennen, genauer: ein Selbsterkennen (Subjekt-Objekt). Die absolute Vernunft als Selbstaffirmation des absoluten Wesens ist die notwendige, ewige und erste *Form* des Seins des Absoluten. Bezüglich der in ihr und durch sie manifestierten Vermittlung von formlosem Einen und Mannigfaltigkeit charakterisiert Schelling das Absolute auch als ‚Identität der Identität'. In dieser Formel ist die Einheit von Wesen und Form des aus dem Wesen folgenden Seins des Absoluten zum Ausdruck gebracht. Absolute Identität ist darum auch das Wesen aller Dinge, das einzige An-sich und als solches dasjenige, was in allem, als den „bestimmten Formen der Arten des Seins der absoluten Identität“ (=Potenzen), wahrhaft ist, zur Erscheinung kommt und zu erkennen ist.

Als dieses Wesen aller Dinge kann es nicht aufgehoben werden. Wo es zur Differenzierung von Subjekt und Objekt in den einzelnen Dingen (außerhalb der absoluten Totalität) kommt, kann diese Differenz nur eine quantitative sein, sie betrifft die Art oder Größe des Seins. Ihr Ausdruck ist die Formel A=B, so daß die beiden Buchstaben Ausdruck der Differenz von Subjekt (A) und Objekt (B) sind, das ‚=‘ das wahre Wesen, die Identität bezeichnet. So beruhen die Unterschiede in der Welt der Dinge auf einer unterschiedlichen Gewichtung der beiden Pole Subjekt und Objekt, Ideelles und Reelles. Demnach lassen sich grundsätzlich zwei Reihen unterscheiden, die Schelling je nach überwiegendem Faktor als $A=\overset{+}{B}$ (reelle Reihe, *Natur*) bzw. $\overset{+}{A}=B$ (ideelle Reihe, *Geist*) formalisiert. Die Grundformel seiner Philosophie verbildlicht er anhand einer dem Bild des Magneten entsprechenden Linie:

$$\frac{\overset{+}{A}=B \qquad A=\overset{+}{B}}{A=A}$$

Dieses polare Schema, als Ganzes, verdeutlicht „die Form des Seins der absoluten Identität“ (IV 137), nicht das Wesen. In ihr sind sowohl alle drei Potenzen der absoluten Totalität, als auch die Struktur wiederum jeder einzelnen Potenz gefaßt. Im Blick auf die Totalität der Potenzen bezeichnet A=A nicht die absolute Indifferenz (des Absoluten), sondern die relative (der Dinge des Universums); im Blick auf die einzelnen Potenzen symbolisiert A=A ihre relative Totalität. Das Universum oder Weltall erscheint in dieser Schematisierung als fortlaufende Reihe eines und desselben Wesens des Absoluten (der Subjekt-Objekt-Identität). Dieses Wesen potenziert sich vom Minimum zum Maximum an Subjektivität. Für die diesen selbstkonstruktiven Entfaltungsprozeß nachkonstruierende philosophische Methode der Potenzierung ist also konstitutiv, daß in allen Objektivierungen des Subjekt-Objekts in zunehmendem Maße die Subjektivität oder der ideelle Faktor gesteigert oder eben ‚potenziert' hervortritt. Diese Methode, die im *System* von 1800 bereits entwickelt war und die Geschichte des Selbstbewußtseins strukturierte, ist fortan Schellings methodischer Leitfaden[2].

In der vollständigen Bestimmung des Absoluten als Einheit der Einheit und des Gegensatzes (im Dialog *Bruno*: von Einheit und Mannigfaltigem), ist der Übergang vom Unendlichen zum Endlichen, das von Jacobi überkommene und Schelling von Anfang an bewegende Problem aufgelöst: Es ist in ewiger Weise im Absoluten beschlossen. Ermöglicht wird das Endliche *als solches* nur durch eine individuelle Handlung des Ich, durch eine willkürliche Trennung der Momente in der Reflexion, wodurch das endliche Bewußtsein und das im Grunde nichtige Abbild des wahren Wissens entsteht. Reflexion ist der Ort des Satzes vom ausgeschlossenen Widerspruch, der für die auf das Absolute abzielende philosophische Spekulation keine Geltung hat. Die Dialektik als philosophische Methode ist der Reflexion zugeordnet. Sie stellt lediglich das „in der Reflexion auseinandergezogene Bild der wahren Methode dar" (IV 399). Diese ist die spekulative Methode der Philosophie, mittels deren das wahre An-sich in allem erkannt wird: Sie ist weder Analyse gegebener Begriffe noch dialektisch-synthetische Methode, sondern „Darstellung in intellektueller Anschauung", und dies „ist philosophische Konstruktion" (V 255)[3]. In dieser apriorischen, intellektuellen oder Vernunftanschauung werden Besonderheiten konstruiert, die spezifische Modifikationen (Entfaltungsmomente der Totalität) des Absoluten darstellen und die Schelling deshalb Ideen (=Potenzen) nennt. Diese Allgemeinheiten sind dadurch charakterisiert, daß sie selbst bereits eine Einheit von Allgemeinem (Begriff) und Besonderem (Anschauung) darstellen. Hinsichtlich dieser Bestimmung des Allgemeinen als Idee kann das Verfahren philosophischer Konstruktion auch „als Darstellung des Besonderen im Allgemeinen" (V 131) bezeichnet werden. Diese Ideen sind Selbstbesonderungen *im* Absoluten, nicht solche, die *un-*

ter das Absolute subsumiert werden. Sie sind im Prozeß des Selbsterkennens der absoluten Identität deren Gegenbilder, in denen sie sich gegenständlich, objektiv wird. Sie sind Repräsentationen, und wie die absolute Identität Einheiten von Realem und Idealem. Sie produzieren selbst wiederum Ideen, nicht aber das Endliche, das erst in der Reflexion entsteht, in der Ich und Nicht-Ich auseinandertreten. „Die Philosophie ist ... die Wissenschaft von den Ideen oder der ewigen Urbilder der Dinge." (V 255) Mit der so konzipierten Ideenlehre entwirft Schelling also eine Theorie der Konstitution konkreter Allgemeinheiten, Einheiten von Begriff und Anschauung. Damit hat er das Mittel zur Hand, entsprechend der Bestimmung des Prinzips der Alleinheit, der Einheit von Unendlichem und Endlichem, das System der Philosophie zu entfalten. Bevor nun die Grundzüge dieses Systems skizziert werden, zu dem Schelling im wesentlichen nur ‚Bruchstücke' geliefert hat und wovon eine einigermaßen integrale Darstellung nur in den *Vorlesungen* von 1804 vorliegt, sei noch auf das mit dem identitätsphilosophischen Ansatz verbundene entwicklungsgeschichtliche Problem eingegangen.

Umstritten ist in der Forschung, ob Schelling damit einen völlig neuen philosophischen Ansatz präsentiert oder nur seine frühen Intentionen zu einer gewissen Vollendung bringt. So kann man die frühen Schriften als ‚frühidealistisch' charakterisieren, als Systementwürfe, in denen das Absolute als Prinzip vorausgesetzt wird, das freilich philosophisch, im Rahmen der von ihm begründeten Systementfaltung, selbst nicht erkennbar sei, und von der Identitätsphilosophie unterscheiden, in der nun eine vollständige Erkenntnis des Absoluten behauptet wird[4]. Da dieser Übergang als Diskontinuität in der Werkentwicklung erscheint, hat man dafür u. a. Schellings verschiedene Neurezeptionen älterer Denker als Erklärungsgrund bemüht: eine erneute und vertiefte Hinwendung zu Spinoza, eine Rezeption neuplatonischer Gedankenmotive oder eine verschleierte Rezeption des von Christoph Gottfried Bardili und Reinhold im Konzept eines reinen Rationalismus formulierten Prinzips der Identität. Schließlich sucht man diesen Übergang auch als Frucht der Zusammenarbeit mit Hegel zu deuten, der Anfang 1801 nach Jena übersiedelt und sich dort im folgenden Jahr bei Schelling habilitiert. Von dessen eigener Denkentwicklung her lasse sich vor allem ein methodischer Begriff von Spekulation herleiten, der fundamental für die Erkenntnis des Absoluten sowie für dessen systematischen Begriff als ‚Identität von Identität und Nichtidentität' sei. Unbestritten hingegen bleibt auch bei dieser Sicht, daß die Auseinandersetzung mit Fichte im Briefwechsel 1800/01 ein wesentliches Motiv für die Konzeption der Identitätsphilosophie darstellt. Im Horizont der dabei entfalteten Problemstellung läßt sich dann freilich der *Übergang* zur Identitätsphilosophie zugleich auch als *Kontinuität* in Schellings Denken erkennen[5].

Insgesamt lassen sich drei Aspekte der Kritik Fichtes an Schelling unterscheiden: Sie bezieht sich a) auf den Naturbegriff im allgemeinen, b) auf den Begriff der intellektuellen Anschauung bzw. das Problem der Subjektivität der Natur und c) auf das Verhältnis von Transzendental- und Naturphilosophie.

a) Fichtes Kritik setzt beim Naturbegriff mit der Frage an, wie die Natur im Wissen zu denken ist. Vom transzendentalen Standpunkt aus ist die Natur unableitbar und beruht auf der faktischen Notwendigkeit eines Anstoßes, der erst zur Bildung des Begriffs des Nicht-Ich drängt, nicht aber das Nicht-Ich *ist*; dem gesamten Entwicklungsgang und Aufbau dessen, was für Fichte Natur heißt, liegt etwas zugrunde, das nicht einholbar und schon gar nicht vom Bewußtsein ablösbar ist. Fichte betont die Unableitbarkeit des Gehemmt-Werdens und die faktische Notwendigkeit der Natur, nicht aber ihre genetische Auflösbarkeit. Der Satz „Natur ist von aller Geistigkeit leer"[6] widerspricht dem Schellingschen Konzept einer produktiven Natur schon im Ansatz. Der Versuch, menschliche Intelligenz im Blick auf diese Natur begreifen zu wollen, schlägt fehl, denn wir können uns zur Vernunft nicht durch einen Übergang erheben, sondern nur durch absolute Freiheit oder durch einen Sprung. Der suggerierte Übergang vom Organischen zum Bewußtsein kann nicht gelingen.

b) Die am allgemeinen Begriff der Natur formulierte Kritik spezifiziert sich in der kritischen Frage an Schelling, wie eine intellektuelle Anschauung möglich sein soll, in der das subjektive Moment des Anschauens in der Anschauung fehlt. Denn für Fichte kann eine intellektuelle Anschauung – wenn man sich dieser Termini bedient – nur subjektives Subjekt-Objekt bzw. eine Einheit von subjektivem und objektivem Subjekt-Objekt sein. Schellings Depotenzierung ist deshalb problematisch, weil hier gleichsam ein Geist außerhalb des Geistes installiert und ein Moment, das nachweislich jedermann nur im Wissen deutlich gemacht werden kann, plötzlich zu einem objektiven Bestandteil von Natur wird. Damit hängt die für alle Naturphilosophie notwendige Forderung einer Selbstkonstruktion der Natur zusammen; eine solcherart bestimmte ‚Subjektivität der Natur' ist insofern verfehlt, als hierbei Elemente des sich konstruierenden Wissens verobjektiviert und als Konstruktionsvorgang in der Natur selber gedeutet werden.

c) Schließlich setzt sich Fichte mit Schelling über das grundsätzliche Verhältnis von Naturphilosophie und Transzendentalphilosophie auseinander: Für Fichte kann es keine zwei gleich notwendigen Grundwissenschaften der Philosophie geben, und die Transzendentalphilosophie kann nicht als *ein* Teil der Philosophie begriffen werden.

Zusammengefaßt und pointiert läßt sich die kritische Frage an Schelling richten: Wie ist die Natur als Korrelat der transzendental-idealistischen Entwicklung, als Korrelat des Bewußtseins, mit jener Natur zu vermitteln, die in der Naturphilosophie als eine selbständige Größe betrachtet werden soll?

Die Diskussion erreicht in dem Moment einen wesentlich neuen Gesichtspunkt, als Fichte in seinem Brief vom 27. 12. 1800 für die neue Darstellung der Wissenschaftslehre „eine noch *weitere Ausdehnung* der Transzendentalphilosophie, *selbst in ihren Prinzipien*", nämlich in Form eines transzendentalen Systems der intelligiblen Welt, ankündigt, „zu welcher ohnedies das Zeitbedürfnis uns dringendst auffordert". Damit seien dann auch die mit „den bisherigen Prinzipien des Transzendentalismus“ nicht zu vereinbarenden Sätze zu begründen, so daß „in diesem System des Intelligiblen“ die Differenzen zwischen Schelling und Fichte beglichen werden könnten. Für die Naturphilosophie heißt dies nach Fichte: „ihren Satz, daß das Individuum [Schellings Randnotiz: ‚Ich sagte das *Ich*, welches ein Unterschied ist‘] nur eine höhere Potenz der Natur sei, kann ich nur unter der Bedingung richtig finden, daß ich die Natur nicht bloß als Phänomen (und insofern offenbar von der endlichen Intelligenz erzeugt, daher nicht wiederum sie erzeugend) setze [Schellings Randnotiz: ‚Das tue ich eben, und darauf beruht mein System‘], sondern ein *Intelligibles in ihr finde*, von welchem *überhaupt* das Individuum die niedere, von *etwas* in ihm aber (dem nur *bestimmbaren)* die höhere Potenz (das bestimmte) ist. In diesem System des Intelligiblen allein können wir uns über diese, und andere Differenzen durchaus verstehen, und vereinigen.“ (BuD II 305) Die zweite Randnotiz Schellings läßt sich freilich in seinen bisherigen Schriften so klar gar nicht belegen; vielmehr scheint Fichte ein entscheidendes Stichwort gegeben zu haben, wie Schelling Natur- *und* Transzendentalphilosophie in einen stimmigen Einheitsentwurf überführen könne. Allein aufgrund dieser Ankündigung glaubt sich Schelling – nach Auflösung des Hauptgegensatzes – noch in Übereinstimmung mit Fichte. Dessen *Antwortschreiben an Reinhold* scheint ihm diese mit seiner nun bereits erschienenen *Darstellung* mindestens der Tendenz nach zu bestätigen. Im Brief von 24. 5. 1801 bringt er dies zum Ausdruck und erläutert dabei den in der Schrift von 1801 nicht vollständig präzisierten grundlegenden Sinn der dort eingeführten Unterscheidung zwischen Grund von Existenz und Existierendem (IV 212, bzw.: Realität IV 151 Anm.): „Wie sich aus dieser Darstellung das *Bewußtsein*, oder das *Ich*, gleichsam als der Mittagspunkt der existierenden absoluten Identität, entwickele, werde ich in dem folgenden Heft, wie ich glaube mit vollkommener Evidenz darlegen können, und da das Ich allein die wirklich existierende Identität, die gesamte Natur aber bloß dieselbe absolute Identität ist, insofern sie den Grund ihrer eigenen Existenz enthält, so geht an diesem Punkt auch der Idealismus als die wahre alles umfassende, begreifende und durchdringende Sonne auf; es wird offenbar, daß Alles wirklich nur in demselben lebt und webt, und in welchem hohen Sinne alles = Ich und nur = Ich sei." (BuD II 327)[7] Nach der ersten, vernichtenden Stellungnahme Fichtes zur *Darstellung* mußte Schelling das Illusorische seiner Erwartungen erkennen; die weitere kritische Auseinandersetzung ist ein Nachhutgefecht, bei dem sich die Opponenten wohl bewußt sind, den anderen nicht mehr überzeugen zu können[8].

Was aber ist nun für Schelling – nach Fichtes Stichwort – das Intelligible oder Ideale in der Natur? Seine Antwort: Das Licht „ist das A der zweiten Potenz in bezug auf a=b [Schwere]" (T 58), es ist das Ideale in der Natur. In den frühen naturphilosophischen Schriften stehen Schellings Bemerkungen zum Phänomen des Lichts allesamt im Zusammenhang speziellerer naturwissenschaftlicher Überlegungen, etwa zum Verhältnis von Wärme und Licht, der Frage nach einer Lichtmaterie; zuletzt in der *Allgemeinen Deduktion des dynamischen Prozesses* (1800) wird Licht als Medium des allgemeinen Kohäsionsprozesses gedacht. Mit der *Darstellung* wird dem Lichtphänomen nun eine entschieden metaphysische Bestimmung zugesprochen[9]. In allen späteren Selbstdarstellungen seiner Philosophie findet sich jeweils ein mehr oder weniger ausführlicher Hinweis auf diese im Jahr 1801 extensiv entfaltete Bestimmung des Lichts[10]; das Licht ist ihm „in der ausgedehnten Welt ein Analogon des Geistes, ja ... gar nichts anderes, als der denkende Geist, nur auf seiner tiefsten Stufe"[11]. Gegenüber Fichtes formeller Bestimmung des Gegensatzes von Subjekt und Objekt, seiner Tendenz, die Natur „in [einer] kleinen Region des Bewußtseins" (BuD II 354) einzuschließen, sie bloß als Reales, Objektives, nicht aber als Real-Ideales, als ein Subjektiv-Objektives zu begreifen, nennt Schelling das Licht „die erste Instanz"[12] oder „eines der *ersten Gegenbeweismittel*, die ich gegen ihn brauchte, ... wodurch ich denn zeigte, daß das Geistige nicht notwendig ein subjektives ist; denn das Licht ist in bezug auf uns objektiv, und ist doch ein Geistiges, es ist dasselbe nur ein objektiv gesetztes Geistiges. Der Gegensatz zwischen beiden ist nur relativ, nicht absolut. Fichte sah nicht ein, daß etwas ideal und zugleich real sein könnte; und doch gehört das Licht zur objektiven Welt, und ist in dieser ideal. Das Licht gehört nur gegen eine noch höhere Idealität, ... den menschlichen Geist, zur realen Welt."[13]

Diese Bestimmung des Lichts erweist sich aber nun, in bezug auf den in der *Darstellung* entwickelten, in sich differenziert bestimmten Begriff vom Absoluten, das als Prinzip und Ursprung des Naturprozesses aufgewiesen wird, als fundamental und von weitreichender Konsequenz. Denn nur aufgrund dieser dem Phänomen des Lichts zugesprochenen Bedeutung kann der Naturprozeß als Erkenntnisprozeß, näherhin als Moment im Prozeß der Selbsterkenntnis des Absoluten, und d. h. als bestimmte Form des Seins der absoluten Identität, überhaupt gedacht und damit das identitätsphilosophische Konzept auf den Weg gebracht und ausgeführt werden. Für die Klärung des Naturbegriffs heißt das: Natur ist unabhängig vom subjektiven Bewußtsein absolut real, als Objekt des Absoluten absolut ideal, und Naturphilosophie wird zur Ideenlehre.

Mit der Unterscheidung von Grund der Identität (Natur) und existierender Identität war das Problem der Zuordnung zur Transzendentalphilosophie zunächst erledigt. Dafür tritt nun aber im folgenden das Problem der ‚Abkunft der endlichen Dinge' aus dem Absoluten immer dringlicher hervor. Und auch die genannte Unterscheidung birgt ja ein Problem in sich. Mit ihr kommt zum Ausdruck, daß das Absolute wahrhaft nur existiert, wenn auch Endliches tatsächlich ist: „die absolute Identität ist nur unter der Form der Subjekt-Objektivität" (IV 128, vgl. BuD II 349). Ist damit nicht das Absolute an eine Voraussetzung oder Unterstellung gebunden, was seinem Begriff widerspricht? Schließlich wurden aber auch Attacken gegen Schellings Identitätsphilosophie mit Hilfe des Nihilismusverdachts geführt. Friedrich Köppen hat sie als eine „Philosophie des absoluten Nichts" denunziert[14] und eine Lösung des Problems erwartet, wie aus dem absoluten Nichts der Indifferenz überhaupt die Differenz hervorgehen könne[15].

Der Identitätsphilosophie liegt ein absoluter Naturbegriff im Anschluß an Spinozas Deus sive natura zugrunde: Natur entspricht dem Sein im Ganzen, mit dem sich das subjektive Bewußtsein identisch zu setzen hat, um dem Anspruch philosophischer Erkenntnis des Absoluten genügen zu können. In diesem Rahmen führt Schelling zum einen seine Naturphilosophie in einer vollständigen, der Ordnung der Natur folgenden Weise aus, wie sie im vorigen Abschnitt skizziert wurde. Diese wird adäquat nicht nach dem Gesetz der Kausalität (das der Reflexion zugehört), sondern in einer philosophischen Konstruktion zur Darstellung gebracht, in der jedem Ding gleichsam sein Ort im Universum bestimmt wird. Die reelle Reihe umfaßt die Potenzen: Materie, Licht und Leben. Zum anderen integriert er seine Transzendentalphilosophie als (insgesamt) praktischen, und d. h. hier: idealen Systemteil in der Form einer Realphilosophie des (endlichen) Geistes. Die ideelle Reihe umfaßt wiederum drei Potenzen: Wissen, Handeln, Kunst, wobei letztere dem Sinn nach auch Religion und Philosophie als Manifestationen des Einen, Göttlichen im Menschen einschließt[16]: „Gott und die Natur sind gleichsam die Pole dieser Wissenschaft, die aber an sich ungetrennt das All ausmachen." (T 31) Auf dem Standpunkt der absoluten Philosophie, von dem aus Geist und Natur als identisch begriffen werden können, ist in gewissem Sinne Naturphilosophie zugleich Philosophie des Geistes. Dies erfordert gewisse Modifikationen im Detail. Sie rühren daher, daß Natur und Geschichte auf der Basis des metaphysischen Identitätsbegriffs durch die Metapher des Organismus verklammert werden. So impliziert der Organismus-Gedanke, der eine Totalität, eine Einheit aus Synthesen, die sich aus Gegensätzen herleiten lassen, bezeichnet, für die Bestimmungen im Bereich der Geschichte z. B. eine Kritik sowohl des (mechanistisch gedachten) Naturrechts als auch der Auffassung des Staates als eines Mechanismus zum Zweck der Rechtssicherung: „Es ist Ein Universum, welches die zwiefache Form der abgebildeten Welt jede für sich und in ihrer Art ausdrückt. Die vollendete Welt der Geschichte wäre demnach selbst eine ideale Natur, der Staat, als der äußere Organismus einer in der Freiheit selbst erreichten Harmonie der Notwendigkeit und der Freiheit." (V 306 f.) So lautet etwa das Credo einer Philosophie, für die die *endliche* Welt „Widerschein" des absoluten All ist (VI 199), das als ein „absolutes Kunstwerk" (V 385) zu begreifen ist, das in Harmonie und Schönheit, ungetrübt von aller Negativität, die wahre Welt ist.

b) Der Organismus der Wissenschaften und die historische Konstruktion des Christentums

In den Jahren 1802/03 hält Schelling *Vorlesungen über die Methode des akademischen Studiums,* die er auch sogleich veröffentlicht. Diese Vorlesungen beinhalten neben bestimmten Fragen zu Bedingung, Organisation und Bedeutung des Studiums in ihrem Kern den „Grundriß ... einer allgemeinen Enzyklopädie der Wissenschaften" (V 247). Für weitere Auflagen hatte Schelling Umarbeitungen vorgesehen, dann aber doch nicht ausgeführt[17]. Dabei ist der Druck von 1830 sicherlich als Pendant zu Hegels *Enzyklopädie der philosophischen Wissenschaften* zu verstehen. In den Lehrveranstaltungen dieser Zeit, und auch später, hat Schelling den Text selbst benutzt: Zum Teil gab er in den Vorlesungen einen Auszug, zum Teil diente er als Grundlage von Privatissima. Auch von daher ist er für die Entwicklungsgeschichte von Schellings Denkens von Bedeutung.

Das Programm einer aus dem Selbstverständnis und den Prinzipien der Philosophie begründeten Organisationsform derjenigen Institution, in der gültiges Wissen und Bildung vermittelt wird, hatte maßgebliche Wirkung auf das Selbstverständnis der modernen Universität. So stehen die Vorlesungen im Zusammenhang einer von Philosophen in besonderer Weise geführten Diskussion zur Reorganisation der Universitäten. Kants Schrift *Der Streit der Fakultäten* (1798) hat dazu einen Anfang gemacht, indem sie die Bedeutung der philosophischen Fakultät gegenüber den höheren, auf Ausbildung zu Theologen und Staatsdienern (Juristen und Medizinern) ausgerichteten Fakultäten in besonderer Weise herausstellt. Diese drei

Fakultäten zielen auf praktische Ausbildung ab, an der Staat und Kirche ein besonderes Interesse nehmen. Demgegenüber erhebt die Philosophie bei Kant den Anspruch, nur der Vernunft und ihrer Wahrheit verpflichtet zu sein und diese in allen öffentlichen Angelegenheiten auch unverkürzt zur Geltung zu bringen. Schellings *Vorlesungen* knüpfen hieran mit entsprechenden Modifikationen gegenüber Kant an.

Besondere historische Bedeutung kommt diesen Vorlesungen zu, weil sie, ohne selbst zu den Gründungsschriften im engeren Sinne zu gehören, die für eine in Berlin zu errichtende Universität angefordert wurden, für deren Gründung (1810) so etwas wie einen Orientierungsleitfaden darstellten. Wilhelm v. Humboldt, der in dieser Zeit (freilich nur kurz) als verantwortlicher Direktor der Sektion Kultus und Unterricht im preußischen Innenministerium gewesen ist, hat sie mit Zustimmung gelesen[18]. In Preußen war nach der Niederlage gegen Napoleon die Frage dringlich geworden, welche Gestalt die höhere Lehranstalt, als Universität oder Akademie der Wissenschaften, unter den nach den Steinschen Reformen neu entstehenden Formen des staatlichen Lebens annehmen sollte. Dabei stand immer auch das Verhältnis der Wissenschaften zum modernen Staat zur Diskussion. Zu den Gründungsschriften im engeren Sinne gehörten bekanntlich vor allem Fichtes *Deduzierter Plan einer zu Berlin zu errichtenden höheren Lehranstalt*, Schleiermachers *Gelegentliche Gedanken über Universitäten im deutschen Sinn* (1808) oder auch Steffens' *Über die Idee der Universitäten* (1809)[19], Konzepte, die nach Eduard Spranger „nur eine individuelle Ausprägung von Gedanken, die Schelling zuerst angeregt hat“[20], darstellen.

Schellings Universitätskonzeption war gegen den Pragmatismus der Aufklärung gerichtet, für den die Wissenschaften vor allem zu Zwecken der Beherrschung von Lebensproblemen und zur praktischen Daseinsgestaltung in sozialer Wohlfahrt, Gesundheit, Reichtum und Glück bestimmt waren. In der Umbildung der Universitäten in Spezialanstalten für Ärzte, Juristen und Theologen hatte man eine den Zwecken der Aufklärung entsprechende Form der Hochschulen gesehen. Gerade im Gegenzug zu diesem Pragmatismus, bei dem „man lernte, *was* man unmittelbar brauchen konnte und *wie* man es unmittelbar brauchen konnte“[21], entwickelt Schelling sein eigenes Programm; mit Verachtung bloß empirischer Zwecke von „Handwerkertalenten“ weist er mit zum Teil drastischen Worten und Bildern jeden Gedanken eines unmittelbaren Strebens nach der Nützlichkeit des Wissens ab, was ihm den Ruf eines elitären Geistesaristokraten einbringen wird. Allein das Streben nach dem einen Urwissen, dem wirklichen Wissen in allem einzelnen Wissen, sei Beweggrund, Gegenstand und Aufgabe der Wissenschaft, ihr Ort die Universität.

Der zugrundeliegende emphatische, über die Einübung beruflicher Fertigkeiten hinausgehende und damit auch gegen die Zerstreuung der Universitäten in Spezialschulen gewandte Begriff der Bildung umfaßt nicht die bloße Vermittlung einer Masse von Kenntnissen, sondern zielte auf eine Bestimmung des Charakters und des Handelns der Menschen. In der idealistischen Überzeugung, daß die Wissenschaft bilde, d. h. daß die Theorie durch Bildung wirksam und unmittelbar praktische Gestaltung werde, ist der hohe Theorieanspruch mit der gesellschaftlichen Praxis vermittelt. An diesem Programm der Freiheit von Lehre und Forschung hat Schelling während seiner gesamten Lehrtätigkeit auch praktisch immer festgehalten. So gelang es ihm aus dieser Überzeugung heraus, einen Studentenaufruhr in München zu beenden und damit die drohende Schließung der Universität zu verhindern. Auch in seinen späteren Vorlesungen hat er dies immer wieder zum Ausdruck gebracht.

Mit der Idee des Wissens und seiner Einheit, wie sie in der nachkantischen Philosophie hervortrat, war erst die wesenhafte Einheit aller wissenschaftlichen Forschung wirklich thematisiert worden – und damit eben auch die Form derjenigen Lehranstalt, an der dieses Wissen vermittelt werden sollte, zu konzipieren und zu rechtfertigen: die Universität. Zu diesem Verständnis von Wissen und Wissenschaft gehört der Grundsatz der freien Selbsttätigkeit sowie der Grundsatz der organischen Einheit. Die Idee der Totalität und des Fortschritts des

Wissens ist vor allem durch Fichtes Begründung der Wissenschaftslehre in die Diskussion eingebracht worden: Forschung bzw. Wissen wurden als produktive Akte und der Gelehrte als ihr individueller Träger verstanden. Während etwa Kant noch seinen Vorlesungen Lehrbücher anderer Autoren zugrundegelegt hatte, waren Fichte und Schelling in Jena die ersten, die einen anderen Typus von Vorlesungen etablierten, deren Grundriß und Ausführung ausschließlich dem eigenen philosophischen Konzept folgten. Die französische Enzyklopädie oder auch Christian Wolffs enzyklopädische Vollendung eines bereits erarbeiteten Wissens stellten gewisse Vorläufer in bezug auf die Ein- und Allheit des Wissens dar; das Modell der Enzyklopädie hatte freilich in den Augen der Idealisten die Form des bloßen Aggregats und nicht die dem aus dem Architektonik-Kapitel der *Kritik der reinen Vernunft* entsprechende organologische Form der Vernunft: als System menschlicher Erkenntnisbedingungen. In diesem organologischen Verständnis von System geht der Plan des Ganzen den Teilen voraus, deren Stellung und Verhältnis zueinander und zum gemeinsamen Zweck, der Einheit des Ganzen, er bestimmt.

Für Schelling vermitteln die Ideen zwischen der ewigen Unendlichkeit des Geistes an sich und einer individualisierenden, jedoch typischen Brechung in den einzelnen Erscheinungen der Natur und der Geschichte. Sie stehen für das Endlichwerden des Unendlichen, das Eintreten des göttlichen Lebens in die Form der Erfahrungswelt, und repräsentieren ein absolutes Schaffen und Bilden, das dem künstlerischen vergleichbar ist und das von den Wissenschaften gleichsam nachgeschaffen, d. h. im Wortsinne ‚rekonstruiert' wird. So stellen die Wissenschaften einen Organismus im Reich des Idealen dar, das Spiegelbild des realen Organismus der Welt. Die Universität bzw. die Akademie als Lehranstalt wiederum stellen das Realwerden dieser idealen Einheit dar. Die Universität ist eine Manifestation der Einheit des wissenschaftlichen Strebens, wodurch der einzelne Forscher schöpferisch das Leben der Ideen in sich selbst erzeugt. Und die Ideen sind nicht in einem passiven Lernen zu empfangen, sondern müssen selbsttätig je neu geschaffen werden; denn in und aus der Vielheit der Dinge ist die göttliche Idee herauszuarbeiten. Entsprechend gehört es zu den besonderen Bestimmungen der Wissenschaft, nicht bloß Resultate hinzustellen, sondern genetisch zu verfahren.

Aus der Einheit der Idee folgt die Einheit der Universität. Sofern das Wissen die Idee abbildet, bildet es auch ihre Einheit ab. Sofern alles Wissen Erkenntnis des Allgemeinen im Besonderen ist, geht auch jede Wissenschaft von Einzelnem zuletzt auf diese höchste Einheit des Allgemeinen zurück. Im einzelnen heißt dies, daß ein rein fachwissenschaftliches Studium verworfen wird, daß der philosophischen Fakultät eine überragende Stellung zukommt, weil auf ihr die Einheit aller Wissenschaften beruht, die durch keine Spezialtendenzen künftiger Berufe beeinflußbar ist. Aber auch die Spezialisierung des Wissens rein um der Forschung, d. h. der produktiven Erzeugung neuen Wissens, willen beruht auf der philosophischen Fakultät, der die je neue Durchdringung des Besonderen mit dem Allgemeinen obliegt.

Gemäß der grundlegenden Gleichung der Idee des Wissens mit dem Wissen von der Idee werden zunächst die Vernunftwissenschaften Philosophie und Mathematik behandelt, dann folgen die verschiedenen Fakultäten und Disziplinen. Die Philosophie als absolute Vernunftwissenschaft verhält sich zu den verschiedenen Wissenschaften wie das Allgemeine zum Besonderen, wie die Indifferenz zur Folge der Potenzen; sie ist keine besondere Wissenschaft, sondern die eine und umfassende, die sich in sich differenziert. Der Organismus des Wissens in seinen Gliedern stellt sich in den objektiven Wissenschaften dar, deren Gegenstand Natur, Geschichte und Gott sind, also in Natur- und Geschichtswissenschaft sowie Theologie. Aufgrund ihrer Beziehung zum Staat werden sie positive Wissenschaften genannt. Mit Ausnahme der Philosophie hält Schelling also am Modell der Fakultäten, wie es sich in der Universität der Aufklärung herausgebildet hat, fest, die er, obgleich historisch geworden, als von Ewigkeit her gesetzte Besonderungen des Wissens zu begreifen sucht. Im Rahmen seines Konzeptes ist dies deshalb möglich, weil er die Jurisprudenz auf Geschichtsphilosophie und die Medizin auf Naturphilosophie verpflichtet[22]. Die Gliederung der Fakultäten folgt aus der Offenbarung des Absoluten in Religion, Natur und Geschichte, die sich in der absoluten Form der Religion, dem Christentum, sowie im menschlichen Organismus und im sittlichen Organismus des Staates vollendet.

Von besonderer Bedeutung für das Spätwerk sind die Vorlesung ‚Über die historische Konstruktion des Christentums' und die daraus sich ergebenden Folgen für das Studium der Theologie. Systematischer Schwerpunkt ist die Durchdringung des historischen Charakters der Religion. Darin werden der Begriff der Geschichte, der im *System des transzendentalen Idealismus* entwickelt worden war, und die identitätsphilosophische Idee des Absoluten zusammengeführt. So ist das Objekt der christlichen Theologie ein geschichtlich gegebenes und erkennbares Objekt. Der Anspruch auf absolute Geltung, aber auch die Möglichkeit wissenschaftlicher Erkenntnis fordern freilich, daß der christlichen Religion eine ewige Wahrheit und Notwendigkeit innewohnt. Das Christentum ist nun nicht nur eine historische Erscheinung, sondern bringt gleichsam die Geschichte selbst erst in die Welt: Für den christlichen Glauben offenbart sich das Göttliche nicht als Natur, sondern als Geschichte, d. h. als sittliches Weltreich, das weder vom Schicksal noch von Naturgesetzen, sondern von einer Vorsehung beherrscht wird. Erst jetzt ist in der Entwicklung der Menschheitsgeschichte gleichermaßen eine religiöse Erkenntnis der Geschichte und eine wissenschaftliche Erkenntnis der Religion möglich.

Dieser Grundzug des Christentums eröffnet den Blick auf seine Differenz zur Religion des Altertums. Ersteres verhält sich zu letzterer wie Geist zur Natur: In der griechischen Religion, die Schelling hier vor allem im Auge hat, erscheint das Göttliche in Naturformen verhüllt, im Christentum in seinem wahren Wesen; insofern manifestiert sich das Göttliche einmal in der Natur in seiner exoterischen, offenen Erscheinung, zum anderen esoterisch; die Offenbarung in der Natur geschieht symbolisch (Natur ist Bild des Göttlichen), die im Innersten des Menschen mystisch (Natur wird zur Allegorie). In der Naturreligion ist der Geist, im Christentum die Natur das verschlossene Mysterium, da die Natur im Erlösungsprozeß undurchsichtig bleibt und allererst religionsphilosophisch zu durchdringen ist. Dann wird die Bedeutung der Natur als Prinzip von Unfreiheit und Notwendigkeit und damit als Grundlage der Erlösungsbedürftigkeit erkennbar: Der Menschwerdung Gottes geht die Menschwerdung der Natur voraus. Die Gnosis, die „das Geheimnis der Natur und das der Menschwerdung Gottes für eines und dasselbe" (V 290) hielt, ist darum nach Schellings Ansicht als christlich verwandelter Mystizismus identisch mit der Philosophie.

Dem historischen Charakter des Christentums liegt nicht nur die Idee der Menschwerdung Gottes als einer durch die Menschwerdung der Natur hindurchgehenden ewigen göttlichen Tat und ihrer Offenbarung im sittlichen Universum der Geschichte zugrunde; zu seiner wesentlichen Bestimmung gehört, daß der menschgewordene Gott in realer Erscheinung, als historische Person, in die Weltgeschichte eintrat, wodurch das Christentum in einem strikten Sinne historisch wurde: „Die erste Idee des Christentums ist daher notwendig der Menschgewordene Gott, Christus als Gipfel und Ende der alten Götterwelt." (V 292) Die Vergötterung der Natur, die mit der Gottwerdung des Menschen endet, wird überwunden durch die Menschwerdung Gottes; durch sie wird gleichsam mit der Natur gebrochen, das Endliche überwunden und geopfert, und zwar in einer persönlichen, wirklichen Tat: Christus „zieht nicht die Menschheit in ihrer Hoheit, sondern in ihrer Niedrigkeit an, und steht als eine von Ewigkeit zwar beschlossene, aber in der Zeit vergängliche Erscheinung da, als Grenze der beiden Welten; er selbst geht zurück ins Unsichtbare, und verheißt statt seiner nicht das ins Endliche kommende, im Endlichen bleibende Prinzip, sondern den Geist, das ideale Prinzip, welches vielmehr das Endliche zum Unendlichen zurückführt und als solches das Licht der neuen Welt ist. An diese erste Idee knüpfen sich alle Bestimmungen des Christentums." (V 292)[23] Im Bruch mit der Natur und in der innerlichen, mystischen Einheit mit Gott muß sich die Glaubenseinheit historisch als Kirche organisieren und die Idee der Gottmenschheit, die in Christus erschienen ist, in der Idee des dreieinigen Gottes, dem Dogma der Trinität, vollenden. Das Christentum ist also auch in seinen bestimmten Dogmen historisch als eine göttliche und absolute Erscheinung zu begreifen, als eine zugleich ewige und geschichtliche Notwendigkeit. In der Theologie ist dementsprechend die historische und philosophische Betrachtung der Religion zu verbinden.

c) Kunst, Religion, Philosophie

Schelling beschloß die *Vorlesungen über die Methode des akademischen Studiums* mit einem Ausblick auf die Möglichkeit eines akademischen Studiums der Kunst. Da Universitäten für den technisch-praktischen Kunstunterricht ungeeignet sind, kann allein eine theoretische Kunstlehre gegeben werden. Diese beschränkt sich angesichts des für die bildende Kunst notwendigen Anschauungsmaterials wesentlich auf die Dichtkunst. Das akademische Studium der Kunst umfaßt sonach sowohl eine historische Rekonstruktion der Kunst, die in der Philologie geliefert wird, als auch eine ideale: in einer philosophischen Kunstlehre. Diese hat Schelling in seinen aus dem Nachlaß herausgegebenen Vorlesungen über *Philosophie der Kunst* entwickelt.

Dem voraus ging freilich ein erster Versuch der Deduktion der Kunst im *System des transzendentalen Idealismus*. Als ‚Organon und Dokument der Philosophie' wurde ihr, bzw. der Philosophie der Kunst, darin eine besondere systematische Funktion im Ganzen der Philosophie zugesprochen. Das systematische Problem bestand darin, für das empirische, d. h. erkennende und handelnde Ich die Einheit von Freiheit und Notwendigkeit, von bewußtloser und bewußter Tätigkeit anschaulich werden zu lassen: Im Objekt war es das lebendige Naturprodukt, der Organismus, worin diese Einheit für die äußere Anschauung präsent wurde; im Subjekt, im Ich selbst, war es sein eigenes Produkt, das Kunstprodukt, worin die

*Selbst*anschauung des Ich, die produktive Anschauung als ästhetische sich vollendete. Für die Bedeutung der Kunst in der Philosophie fand Schelling pathetische Wendungen: „Die Kunst ist eben deswegen dem Philosophen das Höchste, weil sie ihm das Allerheiligste gleichsam öffnet, wo in ewiger und ursprünglicher Vereinigung in Einer Flamme brennt, was in der Natur und Geschichte gesondert ist, und was im Leben und Handeln, ebenso wie im Denken, ewig sich fliehen muß." In dieser Hinsicht hat die Kunst eine besondere Beziehung zur Natur, denn „die Ansicht, welche der Philosoph von der Natur künstlich sich macht, ist für die Kunst die ursprüngliche und natürliche". Und diese der Kunst natürliche Natur „ist dem Künstler nicht mehr, als sie dem Philosophen ist, nämlich nur die unter beständigen Einschränkungen erscheinende idealische Welt, oder nur der unvollkommene Widerschein einer Welt, die nicht außer ihm, sondern in ihm existiert" (III 628).

Ein Vergleich von Kunst und Natur, Kunstprodukt und Naturprodukt, führt zu folgenden Bestimmungen: Der Organismus, ein blindes und doch zugleich zweckmäßiges Produkt, ist ein Ganzes, in sich beschlossene Totalität; der Künstler hingegen sieht ein Ganzes, schafft aber Einzelnes, das sich zu etwas Unteilbarem zusammenfügt, zu einem Produkt freier und bewußter Tätigkeit. Daher besteht ein Unterschied in einer gegenläufigen Bewegung von Ausgang und Resultat: Während die Natur beim Bewußtlosen beginnt und am Ende zum Bewußtsein gelangt, verläuft der Weg der Kunst umgekehrt, sie hat einen bewußten Anfang und endet ‚bewußtlos'. Schließlich: Das Produkt der Kunst ist immer schön, das der Natur nicht; weil die Naturschönheit sich gegenüber der Schönheit des Kunstwerks als schlechthin zufällig erweist, da die organische Produktion nicht vom Bewußtsein ausgeht, wird die Ästhetik nicht als Philosophie des Schönen (überhaupt), sondern als Philosophie der Kunst ausgeführt.

In seinem Kern ist der hier vorgetragene Ansatz eine Genieästhetik. Sofern die Philosophie der Kunst die Genese des Kunstwerks zu erklären hat, ist ihr das Genie „dasselbe ..., was das Ich für die Philosophie, nämlich das Höchste, abolut

Reelle, was selbst nie objektiv wird, aber Ursache alles Objektiven ist.“ (III 619) Die künstlerische Tätigkeit als schöpferische ist zugleich bewußt und bewußtlos, frei und getrieben, besonnen und ergriffen, in ihr ist der Gott anwesend: pati deum. Der Künstler, dem dies widerfährt, ist ein Genie, sein Werk ein Genieprodukt. Der künstlerische Schaffensprozeß des Genies vermag es, den unendlichen Widerspruch von Geist und Natur, von dem die ästhetische Produktion ihren Ausgang nimmt, im Kunstwerk als „Synthesis von Natur und Freiheit“ (III 619) aufzulösen. Diese Auflösung des Widerstreits von unendlicher bewußtloser und endlicher bewußter Tätigkeit in der Gestalt des genialen Werkes macht das eigentlich Poetische der Kunst aus. Daher ist das Kunstwerk bestimmt als Anschauung und endliche Darstellung einer Unendlichkeit, und darauf beruht der Charakter der Schönheit. Es enthält eine unerschöpfliche Anzahl von Deutungsmöglichkeiten, ein Mehr an Sinn, das der ursprünglich bewußten Tätigkeit und Absicht, auch in der Verfügung über die Mittel, gar nicht präsent war. Deshalb sind in der Kunst verschiedene Tätigkeiten zu unterscheiden, in deren Vereinigung sie sich vollendet: Eine im engeren Sinne des technischen Könnens, das, auf Traditionen gestützt, lehr- und erlernbar ist; die andere, nicht erlernbare, die als freie Gunst der Natur gedacht wird und den Künstler zum Genie macht, zeigt sich als Poesie im Kunstwerk. Wo die bewußte Tätigkeit allzusehr hervortritt, stört die Absichtlichkeit und Künstlichkeit, herrscht also das subjektive Moment vor, so daß es sich eher um ein Werk für die Reflexion als für die Anschauung handelt.

In den Vorlesungen *Philosophie der Kunst* (1802/03) kehren dieselben Bestimmungen, freilich unter identitätsphilosophischen Prämissen modifiziert, wieder; so tritt der genieästhetische Aspekt zurück, d.h. er wird vom Individuum auf Völker oder Zeiten übertragen. Die Bestimmung des künstlerischen Genies wird dahingehend gefaßt, daß es im Werk Unendliches und Endliches ‚ineinsbildet‘ (vgl. V 461) und so Schönheit realisiert. Schönheit, als das real angeschaute Absolute, ist der Grundcharakter jedes Kunstwerks. Die *Philosophie der Kunst* gliedert sich in drei Abschnitte: Zunächst wird das Wesen der Kunst bestimmt, indem in einer philosophischen Konstruktion der Ort der Kunst im Universum angegeben wird. Darauf folgend wird der Stoff der Kunst in der Mythologie bestimmt und schließlich die Entwicklung der verschiedenen Kunstformen durchgeführt.

Als *reale* Vergegenwärtigung des Absoluten steht die Kunst der *idealen* Vergegenwärtigung desselben durch die Philosophie entgegen. Vom Absoluten aus gesehen sind die Ideen zugleich Vorbilder alles Wirklichen und Gegenbilder seiner selbst. In Ihnen wird sich das Absolute anschaulich und objektiv. In diesen Repräsentationen im Prozeß seiner Selbstobjektivierung manifestiert sich die Einheit von Idealem und Realem, Subjektivem und Objektivem. Diese Einheit ist keine Zusammensetzung, sondern „das schlechthin Ideale in der ewigen Umwandlung der reinen Idealität in Realität" (VI 34). Das Urbild (Gegenbild) ist als ‚ein anderes Absolutes' bestimmt wie das Absolute selbst: Einheit von Idealem und Realem. Während die Philosophie nun das absolute All der Ideen gemäß dem Verhältnis von Urbild und Gegenbild im Absoluten ‚urbildlich' vergegenwärtigt, ist die Kunst gemäß eben diesem absoluten Verhältnis ein ‚gegenbildlicher', d. h. nicht abbildlicher, nicht endlicher Ausdruck des göttlichen All. Dieses ist selbst ästhetisch verfaßt, ein Kunstwerk und in intellektueller Anschauung präsent. Für Platon war der Wirklichkeitsbezug der Kunst das große Problem, weil sie für ihn nicht das ewige Urbild, die Idee, sondern nur dessen *sinnliches* Abbild nachahmt und der Künstler somit ein Nachbildner von Schattenbildern ist. Dieses Problem hat Schelling in seiner Bestimmung der ‚gegenbildlichen' Darstellung des Absoluten gelöst. Vom Begriff der Natur her gewinnt der klassische Topos der Ästhetik als Theorie der schönen Künste, Kunst als Nachahmung der Natur zu verstehen, einen ganz spezifischen Sinn. Ausgeschlossen worden war bereits im *System* von 1800, daß die Kunst Naturschönheit zum Maßstab haben könne; demgemäß kann Nachahmung der Natur nicht das Prinzip der Kunst sein, sondern „was die Kunst in ihrer Vollkommenheit hervorbringt, [ist] Prinzip und Norm für die Beurteilung der Naturschönheit“ (III 622). An dem mittlerweile weiter differenzierten dynamischen Begriff der Natur hat Schellings Rede *Über das Verhältnis der bildenden Künste zu der Natur* (1807) ihren besonderen Ansatzpunkt. Nachahmung der Natur durch den Künstler kann sich demnach nicht auf das Produkt, sondern wesentlich nur auf die Produktivität bzw. bildende Kraft der Natur beziehen, die in der Kunst selbst Gestaltungsgrund ist und zur Darstellung gebracht werden kann. Dadurch setzt sich Schelling kritisch von Johann Joachim Winkelmanns klassischer Nachahmungslehre ab (vgl. VII 295 ff.), die eine idealisierte Natur zugrundelegte und die idealischen Formen der Antike zum Vorbild erhob.

In der Kunst stellt sich die Vollendung und höchste Potenz der Natur dar, in dieser ist gleichsam die Schaffenskraft des Genies begründet. Der Inhalt der Kunst ist das göttliche Universum, eine Welt, die die Phantasie und Einbildungskraft erfüllt und zugleich den Stoff der Kunst abgibt. Was der Erkenntnis die Ideen sind, ist der Phantasie die Götterwelt oder die Mythologie. Bereits das *Älteste Systemprogramm* forderte eine neue Mythologie, die im Gegensatz zur griechisch-orientalischen Mythologie eine Mythologie der Vernunft im Dienste der Ideen sein sollte. Auch im *System des transzendentalen Idealismus* wurde der Ausblick auf eine neue ästhetische Mythologie gegeben. In der Identitätsphilosophie wird indes die moderne universelle Mythologie, „eine Symbolik der Ideen“ (V 67), die nicht Leistung eines einzelnen Dichters, sondern der Gattung ist, von der Einheit von höherer spekulativer Physik und Kunst erwartet (V 446); ihre Möglichkeit ist wesentlich an die symbolische Ansicht der Natur geknüpft (VI 67). Die Mythologie vermag das Absolute, Göttliche, zu erfassen und in einer sinnlichen Religion zu verwirklichen. Damit konkretisiert sich das Ziel der Identitätsphilosophie darin, „daß die Einheit des Absoluten und Endlichen (Besonderen) in dem Stoff der Kunst von der einen Seite als Werk der Natur, von der anderen als Werk der Freiheit erscheint“ (V 451 f., im Orig. gesp.). Die Mythologie ist die Form, in der die Götter „zur vollkommenen Objektivität oder unabhängigen poetischen Existenz gelangen" (V 405). Sie wird als erster Stoff aller Kunst ausgezeichnet, sie ist „absolute Poesie". Wesentlich ist dabei der Unterschied zwischen antiker und moderner Mythologie, der als derjenige von Natur und Geschichte charakterisiert wird: Erstere, als reale Reihe, hat ihren Höhepunkt in der griechischen Mythologie, die das höchste Urbild der poetischen Welt darstellt, in der jede ihrer Gestalten, wie die Ideen, ein besonderes, freies Leben hat; letztere findet ihre Vollendung in der christlichen Religion, die mit dem Logos-Evangelium und der Vorstellung vom ewig menschgewordenen Gott, wofür der Sohn ein Symbol ist, universellen Charakter angenommen hat. Das Christentum stellt Geschichte als Reich der Freiheit vor, in dem eine Vorsehung waltet, während in der antiken Mythologie Natur und Schicksal herrschen. Die Kirche entfaltet sich als eine hierarchisch gegliederte sichtbare Ideenwelt, ein Reich Gottes auf Erden, mit einem symbolischen Kultus. Es sind die Ideen und die Geschichte, aus denen die Kunst nun ihren Stoff empfängt: Dante ist der Dichter der Ideenwelt, Ariost der Heldendichter, Calderón der Dichter der Heiligenlegenden, um nur auf einige bedeutsame Gestalten beispielhaft zu verweisen.

Diesen Stoff oder Inhalt, der in der antiken wie auch der christlichen Mythologie bereitliegt, realisiert die Kunst in einem System der Künste, das sich in Reihen von Kunstformen zerlegt; deren philosophische Konstruktion vollendet sich in einer ästhetischen Entwicklungslehre. Auch bei den Kunstformen unterscheidet Schelling wiederum eine reale Reihe, die durch die bildenden Künste, und eine ideale Reihe, die in der Poesie dargestellt wird. Bildende Kunst umfaßt Musik (als reine, an keinerlei Körperlichkeit gebundene Bewegung), Malerei und Plastik, die ihrerseits die Trias von Architektur, Relief und Skulptur umschließt. Die poetische Kunst differenziert sich in lyrische, epische und dramatische Poesie, die ihrerseits wiederum Tragödie und Komödie in sich befaßt. Die Konstruktion der gesetzmäßigen und notwendigen Entwicklung der Kunstformen, die zugleich einer entsprechenden Entfaltung an herausragenden Werken bedurft hätte, gehört sicherlich zu den problematischen Teilen von Schellings Kunstphilosophie; in vielen Urteilen hat er sich A.W. Schlegels Berliner Vorlesungen *Über Ästhetik* angeschlossen. Nicht zuletzt deshalb hatte Schelling wohl auch erwogen, den Text seiner *Vorlesungen* nicht einmal im Rahmen seines Nachlasses veröffentlichen zu lassen. Dennoch ist die Art und Weise, wie Schelling im Blick auf seinen Naturbegriff das Wesen der Kunst neu bestimmt, ein bedeutendes Dokument der Epoche der klassischen Ästhetik.

II. Das Absolute und die menschliche Freiheit

6. System und Freiheit

a) Subjektivität und Endlichkeit

Mit der Schrift *Philosophie und Religion* (1804) eröffnet Schelling eine Folge von Veröffentlichungen, die allesamt auf in der Tagesdiskussion vorgebrachte Polemik und Kritik an der Identitätsphilosophie reagieren und zum Teil gänzlich durch sie veranlaßt sind. Die Streitschriften *Darlegung des wahren Verhältnisses der Naturphilosophie zu der verbesserten Fichteschen Lehre. Eine Erläuterungsschrift der ersten* (1806) ebenso wie *Denkmal der Schrift von den göttlichen Dingen etc. des Herrn Friedrich Heinrich Jacobi* (1812) nennen Anlaß und Adressaten im Titel. Aber auch die *Philosophischen Untersuchungen über das Wesen der menschlichen Freiheit und die damit zusammenhängenden Gegenstände* (1809) haben einen äußeren Anlaß, eine Kritik F. Schlegels; dessen lebensphilosophisch erweiterten Idealismus Fichtescher Prägung will Schelling mit seiner Erwiderung als der Sache nach überholt bloßstellen.

Die Vorwürfe an Schellings Identitätssystem lauten stichwortartig: Naturalismus, Irreligiosität bzw. Pantheismus. Dem Vorwurf des Naturalismus hat Schelling freilich mit dem Namen, unter dem seine Philosophie firmierte, zum Teil selbst Vorschub geleistet: „Ist also Philosophie Wissenschaft des Göttlichen als des allein-Positiven, so ist sie Wissenschaft des Göttlichen als des allein-Wirklichen *in* der wirklichen oder Natur-Welt, d. h. sie ist wesentlich Naturphilosophie" (VII 30), bzw. „*ipso facto* Naturphilosophie, und wird auch wohl so lange, als diese Erkenntnis nicht allgemein geworden, diesen Namen tragen, um sich von der falschen zu unterscheiden, die da ist in dem nicht-Wirklichen, d. h. in dem nicht-Wahren"

(VII 30 f.). Wer an der Differenziertheit des Sinns einer solchen Benennung nicht interessiert war, mochte glauben, leichtes Spiel damit zu haben. Um aber auf die Vorwürfe in ihren unterschiedlichen Aspekten angemessen reagieren zu können, sieht sich Schelling herausgefordert, einen dem reellen Teil der Philosophie (der Naturphilosophie) entsprechenden ideellen Teil (eine Philosophie der Geisteswelt) öffentlich zu machen. Die *Religionsschrift* ist dazu nach dem Vorwort zu den *Philosophischen Schriften* (1809) der erste, „freilich durch Schuld der Darstellung undeutlich gebliebene"[1] Anfang. Im Blick auf diesen ideellen Teil der Philosophie ist Schelling gezwungen, den Begriff des Absoluten zu differenzieren, den Sinn des Identitätsbegriffs zu präzisieren und das Problem der Freiheit im Zusammenhang des Gesamtsystems zu reflektieren. Für die *Religionsschrift* wie auch für die *Freiheitsschrift* ist nicht zuletzt aufgrund der äußeren Veranlassung mehr noch als für andere Schriften Schellings charakteristisch, daß sie im Blick auf das philosophische System problemorientiert ausgerichtet sind und abbreviativ bleiben; auch in der *Freiheitsschrift* legt Schelling ‚nur' „seinen *Begriff* des ideellen Teils der Philosophie mit völliger Bestimmtheit vor"[2], nicht das System als solches. Die genannten Schriften gehören nach einem gängigen Periodisierungsmuster von Schellings Denken der sog. Freiheits- und Weltalterphilosophie zu, die angeblich den Rahmen der Identitätsphilosophie überschreiten bzw. verlassen. Die nachgelassenen *Stuttgarter Privatvorlesungen* (1810) zeigen freilich deutlich, in welchem Sinne neu gewonnene Probleme und philosophische Gedanken in den Horizont des identitätsphilosophischen Ansatzes zurückgestellt werden. Wie dieser Systemansatz von Schelling erweitert und vertieft wird, soll in den folgenden Abschnitten dargestellt werden.

Unmittelbarer Anlaß der *Religionsschrift* war Karl August Eschenmayers Schrift *Philosophie im Übergang zur Nichtphilosophie* (1803). Im Blick auf den identitätsphilosophischen Ansatz bestritt Eschenmayer die Möglichkeit philosophisch-spekulativer Gotteserkenntnis und einer philosophischen Religionslehre. In der Konsequenz müßte die Philosophie begrenzt und die Religion als notwendige Ergänzung eines Glaubens und einer Ahnung der Seligkeit verstanden werden. Schelling greift diese Problemstellung im Unterschied zu einer Kritik, die ihn eines pantheistischen Naturalismus, einer Gleichung von Gott und Universum bezichtigt, als sinnvolles Problem auf und entwickelt es in seine möglichen unterschiedlichen Aspekte: daß das Wesen Gottes spekulativem Denken nicht zugänglich sei, daß das Absolute der Philosophie nicht der Gott der Religion sei, schließlich daß die Idee des Absoluten als ‚Einheit des Idealen und Realen, des Subjektiven und Objektiven', als ein Zusammengesetztes nicht Ausdruck des göttlichen Wesens, sondern durch das Denken produziert und daher eine von außerhalb vermittelte Idee sei. Eine unabhängig von der Idealität gesetzte Realität des Absoluten bedeute eine Unabhängigkeit von allem Erkennen und die Unmöglichkeit unmittelbarer Erkenntnis, sie repräsentiere nicht das Absolute selbst, sondern eine bloß subjektive *Idee* des Absoluten. In diese Perspektive rückt Schelling sowohl dogmatische Systeme wie auch Kants und Fichtes Gottes- und Religionslehre.

Wie sich bereits im *Bruno*, vor allem aber auch in den *Vorlesungen über die Methode des akademischen Studiums* zeigte, wollte Schelling selbst das Thema Religion keineswegs aus dem Horizont der philosophischen Wissenschaften ausschließen. Grundvoraussetzung einer spekulativen Erkenntnis der Religion und ihrer Objekte sei freilich eine Übereinstimmung der Einsichten von Philosophie und Religion. Dazu gehören nach Schelling die Lehre von Gott und der ewigen Geburt der Dinge, das Verhältnis der Dinge zu Gott und schließlich eine auf diese Lehre begründete Sittenlehre als ‚Anweisung zum seligen Leben'[3]. Die letztere hat zum Inhalt Ursprung und Endzweck des Menschengeschlechts sowie die Unsterblichkeit der Seele. Religiöse und spekulative Einsicht waren in ungetrennter Einheit Inhalt der ältesten Mysterien. Und diese Inhalte sind die „einzig großen Gegenstände [ ], um deren willen allein es wert ist zu philosophieren und sich über das gemeine Wissen zu erheben." (VI 16) Diese Gegenstände für die Philosophie zurückzugewinnen und die Einheit von Philosophie und Religion durch die Erkenntnis dieser Objekte wiederherzustellen, ist die Absicht der *Religionsschrift*.

Grundproblem ist die Möglichkeit einer unmittelbaren Erkenntnis des Absoluten. Daß die absolute Erkenntnis zugleich die Erkenntnis des Absoluten ist, war These und Voraussetzung der Identitätsphilosophie. Demnach kann die Identitätslehre den Gegensatz von Philosophie und Religion gerade nicht implizieren. Die Indifferenz bzw. absolute Einheit des Idealen und Realen war die Bestimmung für das Wesen des Absoluten, dem ein Selbsterkennen oder ein Selbstanschauen als die absolut notwendige Form entspricht. Gegenständlich anschaulich wird sich das Absolute durch einen Prozeß der Selbstobjektivierung in der Idee, einem wirklichen Gegenbild. Diese Repräsentation wurde die Einheit von Idealem und Realem, Subjektivem und Objektivem genannt. So hat das göttliche Gegenbild, die Idee, die Macht, die Idealität in Realität umzuwandeln, Ideen zu produzieren, die selbst produktiv sind. Die Idee entfaltet sich zur Ideenwelt, welche „die ganze absolute Welt mit allen Abstufungen der Wesen“ oder das Universum in seiner vollkommenen Einheit enthält, eine Welt, die nichts Besonderes als solches enthält, d. h. in der es nichts gibt, „das nicht absolut, ideal, ganz Seele, reine natura naturans wäre.“ (VI 35) Die Ideenwelt ist als der zeitlose Prozeß der Offenbarung Gottes eine „wahre transzendentale Theogonie“ (VI 35), das göttliche Selbsterkennen als Bedingung alles Erkennens.

Wie aber ist nun nach der Lehre von der ewigen Geburt der Dinge in der göttlichen, intellektuellen Welt der Ursprung einer endlichen, körperlichen Welt zu denken, die Abkunft des Endlichen aus dem Absoluten, der besonderen Dinge aus der Einheit der Idee? Die Frage nach dem Verhältnis der endlichen Welt zum Absoluten findet ihren philosophischen Problemausdruck in der Frage nach dem Ursprung der Materie, die „zu den höchsten Geheimnissen der Philosophie“ (VI 47) gehört. Die Alternative, die Materie entweder als unabhängig oder als abhängig zu denken, scheint aporetisch. Entweder ist ein zweites Weltprinzip (etwa im Dualismus der persischen Religionslehre) zu denken, was dem Begriff des Absoluten widerspricht; oder aber es wird, wie immer die Abhängigkeit der Materie von Gott näher bestimmt wird, Gott Urheber des Unvollkommenen, ja des Bösen, was seiner Absolutheit widerstreitet und die Versuche einer philosophischen Theodizee, einer Verteidigung der Güte Gottes angesichts der Übel in der Welt, zuletzt bei Leibniz[4], auf den Plan gerufen hat (vgl. VI 47). Will man den Dualismus vermeiden, dann muß die endliche Natur aus dem Absoluten folgen und ein Zusammenhang zwischen ihr und Gott bestehen. Verneint man einen stetigen Übergang (Emanation), so fordert das einen Abbruch. Demnach kann nach Schelling der Ursprung der Materie nicht in einem Hervorgang aus dem Absoluten liegen, sondern nur durch „ein vollkommenes Abbrechen von der Absolutheit" gedacht werden: „er kann nur in einer *Entfernung*, in einem *Abfall* von dem Absoluten liegen." (VI 38)

Möglichkeit und Ursprung der endlichen Welt, die nicht das wahrhaft wirkliche Sein ist, sondern das Gegenteil des Unendlichen und Ewigen, liegt näherhin im Begriff der Freiheit begründet. Da außer dem Absoluten kein Sein denkbar ist, muß mindestens die Möglichkeit des Abfalls aus dem Absoluten begründet werden. So hat das wirkliche Gegenbild des Absoluten notwendig den Charakter der Selbständigkeit und Freiheit. „Das ausschließend Eigentümliche der Absolutheit ist, daß sie ihrem Gegenbild mit dem Wesen von ihr selbst auch die Selbständigkeit verleiht. Dieses in-sich-selbst-Sein ... ist *Freiheit*, und von jener ersten Selbständigkeit des Gegenbildes fließt aus, was in der Erscheinungswelt als Freiheit wieder auftritt, welche noch die letzte Spur und gleichsam das Siegel der in die abgefallene Welt hineingeschauten Göttlichkeit ist." (VI 39) Wirklich selbständig ist das Gegenbild aber eigentlich nur dann, wenn es sich durch die eigene Tat in seiner Selbstheit ergreift und vom Absoluten losreißt, sich aus eigener Kraft von Gott trennt und als ein ‚anderes Absolutes' betätigt. Diese eigenste Tat des ‚Gegenabsoluten' nennt Schelling mit Platon ‚Abfall'. Der Grund der Möglichkeit der endlichen Welt liegt also in Gott, der Grund ihrer Wirklichkeit in seinem Gegenbild selbst[5].

Wenn aber ohne die Wirklichkeit des Abfalls die Freiheit des Gegenbildes kraftlos, ohne Freiheit aber das Gegenbild des Absoluten unmöglich, und ohne wirkliches Gegenbild wiederum das Absolute selbst unmöglich ist, bleibt ein letzter Rest von Zusammenhang, ohne daß die Endlichkeit unmittelbar aus dem Absoluten hergeleitet und erklärt wäre. Die endliche Welt ist in der Auflösung der Einheit mit Gott notwendig begründet als Dasein außer Gott. Während das Gegenbild in seiner Realität unmittelbar durch die Idee bestimmt ist und die vollständige Möglichkeit ihres Seins in sich selbst hat, so ist die Folge des Abfalls eine Realität, die die Möglichkeit ihres Seins nicht in sich, sondern außer sich hat. Die raum-zeitliche Wirklichkeit ist sinnlich bedingt und materiell, womit eine endliche Natur entsteht und die endliche Notwendigkeit als Kausalnexus der Dinge. Im göttlichen Gegenbild war absolute Freiheit identisch mit absoluter Notwendigkeit, die Folge des Abfalls führt zu endlicher Notwendigkeit und nichtiger Freiheit.

Näherhin ist das sinnliche Universum „in der Idee von der Seite ihrer Selbstheit betrachtet" (VI 41) begründet. Da deren Grund zeitlos ist, handelt es sich um eine ewige, intelligible Tat außer aller Zeit, so daß der Abfall nicht genetisch erklärt werden kann. In Rücksicht auf das Absolute ist der Abfall ‚außerwesentlich' oder akzidentell, er begründet ein außergöttliches Dasein. Der Abfall ist – mit Fichtes Ausdruck – eine Tathandlung; Fichtes Theorie der Subjektivität läßt sich so in eine Theorie des Absoluten integrieren, obgleich sie selbst natürlich nicht auf das eigentlich spekulative Prinzip zu führen vermag. Das Fürsichselbstsein erscheint in der höchsten Potenz als Ichheit. Die Ichheit ist deshalb das zentrale Thema des sinnlichen Universums der abgefallenen Welt: Die Ichheit als Prinzip der Endlichkeit, als das des Sündenfalls. Fichtes Wissenschaftslehre – so betont Schelling – hat ihre eigentümliche Bedeutung darin, daß durch den Begriff der Tathandlung das Wesen der Endlichkeit und des endlichen Bewußtseins als das Prinzip des Sündenfalls in der höchsten Allgemeinheit ausgesprochen wurde. Mit dieser Einordung der (frühen) Fichteschen Lehre – damit, daß Fichte das Wesen des Ich und seine

Nichtigkeit durchschaut, daß er gezeigt hat, wie „die Ichheit ... nur *ihre eigene Tat* [ist], ihr eigenes Handeln, [und] *nichts* abgesehen von diesem Handeln“ (VI 43) – ist Fichtes Philosophie als Konstitutionstheorie des endlichen Bewußtseins und Wissens nicht nur notwendiger Durchgangspunkt in der Entfaltung der wahren Philosophie gewesen, sondern in ihrem wesentlichen Prinzipienbestand in die Identitätsphilosophie integriert. Diese ‚bessere‘ Einsicht des frühen Fichte hat Schelling 1806 in seiner scharfen Auseinandersetzung mit Fichtes popularphilosophischen Schriften[6] polemisch gegen dessen Versuche ausgespielt, nach 1801 spekulativ über das erste Konzept der Wissenschaftslehre hinauszugelangen.

Das grundsätzliche Thema Religion, das Problem des Endlichen und der einschlägige Begriff des ‚Abfalls‘ begründen für einige Interpreten eine ganz neue Periode in Schellings Denken. Die *Religionsschrift,* die noch im Kontext der Identitätsphilosophie steht, verstehen sie darum als einen Vorgriff auf die diesen Ansatz überholende philosophische Freiheitslehre von 1809. Tatsächlich aber war das Problem des Endlichen immer ein Problem auch der Identitätsphilosophie. Dort freilich wurde allein in *theoretischer* Hinsicht die Reflexion als willkürlicher Akt der *Absonderung* (vgl. IV 126 f. Anm.) oder Losreißung von der spekulativen Anschauung des Absoluten, und damit als Konstitutionsakt der endlichen Welt begriffen, die endliche Welt als solche aber als völlig nichtig verworfen. In *Philosophie und Religion* wird daher mit dem Ausdruck Abfall nicht ein neues Prinzip eingeführt, sondern gleichsam die *praktisch-sittliche* Seite dieses Absonderungsaktes herausgestellt. Im Blick auf die endliche Welt bedeutet dies paradoxerweiser so etwas wie die Positivierung ihrer eigenen Negativität und Nichtigkeit. Darauf ist zurückzuführen, daß ab etwa 1806 in Schellings Naturansicht Elemente des Chaotischen, Gewalttätigen, Gräßlichen, ja Monströsen und Barbarischen einfließen, die „unbegreifliche Basis der Realität, der nie aufgehende Rest, das, was sich mit der größten Anstrengung nicht in Verstand auflösen läßt“ (VII 360). Diese ‚Verdüsterung‘ seiner ursprünglich harmonisierend-verklärten Naturansicht ist nicht primär auf biographische Einflüsse zurückzuführen, sondern liegt in der systematischen Konsequenz der sittlichen Qualifikation des Ursprungs der Endlichkeit.

Die Ichheit offenbart das Wesen des Endlichen; sie ist nicht nur losgerissene Freiheit, sondern erkennt sich auch als solche. Die Ichheit, dieser „Punkt des höchsten für-sich-selbst-Seins des Abgebildeten, ... ist ... zugleich der Punkt, wo *in* der gefallenen Welt selbst wieder die urbildliche sich herstellt, jene überirdischen Mächte, die Ideen, versöhnt werden und in Wissenschaft, Kunst und sittlichem Tun der Menschen sich herablassen in die Zeitlichkeit. Die große Absicht des Universum und seiner Geschichte ist keine andere als die vollendete Versöhnung und Wiederauflösung in die Absolutheit." (VI 43) Im Blick auf den höchsten Endzweck der zeitlichen Entfaltung der endlichen Welt, der Geschichte, lassen sich demnach zwei Hauptperioden unterscheiden, deren erste in Ansehung Gottes sich als zentrifugal, als vom Zentrum zur äußersten Gottesferne wegstrebend, deren zweite sich als zentripetal, als zu Gott zurückstrebend und zurückkehrend, charakterisieren läßt: Die erste ist „gleichsam die Ilias, [die zweite] die Odyssee" des göttlichen Weltgedichts; denn „die Geschichte ist ein Epos, im Geiste Gottes gedichtet" (VI 57). So wie Schelling früher die Natur die Odyssee des Geistes nannte, so ist jetzt die Religion die Odyssee der Geschichte, und diese „im Ganzen ... eine sukzessiv sich entwickelnde Offenbarung Gottes" (VI 57), die sich in der wiederhergestellten Einheit der Welt mit Gott vollendet. Der Abfall ist demnach „das Mittel der *vollendeten* Offenbarung Gottes" (VI 63).

Gerade auch die philosophische Gotteserkenntnis leitet einen Umschwung ein zu einem bewußten Zurückstreben in die Einheit mit Gott, welches Schelling Sittlichkeit nennt und dessen Ziel Seligkeit heißt. „Es ist überhaupt erst eine sittliche Welt, wenn Gott ist" – d. h. nur wer Gott erkennt, ist wahrhaft sittlich – „und diesen sein zu lassen, *damit* eine sittliche Welt sei, ist nur durch vollkommene Umkehrung der wahren und notwendigen Verhältnisse möglich" (VI 53). Die Geschichte des Universums, von dem die Weltgeschichte einen Teil darstellt, umfaßt überdies die Vorgeschichte der Menschenwelt und ihr Ziel, die beide jenseits des irdischen Lebens liegen. Die Rückkehr der Dinge zu Gott, die vollendete Offenbarung Gottes, ist die „große Absicht der gesamten Welterscheinung" (VI 57). Demnach kann nicht eine Historie im engeren Sinne diese Geschichte beschreiben. Der Anfang, der einer Entfernung von Gott vorausliegt und der ein Zustand der Gottesnähe gewesen sein muß, weist auf die Vorstellung eines goldenen Zeitalters. Für die Entwicklung der Menschheit lehnt Schelling zudem die Vorstellung ab, „die gegenwärtige Menschheit [habe] sich selbst aus der Tierheit und dem Instinkt zu Vernunft und Freiheit emporgehoben" (VI 58). Die Sinnenwelt hat ihren Grund im Abfall des göttlichen Gegenbildes als einer selbstverschuldeten Tat intelligibler Freiheit. Das Dasein der endlichen Natur und des sinnlichen Lebens beruht auf einer Schuld, die eine Strafe (die Endlichkeit an sich selbst ist Strafe, vgl. VI 52) notwendig nach sich zieht. Die Aufgabe besteht in einer Läuterung – nach Platons Dialogen *Phaidon* und *Phaidros* eine Befreiung der Seele aus der als Strafe verhängten Einkerkerung in die Körperwelt – und in einer Tilgung der Schuld. Ziel der Welt und ihrer Geschichte ist das ‚Geisterreich': „Die Geschichte des Universum ist die Geschichte des Geisterreichs, und die Endabsicht der ersten kann nur in der der letzten erkannt werden." (VI 60) Unsterblichkeit besteht im ewigen oder seligen Leben, einem rein geistigen, intelligiblen, das frei von der Schuld der Entäußerung der Selbstheit ist. Deshalb kann die Unsterblichkeit der Seele nicht als individuelle Fortdauer, die selbst eine durch Schuld bedingte Strafe wäre, gedacht werden. Ihre Befreiung ist vielmehr das innere und verborgene Thema der Natur und der Entwicklung der Welt: „Was ist daher die Natur, dies verworrene Scheinbild gefallener Geister, anders als ein Durchgeborenwerden der Ideen durch alle Stufen der Endlichkeit, bis die Selbstheit an ihnen, nach Ablegung aller Differenz, zur Identität mit dem Unendlichen sich läutert, und alle *als* reale zugleich in ihre höchste Idealität eingehen?" (VI 62) Der zukünftige Zustand der Seele hängt vom Grad der Läuterung und der Beurteilung des gegenwärtigen Lebens und vom Quantum der ungeläuterten Begierden ab, womit Schelling auf die Lehre von der Palingenesie Bezug nimmt. Nur eine vollständige Läuterung bedeutet Rückkehr in das geistige Leben, eine wiederhergestellte und unzerstörbare Einheit mit Gott.

Die Schrift schließt ab mit Bemerkungen zum Wesen der Religion. Der Inhalt der Religion ist ein geistiger, der mit dem der alten Mysterien identisch ist: die Lehre von der Unschuld, dem Fall, der Läuterung, der Ewigkeit der Seele und dem sittlichen Verhältnis von gegenwärtigem und zukünftigem Zustand. In der Gestalt der Mysterien ist die Religion esoterisch, ihr Verhältnis zum Staat ist analog dem Verhältnis Gottes zur Welt ein indirektes, nicht unmittelbares. Die exoterische Form der Religion ist die Mythologie, eine bildlich-symbolische Darstellung der Ideen, sowie Poesie und Kunst. Die esoterische Religion ist notwendig Monotheismus, eine Lehre von der göttlichen Einheit; die exoterische Religion gestaltet sich mythologisch und verfällt in Polytheismus. Die Einheit sowohl von Philosophie und Religion als auch von Heidentum und Christentum ist eine in solcher Gotteserkenntnis gegründete Anschauung der Welt und des menschlichen Lebens. Durch das Christentum wurde die Lehre von der Läuterung und Umwandlung des Menschen zur Weltreligion. „Hätte man den Begriff des Heidentums nicht immer und allein von der öffentlichen Religion abstrahiert, so würde man längst eingesehen haben, wie Heidentum und Christentum von jeher beisammen waren, und dieses aus jenem nur dadurch entstand, daß es die Mysterien öffentlich machte“ (VI 66). Das Thema der Religion wird Schelling fortan, im Spätwerk schließlich zentral beschäftigen.

b) Zur Bestimmung der menschlichen Freiheit

Philosophisch brisant ist nach dem skizzierten Grundriß des ideellen Teils der Philosophie freilich die Frage nach dem Wesen der Freiheit, welche die Selbstheit begründet, vor allem das Problem des Bösen und die Bedeutung eines persönlichen

Gottes für die Geschichte des Universums im Ganzen. Es sind eben diese Fragen, die in der *Freiheitsschrift* zum Teil ausführlicher, zum Teil differenzierter aufgegriffen werden.

In ihr, die zum erstenmal in der Sammlung seiner *Philosophischen Schriften* (1809) gleichsam „versteckt“[7] erschien, suchte Schelling vor allem auch dem von F. Schlegel[8] wiederholten Pantheismus-Vorwurf Jacobis – ‚das System des Pantheismus ist das System der reinen Vernunft und sei unvermeidlich Fatalismus‘, den er, wenn auch ungenannt, auf sich gemünzt sah – zu begegnen. Im Brief an Karl Josef Windischmann vom 9. 5. 1809 bekräftigte Schelling, daß er Schlegels „verdeckte Polemik ... in eine offene zu verwandeln gesucht habe“ (BuD III 604). Solcherart in der Reaktion auf Angriffe und Polemiken der Tagesdiskussion entstanden, wurde die *Freiheitsschrift* sicherlich schnell und in manchen Details übereilt konzipiert sowie ausgeführt. Dennoch übt die Weise, wie hierin das grundsätzliche Problem des Zusammenhangs von System und Freiheit erörtert, das Konzept einer Metaphysik des Bösen gefaßt wird, noch immer eine große Faszination speziell auch auf Leser aus, die nicht primär an Schellings Werk insgesamt interessiert sind. So nannte sie bereits ein Interpret vom Range K. Fischers „schon in der Bestimmung und Auseinandersetzung dieses schwierigsten aller Probleme ein Meisterstück an Klarheit und Tiefe“[9].

Die Einleitung erörtet in ganz grundsätzlicher Weise das Verhältnis von System und Freiheit, indem sie den allgemeinen Vorriß der Problemstellung gibt; ihre Funktion besteht vor allem in einer „Berichtigung wesentlicher Begriffe“ (VII 357). Zunächst behandelt Schelling die Möglichkeiten einer philosophischen Untersuchung über das Wesen der menschlichen Freiheit: Teils geht es ihm darum, den richtigen Begriff der Freiheit zu finden, weil die Tatsache der Freiheit – trotz eines unmittelbaren Gefühls der Freiheit – nicht an der Oberfläche liegt; teils muß der Zusammenhang dieses Begriffs mit dem Ganzen einer wissenschaftlichen Weltansicht (d. h. einer philosophischen Gesamtansicht der Welt, einem System) dargelegt werden.

Weil aber a) kein Begriff einzeln bestimmt werden kann und b) die letzte wissenschaftliche Vollendung für einen Begriff im Nachweis seines Zusammenhangs mit dem Ganzen liegt, fallen die beiden Seiten der Untersuchung eigentlich überall in eins: insbesondere bei einem so zentralen Begriff wie dem der Freiheit, der weder ein untergeordneter noch ein Naturbegriff ist, sondern den „herrschenden Mittelpunkt des Systems" (VII 336) bezeichnet. Ein wesentlicher Einspruch gegen ein solches Unterfangen kommt aus einer weit verbreiteten Ansicht – aus „einer alten, jedoch keineswegs verklungenen Sage" (VII 336), wie Schelling betont –, daß nämlich der Begriff der Freiheit mit dem des Systems überhaupt unverträglich sei. Daraus folge, daß jede Philosophie, die auf Einheit und Ganzheit Anspruch erhebe, Freiheit leugnen müsse. Wer ein System beansprucht, kann Freiheit nicht zulassen. Hierbei ist jedoch folgendes zu bedenken: a) Wenn ein *beschränkter* Systembegriff vorliegt, kann die Behauptung wohl wahr sein: sie ist dann aber auch trivial. Dieser Fall ist für Schelling uninteressant. Wichtig aber ist, daß die Frage, ob System und Freiheit vereinbar seien, wesentlich vom jeweiligen Begriff abhängt. b) Wenn aber behauptet wird, dem Begriff der Freiheit widerstreite der Begriff von System überhaupt und an sich, dann wird die Sache überhaupt erst philosophisch interessant. In diesem Fall ist zu sehen: Die individuelle Freiheit hängt mit dem Ganzen der Welt zusammen. Also muß doch irgendein System vorhanden sein, mit dem die Freiheit zusammen besteht: wenn schon nicht im menschlichen Wissen, so doch wenigstens in der Welt als ganzer; ein System, das dann wenigstens im göttlichen Verstand erfaßt würde. Die Prämissen für diese Überlegungen lauten: 1. der Weltzusammenhang muß ein System sein, und dieser Weltzusammenhang hat einen Grund: das Absolute. Und 2. muß dieses System also mindestens im göttlichen Verstand sein. Man könnte entgegnen, daß wir dieses System nicht erkennen können. Aber diese Aussage könnte erst beurteilt werden, wenn man das Prinzip der menschlichen Erkenntnis wüßte. Hier aber gilt die alte Lehre, daß Gleiches durch Gleiches erkannt wird und daß deshalb der Philosoph eine Erkenntnis Gottes beansprucht, weil er allein „mit dem Gott in sich den Gott außer sich begreife“ (VII 337).

Wie auch immer es um die Möglichkeiten und die Reichweite menschlichen Wissens bestellt sein mag, fest steht jedenfalls: 1. die Vernunft dringt auf Einheit; 2. das Gefühl besteht auf Freiheit und Persönlichkeit, also auf menschlicher Freiheit, und 3. wird beides in der Regel jeweils nur durch einen Machtspruch zurückgewiesen, der allerdings nur eine Weile vorhält. So mußte schließlich auch der frühe Fichte die Einheit „bezeugen“, freilich „in der dürftigen Gestalt einer sittlichen Weltordnung“ (VII 338). Daraus folgt nun: Die These, daß System Freiheit ausschließt, mag im Blick auf bisherige Systeme, also historisch, richtig sein. Da es aber keine Gründe aus dem Wesen der Vernunft dafür gibt – und Schelling jedenfalls hat keine finden können –, ist die Frage nach dem Zusammenhang des Begriffs der Freiheit mit dem Ganzen der Weltansicht wohl grundsätzlich eine notwendige Aufgabe, ohne deren Auflösung der Begriff der Freiheit nicht sicherzustellen und eindeutig zu bestimmen, damit aber auch die Philosophie letztlich wertlos wäre. Wertlos deshalb, weil 1. die Vermittlung von System und Freiheit „die unbewußte und unsichtbare Triebfeder“ aller Erkenntnis ist, und 2. ohne den Widerstreit von Notwendigkeit und Freiheit sowohl die Philosophie „wie jedes höhere Wollen des Geistes“ (VII 338) absterben würde, wie es bei den abstrakten und unlebendigen Wissenschaften der Fall ist. Daher kann man resümieren: Die Vernunft preiszugeben, wäre Flucht und zöge im Bereich der Erkenntnis wie des Sittlichen das Chaos nach sich; die Freiheit preiszugeben hieße pure Herrschaft der blinden Notwendigkeit, d. h. leblose Ordnung.

Schelling konkretisiert die Problemstellung in der Pantheismusfrage: Ist der Pantheismus notwendig ein Fatalismus? Dabei stützt er sich auf Hilfsüberlegungen zum Identitätsgesetz und zur Copula des Urteils sowie auf eine kritische und zugleich differenzierte Darlegung des Spinozismus. Schellings Überlegungen zu Identität und Differenz im einfachen prädikativen Urteil sowie seine in der Einleitung kurz angerissene

Lehre von der Copula im Urteil zeigen, daß er Identität reduplikativ versteht, d. h. daß der Identitätssinn des Satzes A=B in demselben Zugrundeliegenden (=x) liegt, das =A *und* das =B ist, und daß er die Copula, das „ist" im Urteil, als dynamisch-explikatives Moment auslegt. Das Problem, d. h. der innere Widerstreit von System und Freiheit, Vernunft und Freiheit, zeigt sich für ihn nun bestimmter, konkreter und zeitnaher in der Pantheismusfrage[10]. Schelling ist genötigt darzulegen, daß eine umfassende Systemkonzeption denk- und ausführbar ist, die Freiheit und ihre Phänomene nicht-reduktiv in sich einbegreift.

Schellings Erörterung der verschiedenen Auffassungen des Pantheismus zeigen: 1. daß bestimmte Konzeptionen von Pantheismus unhaltbar sind. Dabei hat Schelling drei verschiedene Konzeptionen im Auge: a) Gott ist identisch mit den Dingen: Alles ist Gott; b) Jedes einzelne Ding ist Gott; c) Die Dinge sind nichts. 2. daß eine bestimmte Konzeption, nämlich der recht verstandene Pantheismus, der die Immanenz der Dinge in Gott behauptet, nicht notwendig die Freiheit leugnen muß; diese Konzeption ist nach Schelling näherhin so geartet, daß sie in einer bestimmten Weise Freiheit sogar fordert. 3. daß nach entsprechender kritischer Differenzierung Spinozas Fatalismus nicht Folge seines Pantheismus ist, sondern Folge seines Determinismus und Objektivismus. 4. daß gleichwohl der durch das idealistische Prinzip der formellen, weil allgemeinen Freiheit (im Sinne von Selbstgesetzgebung, Autonomie) bestimmte Pantheismus – nach der Formel: alles ist Ich-haft – der menschlichen Freiheit, als eines Vermögens des Guten *und* des Bösen (VII 352), nicht gerecht wird.

Angesichts der Tatsche, daß der Idealismus als Pantheismus im recht verstandenen Sinn, d. h. als nicht-fatalistisches Vernunftsystem, dennoch in der Frage der *lebendigen* Freiheit zum Guten und zum Bösen, „in der Lehre der Freiheit" (VII 351), ratlos läßt, geht Schellings Erörterung über den bisherigen Stand des Idealismus hinaus, indem sie zeigt, daß alle bisherigen pantheistischen Systeme den realen und lebendigen Begriff der Freiheit (insbesondere als Freiheit zum Bösen) nicht integrieren können, ohne sich selbst aufzuheben. Dementsprechend werden eben diese bisherigen pantheistischen Systeme aufgeführt und hinsichtlich des ihnen jeweils charakteristischen Verhältnisses des Bösen zu Gott kurz erläutert, so das System: 1. der Identität und Immanenz; 2. des Zusammenhangs (Concursus und Mitwirkung); 3. des Dualismus und schließlich 4. der Emanation oder der Entfernung von Gott. An diesen Systemen kritisiert Schelling im Blick auf das Böse, daß sie das eigentliche Problem nicht fassen können. Da „der Punkt der tiefsten Schwierigkeit in der ganzen Lehre von der Freiheit“ (VII 352) alle bisher bekannten Systeme trifft, stellt sich die Aufgabe, ein neues Systemkonzept zu finden, das noch über den die formelle Freiheit (des „Ich ist Alles“ und des „Alles ist Ich“) berücksichtigenden idealistischen Pantheismus hinausgeht. Dieses neue Systemkonzept erläutert Schelling im erwähnten Brief an Windischmann in Abhebung von F. Schlegel, dessen „höchst krasser und allgemeiner Begriff des Pantheismus ... ihn freilich die Möglichkeit eines Systems nicht ahnden [läßt], worin mit der Immanenz der Dinge in Gott Freiheit, Leben, Individualität, desgleichen Gutes und Böses besteht. Er kennt nur die drei Systeme seines indischen Buchs [Pantheismus, Emanation und Dualismus][11]; *das Wahre liegt aber gerade zwischen diesen dreien mitten inne und hat die organisch verflochtenen Bestandteile eines jeden in sich*. Es gibt einen (aber auch nur einen) Punkt, bei dem die Vorstellung der Emanation anwendbar ist, einen (aber auch nur einen), wo die des Dualismus, und endlich wieder einen, wo die Indifferenz des Pantheismus. Ich glaube diese Punkte in meiner Abhandlung mit zuvor nie erreichter Deutlichkeit bezeichnet zu haben.“ (BuD III 604; kursiv v. Verf.)

Dieses neue Systemkonzept vereinigt in sich nicht nur Idealismus und höheren Realismus, sondern integriert auch eine gegliederte Abfolge der unterschiedlichen philosophischen Systemansätze und ihrer Grundprinzipien als seine auf einen bestimmten systematischen Ort fixierten *Momente*. Die verschiedenen Formen des Pantheismus können also jeweils ein untergeordnetes Moment im Rahmen eines umfassend an- und ausgelegten Systemkonzepts bezeichnen. Es ist an dieser Stelle darauf hinzuweisen, daß der Ausdruck System in ‚System der Weltalter', ‚System der positiven Philosophie' in der Spätphilosophie u. a. auch immer diesen Sinn einer organischen Einheit von Momenten (Begriffen, Vorstellungen, Theorien etc.) hat, die jeweils einen bestimmten Ort einnehmen und nur in dieser Hinsicht auch wahr und verständlich sind; im Blick darauf wird Schelling auch von einer ‚eklektischen Philosophie' sprechen.

In der Überleitung zum Hauptteil bestimmt Schelling die neue Aufgabenstellung und die notwendigen systematischen Voraussetzungen zu ihrer Lösung: Der Idealismus (als Seele der Philosophie) muß einen lebendigen Realismus (als ihren Leib) zur Basis haben. Die Vereinigung von Idealismus und Realismus hat zur Konsequenz, daß Gott nicht in der idealistischen Weise als Freiheit im Sinne des bloßen Sich-Wollens („Wollen ist Urseyn", VII 350), sondern als lebendige Liebe, daß er als Grund der lebendigen Freiheit gedacht werden muß; dies aber bedeutet, daß die Freiheit als Freiheit zum Bösen in ihm eine Wurzel haben muß, einen Grund, der nicht Gott selbst ist.

c) Die Freiheit und das Böse im Zusammenhang des Systems

Es ist das Thema des Abfalls von Gott, der in der Freiheit des göttlichen Gegenbildes gründet, das Schelling auf das Problem einer näheren Bestimmung der menschlichen Freiheit geführt hat. Dabei betont er die Bedeutung eines Ausgangs von „den Grundsätzen einer wahren Naturphilosophie" für eine gelingende Einordnung der realen Freiheit in die philosophische Weltansicht. So greift Schelling die in der *Darstellung* (1801) eingeführte „Unterscheidung ... zwischen dem Wesen, sofern es existiert, und dem Wesen, sofern es bloß Grund von Existenz ist" (VII 357) auf. Dort war sie freilich nur angedeutet und, wie anhand der genannten Briefstelle[12] gezeigt wurde, auf das absolute Ich bezogen und von diesem her begründet. Hier erhält nun diese Unterscheidung die spezifischere Bedeutung, daß ‚Grund' die (von Böhme herrührende Vorstellung einer) Natur in Gott bezeichnet, die nicht Er selbst als der Existierende ist. Diese Natur in Gott ist gleichsam sein Unbewußtes, der dunkle Grund, aus dem sich Gott selbst erhebt, d. h. seine Selbstoffenbarung oder Wirklichkeit hervorbringt. In diesem dunklen Grund regt sich die Sehnsucht nach Offenbarung, ein noch vom Verstand unerleuchteter, dunkler Wille. Das Ziel dieses Dranges ist die Erleuchtung oder der Verstand, die Selbstoffenbarung im Ebenbild Gottes. Diesen Offenbarungsprozeß nennt Schelling – wie die *Freiheitsschrift* insgesamt von einer bildhaft-metaphorischen Sprache durchdrungen, dabei aber gleichwohl dem Sinn nach systematisch präzise ist – eine Entwicklung des „Durchbrechens" zum Licht, ein Hervorgehen aus der Verborgenheit und dem Dunkel. Diesem Willen, der ersten Regung des göttlichen Daseins, dieser Sehnsucht entsprechend, „erzeugt sich in Gott selbst eine innere reflexive Vorstellung, durch welche ... Gott sich selbst in einem Ebenbilde erblickt. Diese Vorstellung ist das Erste, worin Gott, absolut betrachtet, verwirklicht ist, obgleich nur in ihm selbst, sie ist im Anfange bei Gott und der *in* Gott gezeugte Gott selbst." (VII 360 f.)

Die Natur in Gott steht also für die Begierde nach seinem Ebenbild. Das im dunklen Willen geahnte und in den dunklen Grund leuchtende Ebenbild nennt Schelling mit Böhme „Idea", die zugleich erleuchtete und angeschaute göttliche All-Einheit. In ihr ist zur Harmonie gelangt, was in der Natur in Gott noch eine in chaotischem Zustand verschlossene und verhüllte göttliche All-Einheit gewesen war. Grund und Ziel der Selbstoffenbarung Gottes sind also dem Wesen nach eins, der Grund (Ureinheit) enthält ungeschieden, ungeordnet und unentwickelt, was im Ziel (Urbild) geschieden, geordnet und entwickelt ist. Die Entfaltung der in der Ureinheit enthaltenen notwendigen Einheit geschieht durch Scheidung der Kräfte. Schelling erläutert dies an einer menschlichen Erfahrung: „So wie im Menschen in die dunkle Sehnsucht, etwas zu schaffen, dadurch Licht tritt, daß in dem chaotischen Gemenge der Gedanken, die alle zusammenhängen, jeder aber den andern hindert hervorzutreten, die Gedanken sich scheiden, und nun die im Grunde verborgen liegende, alle unter sich befassende Einheit sich erhebt" (VII 361). Die Entwicklung der göttlichen Ureinheit erfolgt notwendig durch eine Stufenfolge immer höherer Scheidungen, um das Ungeschiedene ans Licht zu heben: „Das allerinnerste Band der Kräfte [löst sich] nur in einer stufenweise geschehenden Entfaltung ..., und bei jedem Grade der Scheidung [entsteht] ein neues Wesen aus der Natur ..., dessen Seele um so vollkommener sein muß, je mehr es das, was in den andern noch ungeschieden ist, geschieden enthält. Zu zeigen, wie jeder folgende Prozeß dem Wesen der Natur näher tritt, bis in der höchsten Scheidung der Kräfte das allerinnerste Zentrum aufgeht, ist die Aufgabe einer vollständigen Naturphilosophie." (VII 362) In dieser Stufenfolge erscheint der göttliche Offenbarungsprozeß als „eine innere Transmutation oder Verklärung des anfänglich dunkeln Prinzips in das Licht" (VII 362), als ein Prozeß der Überwindung des widerstrebenden dunklen Willens und der Unterwerfung der Natur in Gott. Jedes natürliche Wesen hat aufgrund dieses Ursprungs ein doppeltes Prinzip in sich, das göttliche und das natürliche (wie es Schelling bereits im Untertitel zum *Bruno* angedeutet und im Text ausgeführt hat). Beide Prinzipien bilden eine graduell gestufte und unvollkommene Einheit; der höchste Grad der Einheit, die vollkommene Verklärung, das „alles durchdringende Licht", ist der göttliche Universalwille, in dem die innerste Einheit zur absoluten Herrschaft gelangt. Diesem Universalwillen entgegengesetzt ist der dunkle blinde Wille, der im von Gott verschiedenen Grund wurzelt und im Widerstreben gegen den Universalwillen Eigen- oder Partikularwille der Kreatur (VII 363) genannt wird. Der Anfang der göttlichen Offenbarung liegt in der untrennbaren Einheit der Momente, wo der blinde Wille allein herrscht und der Universalwille noch nicht zum Durchbruch gelangt ist (Natur), ihr Ende ist dort, wo der Universalwille herrscht, dem kein Eigenwille mehr entgegensteht (vollendete Offenbarung Gottes).

Das *Böse* nun muß, da es weder in der blinden Notwendigkeit noch im Licht der göttlichen Offenbarung bestehen kann, als Herrschaft des Eigenwillens über den Universalwillen bestimmt werden. Eine solche Umkehrung des notwendigen Verhältnisses ist nur da möglich, wo die innergöttliche Einheit getrennt und das sie zusammenhaltende Band zerrissen werden kann. Aus der Stufenfolge der Natur geht der Mensch als ein Wesen hervor, in dem der dunkle Wille sich erleuchtet und der Ur- oder Universalwille hervortritt; als ein natürliches Individuum, in dem das Bewußtsein durchbricht und damit das Band gelöst ist, das den dunklen Willen unter der Herrschaft des Universalwillens hält. Waren in der bisherigen Entwicklung der Wille aus dem Grunde und der auf das Ziel gerichtete Urwille ungeschieden und in untrennbarer Einheit, so werden sie im Menschen nicht nur getrennt, sondern auch gelöst, und in dieser Auflösung besteht die *Freiheit*. Im Menschen „ist die ganze Macht des finstern Prinzips und in eben demselben zugleich die ganze Kraft des Lichts ..., der tiefste Abgrund und der höchste Himmel, oder beide Zentra." (VII 363) Durch seinen Ursprung aus dem Grunde Gottes hat der Mensch ein relativ auf Gott (als Existierendem) unabhängiges Prinzip in sich. Durch die Kraft des Lichts geht dem Menschen ein Höheres auf, der Geist: „das in allen anderen Dingen noch zurückgehaltene unvollständige Wort ist [im Menschen] vollständig ausgesprochen" (VII 364), wodurch er sich, aus der Natur kommend, über die Natur erhebt. Als natürliches Individuum ist der Mensch selbstisch, als selbstbewußtes Wesen ist er geistig und als geistige Selbstheit Persönlichkeit – dies sind gleichsam Schellings leitende anthropologische Bestimmungen. Die Einheit von natürlicher Individualität und von Bewußtsein macht das Wesen des Geistes aus, die in die Geistigkeit erhobene Selbstheit das Wesen der Persönlichkeit. Kraft der Persönlichkeit ist der Mensch ein freies, für sich seiendes, von Gott geschiedenes Wesen, das sich vom Universalwillen losreißen kann; er steht als „Selbstbewegungsquelle zum Guten und Bösen" (VII 374) am Scheidepunkt. Das Böse besteht in der Verkehrung und Überhebung des Grundes über die Ursache, des Eigenwillens über den Urwillen, mit anderen Worten in der Setzung eines falschen Zentrums: „die Ichheit, Individualität [ist] freilich die Basis, das Fundament oder natürliches Zentrum jedes Kreaturlebens; sowie selbes aber aufhört dienendes Zentrum zu sein und herrschend in Peripherie tritt, brennt es als tantalischer Grimm der Selbstsucht und des Egoismus (der entzündeten Ichheit) in ihr." (VII 366f. Anm.) Somit ist in der Konstitution der Natur zwar die Möglichkeit, nicht aber die Wirklichkeit des Bösen begründet; es kann auch nicht als aus Sinnlichkeit, Endlichkeit oder Unvollkommenheit etc. stammend gedacht werden. Und auch die Ichheit oder Individualität als solche ist nicht das Böse, sondern die natürliche Basis jeglichen natürlichen Daseins.

Nun ist aber für Schelling das Böse universell wirklich. Deshalb muß die Erklärung dieser Tatsache zeigen können, daß der Mensch nicht genötigt, wohl aber sollizitiert wird, das Böse zu ergreifen. Eine vollständige Offenbarung Gottes ist – gewiß nicht unproblematisch – an die negative Bedingung geknüpft, daß die Einheit mit Gott tatsächlich auch getrennt wird und damit ein Widerstand gesetzt ist, durch dessen Überwindung er sich offenbart. Dieses den menschlichen Willen erregende Prinzip kann nur ein blinder oder dunkler Wille sein, ein widerstrebender Eigenwille, der bereits in der Natur dem Willen der Offenbarung widerstrebte: So ist die „alte Natur" (VII 374), die ins Chaos zurückstrebte, die Versuchung, der natürliche Hang des Menschen. Denn schon in der Natur selbst gibt es „unverkennbare Vorzeichen" des Bösen: „Das Irrationale und Zufällige, das in der Formation der Wesen, besonders der organischen, mit dem Notwendigen sich verbunden zeigt, beweist, daß es nicht bloß eine geometrische Notwendigkeit ist, die hier gewirkt hat, sondern daß Freiheit, Geist und Eigenwille mit im Spiel waren." (VII 376) Das im Natürlichen selbst Schaffende ist der Trieb und die Begierde, sich selbst, und zwar in einer bestimmten Daseinsform, zu erhalten.

Mit der Selbsterhebung des Menschen öffnet sich das Reich der Geschichte, das dem Reich der Natur völlig analog strukturiert ist: beide sind einander „Gleichnis und Erklärung" (VII 378). Während das Ziel der Natur die Verklärung des dunklen Willens im menschlichen Bewußtsein war, womit die

Herrschaft des Menschen begann, ist das Ziel der Geschichte die Unterwerfung und Verklärung der Welt des Bösen durch die Liebe Gottes, womit das Reich Gottes und seiner Herrschaft beginnt. Dazu aber muß sich der Geist der Entzweiung und des Bösen erst vollständig und in aller Schärfe entwickeln; denn erst daran offenbart sich der *Geist der Liebe* und versöhnt den Gegensatz.

In der ersten Epoche der Menschheitsgeschichte, dem ‚goldenen Zeitalter' der Unschuld und Bewußtlosigkeit über die Sünde, wirkt die göttliche Natur ungeschieden, Gott „selbst bewegte sich nur nach seiner Natur und nicht nach seinem Herzen oder der Liebe" (VII 378). In der zweiten Epoche, dem Zeitalter „der waltenden Götter und Heroen, oder der Allmacht der Natur" (VII 379), treten die göttlichen Naturkräfte des Menschen geschieden hervor und zeigen, was sie für sich vermögen; die göttlichen Kräfte des Grundes herrschen auf der Erde, verherrlicht in der sichtbaren Schönheit der Götter. Am Ende dieser Epoche der geistigen Naturmacht des Menschen steht die welterobernde Tat der Gründung eines Weltreiches (Römisches Imperium), das aber zugrunde geht, weil die vollkommene Einheit nicht aus dem Grund der Natur hervorgehen kann. Mit der Auflösung der Herrlichkeit der alten Götterwelt bricht das sittliche Chaos und das Böse als solches in seiner eigentlichen, persönlichen Gestalt des wider Gott gerichteten Eigenwillens hervor. Erst der jetzt herausgeforderte Aufgang des höheren Lichts des Geistes erwirkt die vollständige Offenbarung in der Menschwerdung des göttlichen Ebenbildes: Nur Persönliches nämlich kann Persönliches heilen, und Gott muß Mensch werden, damit der Mensch wieder zu Gott komme. In der „Turba gentium" (VII 380) schließlich wird eine neue Scheidung eine neue Schöpfung ermöglichen: das Reich Gottes, „ein neues Reich, in welchem das lebendige Wort als ein festes und beständiges Zentrum im Kampf gegen das Chaos eintritt, und ein erklärter, bis zum Ende der jetzigen Zeit fortdauernder Streit des Guten und des Bösen anfängt, in welchem eben Gott als Geist, d. h. als actu wirklich, sich offenbart." (VII 380)

Zu erklären bleibt bei aller allgemeinen Notwendigkeit des Bösen die Hervorbringung des Bösen als eigenste, freie und zu verantwortende Tat und Schuld des Individuums. Das zentrale Problem ist also das Problem der Identität von Freiheit und Notwendigkeit im Blick auf menschliches Handeln. Weder der Indeterminismus, der eine Willensindifferenz oder reine Willkür, noch der Determinismus, der vorhergehende, äußere oder innere, mechanische oder psychische Ursachen zur Bestimmung menschlichen Handelns annimmt, werden dem Problem der Freiheit zum Bösen gerecht. Die gesuchte Identität von Freiheit und Notwendigkeit als eine innere, aus dem Wesen des Handelnden selbst quellende Notwendigkeit, findet sich allein im intelligiblen Wesen, das, weil ihm nichts vorangeht, absolutes Prius ist; näherhin im einzelnen individuellen intelligiblen Charakter[13], denn das Wesen des Ich ist seine eigene Tat, „reales Selbstsetzen" in einem „Ur- und Grundwollen, das sich selbst zu etwas macht und der Grund und die Basis aller Wesenheit ist" (VII 385)[14]. Weil dieser intelligible Charakter freie Tat des Individuums ist, sind alle Handlungen, die aus ihm folgen, frei, und weil sie aus ihm folgen, notwendig. Und er ist eine ewige Tat, d. h. „der Mensch, der hier entschieden und bestimmt erscheint, [hat sich] in der ersten Schöpfung ... in bestimmter Gestalt ergriffen, und wird als solcher, der er von Ewigkeit ist, geboren, indem durch jene Tat sogar die Art und Beschaffenheit seiner Korporisation bestimmt ist." (VII 387) Weil dieser Grundakt unseres Wesens nicht im Bewußtsein vorkommen kann, sind wir uns der intelligiblen Tat nicht bewußt. Wir empfinden und fühlen nur die Notwendigkeit und Freiheit unseres Charakters im Handeln („ich bin nun einmal so, wie ich bin") und verstehen seine Beschaffenheit doch zugleich auch als imputabel, selbstverursacht und zurechenbar. Schelling spricht von einer Prädestination durch den eigenen Willen vor aller Zeit: „wie der Mensch hier handelt, so hat er von Ewigkeit und schon im Anfang der Schöpfung gehandelt. Sein Handeln *wird* nicht, wie er selbst als sittliches Wesen nicht *wird*, sondern der Natur nach ewig ist." (VII 387 f.)

Die universelle Wirklichkeit des Bösen in der Welt bekundet, daß der Mensch in der Tat böse ist, d. h. in der intelligiblen Tat der Bestimmung seines Wesen sich selbst in seiner Eigenheit ergriffen und den natürlichen Hang zum Bösen in seine Tat verwandelt hat: Er hat „sich von Ewigkeit in der Eigenheit und Selbstsucht ergriffen, und alle, die geboren werden, werden mit dem anhängenden finstern Prinzip des Bösen geboren" (VII 388). In diesem Sinne kann man von einem angeborenen Bösen sprechen, das ursprünglich und radikal, Wurzel unseres sittlichen Seins, und intelligibel ist: „nicht die Leidenschaften an sich sind das Böse, noch haben wir allein mit Fleisch und Blut, sondern mit einem Bösen in und außer uns zu kämpfen, das Geist ist." (VII 388) Mit dem intelligiblen Charakter ist die Folge gesetzt, die Selbstheit hat sich zum „umgekehrten Gott" erhoben, statt der Vernunft blendet die Imagination, der Geist der Verführung, der Lüge und Falschheit, der das Leben von Grund auf – in ein widergöttliches – verkehrt. Er bedeutet zugleich den Verlust der ursprünglichen Freiheit, eine Unfreiheit, die als Notwendigkeit empfunden wird.

Die Möglichkeit zu einer Besserung und Hinwendung zum Guten besteht im Vermögen des Guten, einer Empfänglichkeit für es, und in der Fähigkeit zu einer wirklichen ‚Transmutation', einer Änderung der gesamten Grundrichtung, die durch die ursprüngliche Freiheitstat nicht abgeschnitten werden kann. Für die Sittenlehre bedeutet dies: Wenn die Bestimmung der Macht und Gewalt des Bösen und des Guten ernst genommen wird, handelt einerseits zwar der Eigenwille losgerissen vom göttlichen Willen, andererseits aber bleibt er doch gebunden an den göttlichen Willen als dessen Werkzeug, was Schelling mit Religiosität identifiziert. Im göttlichen Licht der Erkenntnis ist dies kein ‚müßiges Brüten' oder ein Ahnden oder ein Fühlenwollen des Göttlichen, sondern entschiedener praktischer Charakter, der in der Übereinstimmung mit einer Einsicht des Wahren und Guten besteht. Dessen Handeln ist weder nach der Art der Gefühlsphilosophie zu denken noch nach Art der Moralisten, die – wie Schelling polemisiert – einer Reflexion auf das Pflichtgebot bedürfen; sondern ein notwendiges und – wie Schelling es im Anschluß an Martin Luther nennt – dem Gesetz des Herzens folgendes, zuversichtliches Handeln.

Die „höchste Frage dieser ganzen Untersuchung" (VII 394) betrifft abschließend das Problem der Theodizee: ‚Wie ist Gott wegen des Bösen zu rechtfertigen?' Wenn die göttliche Selbstoffenbarung freie und selbstbewußte Tat ist, muß Gott selbst Persönlichkeit sein. Genau das war mit der Unterscheidung von Grund und Existenz, Natur und Geist in Gott intendiert. Gott ist „die höchste Persönlichkeit, ... Geist im eminenten und absoluten Verstande" (VII 395). Das Band mit der Natur, als Basis, begründet auch bei Gott die Personalität und ist der einzige Inhalt seiner Selbstoffenbarung. So lassen sich in Gott ein Erstes und ein Letztes unterscheiden, Wille des Grundes und Universalwille. Die persönliche Notwendigkeit des göttlichen Willens schließt jeden Zwang aus, ist identisch mit der göttlichen Freiheit, die ihrem innersten Wesen nach sittliche Notwendigkeit ist. „Es ist nicht lautere reine Vernunft in [der Natur], sondern Persönlichkeit und Geist" (VII 395). Mit der Persönlichkeit Gottes ist demnach zugleich die Notwendigkeit der Welt gesetzt: „In dem göttlichen Verstande ist ein System, aber Gott selbst ist kein System, sondern ein Leben" (VII 399). Weil er seine Natur ‚unter sich hat', sein Eigenwille mit dem Universalwillen identisch ist, gibt es in Gott keine Möglichkeit des Bösen, und eben darin besteht seine Allmacht. Was in der Schöpfung abweicht oder zuwiderläuft, folgt nur „begleitungsweise" (VII 402) seiner Selbstoffenbarung. Um das Böse zu verhindern, hätte Gott die Menschwerdung der Natur verhindern müssen: „Damit also das Böse nicht wäre, müßte Gott selbst nicht sein" (VII 403), d. h. als persönliches Wesen. Die Erregung der Selbstheit geschieht in der Natur, ihre Verkehrung zum herrschenden Prinzip im menschlichen Eigenwillen zum Bösen.

Das Böse ist weder Werk der Natur noch Wille Gottes, sondern des Menschen. Das Ziel der Offenbarung ist das Gute, das nur durch höchste Willensenergie erreicht wird und der Erregung aller Kräfte bedarf. Die natürliche Versuchung zum

Bösen ist eine notwendige Folge der Voraussetzungen des Guten, näherhin erscheint das Böse als ein Mißbrauch des Guten. Das Böse, das nicht bloß Mangel, sondern höchst wirksamer Gegensatz des Guten ist, lebt nur mit den Mitteln und der Kraft zum Guten. In dieser Hinsicht ist es kein eigenes unabhängiges Vermögen, keine wirklich selbständige Gegenmacht des Guten. In einer letzten und höchsten Scheidung trennen sich beide, das Gute entzieht dem Bösen seine Energie, womit dieses in seiner Wirksamkeit zu Ende kommt. Es ist damit ein Unterworfenes, ein in den Potenzzustand Zurückgeführtes, und das Ende besteht in einer Ausstoßung des Bösen „als gänzlicher Unrealität" (VII 405) und in seiner Vernichtung als eines Unwesens. In einer letzten Krisis, dem Eingehen des Eigenwillens in den Universalwillen, entsteht die absolute Gemeinschaft mit Gott: ewiges Sein und Leben. Daher muß der Mensch mit seiner natürlichen Eigenheit sterben, worin die Notwendigkeit des Todes begründet liegt. Für dieses göttliche und zugleich individuelle Leben führt Schelling den Ausdruck ‚Liebe' ein; in ihr realisiert sich die Verbindung solcher, die nicht notwendig verbunden sein müssen, weil „jedes für sich sein könnte und doch nicht ist, und nicht sein kann ohne das andere." (VII 408) Das notwendige Band, das Geschiedenheit und Dualität hat, steht im Gegensatz zum voraussetzungsfreien Band. Der Geist ist der Wille zur Liebe, „die Liebe aber ist das Höchste." Die letzte Scheidung bedeutet also die Aktualisierung Gottes, das Ziel der Zeiten, wo Gott „Alles in Allem ist" (VII 408), wo er ganz verwirklicht sein wird.

Schelling verbindet so den Begriff einer gegensatzlosen All-Einheit mit dem der Persönlichkeit Gottes, in einem gewissen Sinne also den Pantheismus mit dem Theismus, und unterscheidet damit göttliche Lebenszustände oder Offenbarungsperioden, die ein vollendetes und vollkommenes Ganzes bilden: einen göttlichen Urzustand, einen Zustand werdender Offenbarung, in der die Gegensätze aktualisiert werden, und einen göttlichen Vollendungszustand, eine absolute Offenbarung, in der Gott „Alles in Allem ist". Der erste ist die Einheit vor allen Gegensätzen, die noch nicht hervorgetreten sind (absolute Indifferenz; Ur- oder Ungrund), der letzte die Einheit über allen Gegensätzen, wo die Gegensätze aufgelöst und überwunden sind (absolute Persönlichkeit und Liebe Gottes). In der werdenden Offenbarung werden die Gegensätze aktualisiert und entfaltet (Identität; Geist). Die Frage nach dem Ursprung des Gegensatzes von Grund und Existierendem, der als Bedingung der Persönlichkeit Gottes notwendig ist, aus der Indifferenz des Urgrundes beantwortet Schelling mit dem Hinweis, daß der Gegensatz aus der gegensatzlosen Einheit ‚hervorbricht' und Gott in beiden gleichermaßen das Ganze ist: Sie sind die gleichewigen Anfänge des göttlichen Lebens. An diesem systematischen Punkt erhebt sich das Problem der *göttlichen* Freiheit, das Schelling fernerhin beschäftigen wird. Auch das Problem des Anspruchs, Gottes Persönlichkeit und Offenbarung durch die Vernunft zu begreifen, zu der sich – in Absetzung von Jacobi – das Gefühl wie der Grund zur Persönlichkeit verhält, wird von Schelling weiterhin erörtert und schließlich restriktiv beantwortet: Erkenntnis durch Vernunft ist möglich, weil sich in ihr Gott selbst erleuchtet.

Die *Freiheitsschrift* wurde bereits von den Zeitgenossen ebenso als Einschnitt in Schellings Denkweg wahrgenommen, wie sie als erster Versuch einer Antwort auf die in der *Phänomenologie des Geistes* (1807) von Hegel formulierte Kritik, namentlich auf den Formalismusvorwurf gegenüber der Identitätsphilosophie, verstanden wurde. Da keine weiteren Schriften folgten und sie daher ‚einzeln' blieb, konnte in der Folge Schellings Philosophie als durch Hegels System überwunden erscheinen. Hegel selbst hat sie in seinen *Vorlesungen zur Geschichte der Philosophie* nach einer ausführlichen Auseinandersetzung mit der Natur- und Identitätsphilosophie eines Satzes gewürdigt: „Schelling hat eine einzelne Abhandlung über die Freiheit bekannt gemacht, diese ist von tiefer, spekulativer Art; sie steht aber einzeln für sich, in der Philosophie kann nichts Einzelnes entwickelt werden."[15] Für Schellings Zeitgenossen war sie bis zur Ausgabe seiner Sämtlichen Werke (1856–61) der letzte philosophische Systementwurf aus seiner Feder; abgesehen von der Polemik gegen Jacobi (*Denkmal der*

Schrift über die göttlichen Dinge, 1812) und der aufgrund von Veröffentlichungsankündigungen (*Weltalter* und *Philosophie der Mythologie*) mit besonderer Erwartung zur Kenntnis genommenen *Vorrede zu einer Schrift von Victor Cousin* (1835) sowie kleineren Texten und Akademiereden, hat Schelling zu Lebzeiten nichts mehr veröffentlicht. Eine bemerkenswerte Rezeption fand die Freiheitsschrift in den 1830er Jahren bei den Vertretern des sogenannten ‚Spätidealismus', Christian Hermann Weiße und Immanuel Hermann Fichte, einer philosophischen Formation, der Schelling in der Interpretationsgeschichte zum Teil als nahestehend, zum Teil sogar als zugehörig angesehen wurde[16]. Weiße und Fichte suchten Anfang der 30er Jahre Hegels Identität von Logik und Metaphysik einerseits mit Rückgriff auf Kant durch eine erkenntnistheoretische Fundierung der Philosophie zu unterlaufen, andererseits sahen sie in Schellings *Freiheitsschrift* eine über Hegel hinausreichende, die Persönlichkeit Gottes über das allgemeine Wesen erhebende, theistische Perspektive[17]. Schelling hat mit der ersten Einzelveröffentlichung dieser Schrift (1834) auf diese Diskussion reagiert, nicht ohne aber im Briefwechsel mit Weiße gleichwohl auf seinen eigenen, vor allem in der vernichtenden Einschätzung der Hegelschen Philosophie abweichenden Standpunkt hinzuweisen.

III. Das Absolute und die Weltgeschichte

7. Das Weltalter-Projekt

a) Der werdende Gott und die göttlichen Dinge

Der in der *Freiheitsschrift* entwickelte spekulative Gottesbegriff soll mit der Unterscheidung eines Grundes in Gott von ihm selbst als Existierendem einen Dualismus, den starren, fixierten Gegensatz zweier widersprechender Prinzipien, verhindern und den Gedanken einer Identität von Denken und Sein, Einheit und Vielheit, Subjektivem und Objektivem, Realem und Idealem, schließlich auch von Transzendenz und Immanenz bewahren. Böhme hatte unter Rückgriff auf kabbalistische Vorstellungen vom *En soph* und den *Sephiroth* eine „ewig geistliche Natur in Gott", die noch vor aller Schöpfung bereits auch mit Gottes Willen identisch ist, unterschieden von dem Vorsatz, sich zu entäußern und in der Körperwelt sich zu offenbaren. Es entsteht nach Böhme in Gott eine Begierde, die bis zum ewigen Gebären der sieben Urgestalten getrieben wird, mit denen Gott aus der ungeschiedenen Einheit in differenzierte Kräfte entfaltet ist. Schelling unterscheidet Natur in Gott vom Existierenden; diesen Grund muß Gott notwendig in sich selbst haben, als „ein von ihm zwar unabtrennliches, aber doch unterschiedenes Wesen" (VII 358). Die Natur in Gott zeigt eine mögliche Welt, worin Gott sich selbst vermittelt und zum Selbstbewußtsein gelangt und dadurch zum lebendigen persönlichen Gott wird. Daß sich Schelling nur der bildhaften Sprache Böhmes bedient, nicht aber durch eine Böhme-Rezeption zu einem neuen Ansatz geführt wurde, macht die *Freiheitsschrift* in ihrer Anlage deutlich, in der das gesamte identitätsphilosophische System beschlossen liegt. Daß dabei der entscheidende Punkt, der Übergang aus der

Welt der Ideen in die Welt der Endlichkeit, durch das Problem der menschlichen Freiheit bezeichnet ist, ist in Kap. 6.a. angedeutet worden. Die *Stuttgarter Privatvorlesungen* binden den spekulativen Freiheitsgedanken noch deutlicher in das Identitätssystem zurück: Die Prinzipien in Gott (Grund und Existenz, Reales und Ideales) werden hier als ‚Sein' (bzw. ‚Nichtseiendes') und ‚Seiendes' gefaßt. Da sich beide Prinzipien der Dignität nach als Niederes (das Reale) und Höheres (das Ideale) unterscheiden, nennt sie Schelling Potenzen: Diese Potenzen durchläuft die göttliche Selbstentwicklung, welche die Zeit in sich begreift, so daß die Potenzen zugleich Perioden der Selbstoffenbarung Gottes bezeichnen.

Die systemtheoretische Konsequenz, die Schelling aus dieser Unterscheidung unmittelbar auch zog, bestand darin, den Pantheismus der Identitätsphilosophie durch einen Theismus, eine Gotteslehre, die sich in den geschichtlichen Erscheinungen der Religion vollendet, gleichsam zu überwölben und zu überhöhen bzw. zum Moment herabzusetzen: durch ein Vernunftsystem, das Pantheismus und Theismus gleicherweise (nach dem Modell von Grund und Existenz) in sich vereinigt. Die Natur in Gott, das negative Prinzip in ihm, ist die von Gott unablösliche Bedingung einer äußeren Schöpfung, der Möglichkeit einer sinnlichen Welt wie auch des Bösen, die so ihren Ursprung in Gott in dem haben, was nicht im Selbst Gottes (als Persönlichkeit) liegt, sondern in seiner Natur, seinem Unbewußten und Irrationalen. Konstitutiv für diesen Zusammenhang ist, daß Gott nicht als ein ruhendes Sein, sondern als Leben und Selbstbewegung bestimmt wird. Als Lebendiger ist Gott aber auch einem Werden und Leiden unterworfen: Wird die Entwicklung der Welt gedacht als Selbstentfaltung Gottes, so ist er mit Bezug darauf als ewig Werdender bestimmt, der zudem, aus Freiheit zwar, doch auch mit der Welt unauflöslich, menschlich leidend (VII 403) verbunden ist. Grundlegend sind diese Bestimmungen im folgenden auch für die *Stuttgarter Privatvorlesungen* sowie die *Weltalter*.

Dieser Gottesbegriff und seine spekulativen Implikationen sowie die Vorstellung einer Entwicklung Gottes aus sich selbst insgesamt riefen Kritiker auf den Plan, mit denen Schelling sich auseinandersetzte, indem er zugleich seinen Ansatz präzisierte. So zielte K. A. Eschenmayer mit seiner zunächst persönlichen kritischen Anfrage, die Schelling dann zusammen mit seiner Erwiderung in seiner Zeitschrift *Von Deutschen für Deutsche* (VIII 145–160; 161–189) zum Abdruck brachte, vor allem auf die Methode: Ihm schien die anthropomorphe Redeweise, mit der Schelling den Gottesbegriff als Leben explizierte, Gott als dem im Glauben präsenten und in der Religion verehrten höchsten Wesen völlig unangemessen. Schelling greift zunächst noch einmal den ‚Übergang zur Nichtphilosophie' auf, den Standpunkt, den Eschenmayer 1803 eingenommen hatte und der äußerer Anlaß der *Religionsschrift* war. Eschenmayer vertrete demnach eine Ansicht, die von der Unerkennbarkeit Gottes sowie der Irrationalität von Freiheit, Sittlichkeit und Schönheit geprägt sei, und er stehe auf dem Standpunkt, daß allein der Glaube ‚das Rätsel der Welt' zu lösen vermag. Der Hauptpunkt betrifft freilich den Anthropomorphismus in bezug auf Gott, die Übertragung und Anwendung menschlicher Begriffe, Gemütsprozesse und Lebensäußerungen auf Gott – wie etwa Sehnsucht, Drang, dunkler Wille, Naturnotwendigkeit und Selbsterkenntnis. Diese Begriffe hält Eschenmayer für „rein menschlich und unangemessen der Würde Gottes" (VIII 148), und das ganze Verfahren scheint ihm einer „Umwandlung der Ethik in Physik, eine[r] Verschlingung des Freien durch das Notwendige" (VIII 150) gleichzukommen: Man erhalte damit eigentlich nur einen „partikulären Gott". „Die Geschichte des innern geistigen Prozesses, welcher dem Ich auf seinem armen Erdsphäroid eigentümlich zugehört, [sei hier] für Gott zum Schöpfungsprozesse geworden" (VIII 146). Schelling bekräftigt in seiner Antwort den Anthropomorphismus; denn die Persönlichkeit Gottes behaupten zu wollen und ihm dabei doch zugleich alles abzusprechen, was nach menschlicher Analogie aussieht, sei Widerspruch und Selbstbetrug, weil man auch dann an den menschlichen Begriffen ein – wenn auch negatives – Kriterium habe. Soll mit der Vorstellung von Gottes Persönlichkeit Ernst gemacht werden, dann kann man nicht zugleich etwas von Gott bejahen und ihm absprechen. Ohne einen und zwar durchgängigen Anthropomorphismus, der seinen methodischen Leitfaden in einer wechselseitigen Spiegelung von Mikrokosmos (Mensch bzw. Natur) und Makrokosmos hat, ist keine Vorstellung von der Person Gottes möglich: „Entweder überall keinen Anthropomorphismus, und dann auch keine Vorstellung von einem persönlichen, mit Bewußtsein und Absicht handelnden Gott (welches ihn ja schon ganz menschlich macht), oder einen unbeschränkten Anthropomorphismus, eine durchgängige und (den einzigen Punkt des notwendigen Seins ausgenommen) *totale* Vermenschlichung Gottes.“ (VIII 167) Von Gott wird zudem gesagt, daß er sei, was er sein will: „Wenn er nun aber menschlich sein wollte,... wer dürfte etwas dagegen einwenden? Wenn er selbst herabsteigt von jener Höhe und sich mit der Kreatur *gemein macht*, warum sollte [der Philosoph] ihn mit Gewalt auf der Höhe erhalten wollen“ und in sichere Distanz zur Welt bringen? Er kann „durch die Vorstellung seiner Menschlichkeit ... [nicht] erniedrig[t] [werden], wenn er doch sich selbst erniedriget“ (VIII 168). Die Vorstellung einer Evolution Gottes aus sich selbst weist man – so Schellings Resümee – nur deshalb ab, weil man nicht begreift, wie das Unvollkommene aus dem Vollkommenen, der Verstand aus dem Verstandlosen hervorgeht. Wenn der Prozeß als Überwindung von Gegensätzen zu denken ist, dann bedeutet der tote Gegensatz den absoluten Dualismus, die Scheidung von Gott und Mensch. Überdies findet eine auf das Nichtwissen gegründete Lehre ihren Ausdruck sowohl „in der verderblichsten Aufklärung“ wie in „frommer Schwärmerei“ (VIII 183). Wahre Erkenntnis wie wahre Frömmigkeit widerstreben aber dem Dualismus und fordern gerade die Einheit der Dinge in Gott.

Die Streitsache mit Jacobi, ausgetragen im *Denkmal der Schrift von den göttlichen Dingen* (1812), ist durch eine gewisse Ungleichzeitigkeit charakterisiert: Ohne die *Freiheitsschrift* zu kennen, hat Jacobi allein das Identitätssystem vor Augen, das er im Blick sowohl auf den philosophischen wie auch moralischen Charakter der Lehre als naturalistischen Pantheismus verketzert. Dagegen erhebt er die Forderung nach einem Theismus der Gefühls- und Glaubensphilosophie, der in Übereinstimmung mit dem religiösen Glauben Gott als freies, bewußtes und persönliches Wesen denkt, das *wirklich Ursache ist*. Gott als die sich in unserem Geist offenbarende geistige Ursache ist „die ursprüngliche, einfache, unmittelbar gewisse, durchaus positive Wahrheit."[1] Der Streitpunkt besteht für Jacobi darum in der Alternative der Bestimmung des Absoluten als Prinzip der Dinge: Unvollkommenheit oder Vollkommenheit, Chaos oder Schöpfung, Allheit oder Persönlichkeit, Grund oder Ursache. Von dieser Bestimmung hängt alles ab für die Bestimmung der göttlichen Dinge: für Freiheit, sittlich Gutes und Böses, eigentliche Moralität etc. Während in der dogmatischen Philosophie (Spinoza) der Gottesglaube folgerichtig verneint werde, verwandelt ihn der Kritizismus bzw. Idealismus in eine subjektive Vorstellung, wo anstelle der Wirklichkeit die Imagination tritt, ein Traum des Verstandes, ein Nichts. Während Spinozas Naturalismus aufrichtig gewesen sei, indem er alle Offenbarung leugnet, entleihe sich der Naturalismus der Gegenwart theistische Ausdrücke und suche als religiöse Denkweise zu erscheinen. Schellings Philosophie, die der kantischen Tradition zugerechnet wird, identifiziere Gott mit der natürlichen Ordnung, erkläre die Natur für das All-Eine, außer dem und über dem nichts sei; sie nennt Jacobi „Idealmaterialismus" bzw. „umgekehrten und verklärten Spinozismus"[2]. Sie täusche einen Gott und eine Offenbarung nur vor; in Wahrheit aber, da „nur das höchste Wesen im Menschen … von einem Allerhöchsten außer ihm, der Geist in ihm allein von einem Gott" zeuge, sei es kennzeichnend für den Naturalismus, daß wir „uns ein Lebendiges des Unlebendigen, ein Licht angezündet von der Finsternis, ein Unding, ausgekrochen aus der dummen Nacht der Notwendigkeit, des Ungefährs, wähnen, unseren Witz wahnsinnig anstrengend, das Leben sei vom Tode hergekommen, dieser habe auf jenes nur allmählich sich besonnen, so die Unvernunft auf Vernunft, der Unsinn auf Absicht, das Unwesen auf eine Welt"[3].

Schelling hat hier auf der Basis des in der *Freiheitsschrift* Entwickelten die Möglichkeit, zu einem überaus polemischen – mit Jacobi zugleich auf den Grundzug des Zeitalters, die Lau- und Halbheit abzielenden – Gegenschlag. So grenzt er sich zunächst davon ab, daß seine Vernunftansicht pantheistisch im Sinne des Spinoza sei. Daß ein anderes System, dasjenige, „*welches eine Natur* **in Gott** behauptet", Naturalismus genannt wird, weist Schelling als absurd zurück, denn näherhin werden allein auf dieser Grundlage „Bewußtsein, Intelligenz und freie[r] Wille[ ] in Gott" (VIII 69) überhaupt erst denkbar. Natur in Gott ist „ein negatives Prinzip in Gott", es ist „unmöglich ..., ein Wesen mit Bewußtsein zu denken, das durch keine verneinende Kraft in ihm selber, in die Enge gebracht worden": „Alles Bewußtsein ist Konzentration, ist Sammlung, ist Zusammennehmen, Zusammenfassen seiner selbst. Diese verneinende, auf es selbst zurückgehende Kraft eines Wesens ist die wahre Kraft der Persönlichkeit in ihm, die Kraft der Selbstheit, der Egoität." (VIII 73 f.)

Unhaltbar sei dagegen der Dualismus des Natürlichen und des Übernatürlichen, des Schaffenden und Erschaffenen, der Freiheit und Notwendigkeit, den Jacobi in seiner Position behaupten müsse, während er selbst auf die absolute, die Gegensätze in sich fassende Einheit ausgehe: In ihr, nicht in einem absoluten Gegensatz, sei auch allererst eine zentrale theistische Bestimmung, die der Erhabenheit Gottes über die Natur, denkbar. Die Hauptthese Jacobis lautete, daß unter der Voraussetzung, daß der Beweisgrund umfassender sein müsse als das Bewiesene, Gottes Dasein aufgrund eines fehlenden Prius indemonstrabel sei. Die Unterstellung, daß der Grund dem Begründeten überzuordnen sei, hält Schelling jedoch für falsch: Jede Entwicklung hat ihren Grund; „allemal und notwendig ist der Entwicklungsgrund *unter* dem, was entwickelt wird, er setzt das sich aus ihm Entwickelnde *über* sich, erkennt es als Höheres und unterwirft sich ihm als Stoff, als Organ, als Bedingung" (VIII 59). Gott hat demnach als lebendiger, *persönlicher* den Grund seines Daseins nicht über, sondern unter sich. Und schließlich präzisiert Schelling, daß sich das Vollkommene nicht aus dem schlechthin Unvollkommenen, sondern aus seiner eigenen Unvollkommenheit erhebe, so daß beide sich zueinander verhalten wie aktuelle und potentielle Vollkommenheit. Schelling formuliert damit, was man das Strukturgesetz aller Entwicklung nennen kann: „selbst im *Denken* und *Forschen* [ist] es wohl möglich ..., sogenannte klare Begriffe sich zu verschaffen, aber nicht von ihnen *auszugehen*, weil man unfehlbar bei ihnen sitzen bleibt" (VIII 78), d. h. keine Nötigung zu einem Fortschreiten vorhanden ist. So ist Gott auch nicht entweder Anfang oder Ende, sondern zugleich das Erste und das Letzte, Alpha und Omega, „aber als das A ist er nicht, was er als das O ist, und inwiefern er nur als *dieses* – Gott sensu eminenti ist, kann er nicht auch als jenes Gott in dem nämlichen Sinne sein, noch, aufs strengste genommen, Gott genannt werden, es wäre denn, man sagte ausdrücklich, der *unentfaltete* Gott, Deus implicitus, da er als O Deus explicitus ist" (VIII 81). Pantheismus und Theismus gehören untrennbar zusammen, oder aber sie zerfallen künstlich ‚halbiert' in die Lehre von einem im Leeren schwebenden, innerlich leeren Gott und in die Lehre von einer gottlosen Natur (vgl. VIII 70). *Das Denkmal der Schrift über die göttlichen Dinge* hat Schelling später als eine der ersten Andeutungen seiner *Positiven Philosophie* verstanden.

b) Die ‚Weltalter' als popularphilosophisches Konzept

„Das Vergangene wird gewußt, das Gegenwärtige wird erkannt, das Zukünftige wird geahndet. Das Gewußte wird erzählt, das Erkannte wird dargestellt, das Geahndete wird geweissagt." (VIII 199) Mit diesen Worten beginnt eines der bemerkenswertesten Veröffentlichungsprojekte der Philosophie, die unveröffentlichtes Fragment gebliebenen *Weltalter* Schellings. Seinem Verleger J. F. Cotta gegenüber nannte er es „das umfassendste dem Inhalt, das allgemeinverständlichste dem Vortrag nach, das ich geschrieben"[4]. Mag letzteres heute eher euphemistisch klingen, so ist doch der Inhalt kaum umfassender denkbar. In drei Büchern, überschrieben mit den Titeln

'Vergangenheit', 'Gegenwart' und 'Zukunft', wollte Schelling – in Anspielung auf Dantes *Divina Comedia*[5] – nach der Idee von verschiedenen Epochen der Selbstoffenbarung Gottes das als Popularphilosophie konzipierte Programm einer Erzählung von der Selbstdarstellung des höchsten Wesens in der Geschichte vom Anfang (vor) bis zum Ende (nach) der Welt ausführen.

Vom I. Buch der *Weltalter* (genauer: seiner ersten Hälfte) sind drei Fassungen überliefert, deren letzte (1815) in den *Sämtlichen Werken* (VIII 195–344) abgedruckt wurde. Die beiden früheren, zum Teil bereits im Fahnendruck vorliegenden Fassungen (1811/13) konnte Manfred Schröter zusammen mit der zweiten Hälfte des I. Buches sowie Fragmenten des II. Buches und Notizen aus dem Münchner Nachlaß Schellings zugänglich machen[6]. Vom III. Buch liegt nichts vor.

Nach menschlicher Analogie soll hier ein System von Zeiten göttlicher Selbstoffenbarung zur Darstellung kommen, weshalb die Weltalter göttliche Weltzeiten oder Äonen bezeichnen. Im organischen Zusammenhang des Vergangenen, Gegenwärtigen und Zukünftigen ist die Weltzeit im engeren Sinne diejenige der Gegenwart, der eine vorweltliche Vergangenheit *vorauf*liegt und *nach* der es eine über die Welt hinausgehende Zukunft gibt. Seinen Fußpunkt hat dieser Ansatz in der Lehre von der Freiheit und Persönlichkeit Gottes, die in der 'Natur' Gottes, in dem, was er „schon durch sich selbst ist, ohne sein Zutun" (VIII 216), gründet: Was im Wesen Gottes von Ewigkeit her simultan enthalten ist (die Prinzipien), entfaltet sich in einem beständigen Fortschreiten sukzessiv in einem Prozeß (in Potenzen) der Selbstoffenbarung.

Schröter hat die für alle drei Fassungen des I. Buches 'Vergangenheit' gleichermaßen gültige, wenn auch durch die Überarbeitungen anders proportionierte Gliederung herausgearbeitet, wonach sich folgende Teile ergeben[7]: Der Einleitung, die den Problemzusammenhang von Wissen, Wissenschaft, Historie und Dialektik sowie das Verhältnis von Theosophie und Philosophie thematisiert, folgt ein viergliedriger Hauptteil: 1. Zunächst wird nach dem Wesen des Höchsten gefragt, von dem auszugehen ist, und dessen widerspruchsvolle Wesensstruktur erläutert; 2. werden Auswirkungen oder Folgen dieser Wesensstruktur als Entwicklungsmöglichkeiten des Höchsten erwogen sowie das Problem von Freiheit und Notwendigkeit im Blick auf die in Tätigkeit überführte Wesensstruktur dargelegt; der 3. Abschnitt ist der Frage nach der Ermöglichung des Wirkens, näherhin der Naturentfaltung, gewidmet; 4. wird die Verwirklichung der Wesensentfaltung, das wirkliche Entstehen des Daseins, anhand der Gesetzmäßigkeit dargelegt, daß die Prinzipien des Seins aus der Simultaneität in Potenzen des Werdens in der Sukzession übergehen, womit der prinzipientheoretische Rahmen abgesteckt ist. Schelling gibt hierfür algebraische Formeln an, so für die Prinzipien -A, +A, ±A oder auch A, B, A+B; die Potenzen – im Prozeß der Steigerung – zählt Schelling durch: A^1, A^2, A^3.

Der erste Abschnitt der zweiten Hälfte des I. Buches, die nur in Druck I (1811) vorhanden ist, geht der Frage nach, wie aus der Ewigkeit ein Zustand der Vergangenheit hervorgehen konnte. Dies denkt Schelling nach dem Modell der Zeugung des Sohnes durch den Vater und entwickelt den Begriff des absoluten Geistes als Einheit der Prinzipien. Es folgt ein Exkurs über die Entwicklung der Gottheit in mehrere Persönlichkeiten[8]. Der nächste Abschnitt entfaltet die Genealogie der Zeit (später auch ‚System der Weltalter'), in der der absolute Geist als organisches Prinzip der Zeiten aufgewiesen wird. Mit dem Problem der Raumentstehung endet hier gleichsam der Weg des höchsten Wesens in die Welt. Ein Exkurs enthält eine kritische Übersicht über die drei ‚Ursysteme': Emanation, Pantheismus und Dualismus[9]. Der letzte Abschnitt faßt das Problem des Verhältnisses von Notwendigkeit und Freiheit zusammen; der abschließende Exkurs gibt eine Rückschau sowie die Rechtfertigung des Systems des absoluten Geistes. Hier stellt Schelling heraus, daß sein Begriff des absoluten Geistes all die Bestimmungen des Gottesbegriffs in sich als Momente umfaßt, die die verschiedenen, von Kant systematisierten Gottesbeweise zugrundelegten: das vollkommene Wesen (ontologischer), das notwendige Wesen (kosmologischer) und das schöpferische Wesen (physikotheologischer Gottesbeweis).

Das zunächst thematisierte notwendige Wesen (die Natur Gottes), „dem nicht verstattet ist nicht zu sein, das schlechterdings sein muß" (VIII 218), faßt drei Prinzipien in sich. Da ist zum einen die Kraft der Selbstheit (Egoität), zum anderen die Kraft der Ausbreitung und Mitteilung, die – einander entgegengesetzt – verschließende und ausquellende Kraft sind. Schelling erläutert ihr Verhältnis als Verneinung und Bejahung, Strenge und Milde, Zorn und Liebe etc. Beides ist Gott von Natur her; als ein und dasselbe Wesen besteht er (reduplikativ [vgl. VIII 217][10]) in gleicher Weise in zwei Urwesen. Die beiden Urwesen stehen in einem beständigen Widerstreit, schließlich auch mit dem dritten Prinzip, ihrer Einheit in der ersten Natur. Diese Natur erweist sich als Bedingung und Ursprung allen zukünftigen Lebens. Die Konstruktion des Widerspruchs nennt Schelling „die höchste Aufgabe der Wissenschaft" (VIII 321). Der Widerspruch ist „des Lebens Innerstes und Triebwerk", von dem Drangsal und Mühe in allem Tun, die Angst als Grundempfindung jedes lebenden Geschöpfs, ja die Allgegenwart des Leidens in der Welt herstammen. „Leiden ist allgemein, nicht nur in Ansehung des Menschen, auch in Ansehung des Schöpfers, der Weg zur Herrlichkeit" (VIII 335), und: „der wahre Grundstoff alles Lebens und Daseins [ist] das Schreckliche" (VIII 339). Das Wesen des fundamentalen Widerspruchs ist der Trieb zum Dasein, Wille zum Leben oder „der Urdrang zum Sein", in der Form eines Sich-selbst-Wollens, eine alle Ausdehnung verneinende Konzentration (bzw. Kontraktion). Das zu erreichende Ziel ist das ewige Sein, daher herrscht eine ungestillte „beständige Sucht nach der Ewigkeit", die aber nicht Wille zu etwas Bestimmtem, kein begehrender, „sondern der reine, sucht- und begierdelose Wille, der Wille sofern er nicht wirklich will", ist und so „der bejahende Begriff der unbedingten Ewigkeit, die wir uns nur außer aller Zeit, nur als die ewige Unbeweglichkeit vorstellen können." (VIII 235)

Von dieser Natur in Gott, dem blinden Urdrang zum Sein, führt der Weg zu Gott *über* aller Natur, in absoluter Freiheit und Lauterkeit des Willens: zum Weltall, in dem sich über den Stufengang der Natur hinaus die durch den Menschen entfaltete Geisterwelt erhebt, deren Ziel die Lauterkeit des Erkennens und Handelns in der Erzeugung der Ideen des Wahren, Guten und Schönen ist. In dieser Erzeugung besteht das eigentliche Thema der Welt. Diese ist die Verwirklichung oder Offenbarung der ewigen Natur in Gott (die Lehre von den Ideen). Und sie ist die Grundlage, über welche Gott sich in Freiheit erhebt und sich damit als absolut freier Wille, wahrhaftiger, persönlicher Gott zeigt, der sich offenbart, nicht weil er muß, sondern weil er will. Daß er sich offenbart, geschieht durch freien Entschluß; wenn er sich aber zur Offenbarung entschließt, kann er nicht anders, als seine Natur walten zu lassen, d. h. den Streit der Kräfte zu entfesseln und damit selbst in das Reich der Notwendigkeit, in eine Zeitfolge des Geschehens einzutreten. *Ob* er sich offenbart, liegt in seinem freien Willen, *wie* er sich offenbart, in seinem notwendigen Willen, dem Urdrang zum Sein und dessen Folgen. So ist auch das Offenbarungsgeschehen selbst in sich gegliedert: Gott offenbart sich zunächst in seiner Natur, dann in seiner Freiheit, und da seine Freiheit in der Überwindung seiner Natur besteht, die Natur aber in dem Urdrang zum Sein, zur Selbstheit und Egoität wurzelt, so fällt deren Überwindung mit der Hingebung und *Liebe* zusammen. Den Anfang dieser Offenbarung denkt Schelling als eine Kontraktion Gottes: „Alle Entwicklung setzt Einwickelung voraus; in der Anziehung ist der Anfang und die kontrahierende Kraft die eigentliche Original- und Wurzelkraft alles Lebens. Jedes Leben fängt von Zusammenziehung an; denn warum schreitet alles vom Kleinen ins Große, vom Engen ins Weite fort, da es auch umgekehrt sein könnte, wenn es um das bloße Fortschreiten zu tun wäre." (VIII 311)

Die Offenbarung Gottes im engeren Sinne geschieht in Zeiten, die mit der Schöpfung beginnen. Die Zeit, welche der Offenbarung vorausgeht, ist der (durch Zeugung eines Folgenden gleichsam abgesetzte) Äon der Vergangenheit[11]: „Gott seinem höchsten Selbst nach ist nicht offenbar, er offenbart sich; er ist nicht wirklich, er wird wirklich, eben damit er als das allerfreieste Wesen erscheine." (VIII 308) Das vorweltliche Leben Gottes, in dem er noch verborgen, in sich seiend seine ewige Natur und deren Kräfte in ‚Gesichten' oder Ideen erkennt, sie aber noch nicht in Wirksamkeit versetzt, nennt Schelling die Weisheit Gottes.

Werden nun die Prinzipien in Wirksamkeit gesetzt, so tritt die geordnete Folge von Potenzen hervor, die an der Gestaltung aller Dinge mitwirken. Das Wesen der ersten, die verneinende Kraft verkörpernden Potenz ist der Mangel, das der zweiten, die bejahende Kraft verkörpernden Potenz ist das Ausbreitsame, Überfließende; die dritte, die die beiden ersten vereinigt, deren Copula ausmacht, nennt er die ‚Weltseele', „das ewige Band sowohl zwischen Natur und Geisterwelt als zwischen der Welt und Gott, das unmittelbare Werkzeug, durch welches Gott allein in die Natur und Geisterwelt wirkt". Diese über Natur und Geisterwelt schwebende allgemeine Seele ist „als die in dem Ganzen wohnende künstlerische Weisheit zu betrachten" (VIII 276).

Als ‚Beilage' zu den nicht erschienenen *Weltaltern* hat Schelling 1815 die am Namenstag des bayerischen Königs gehaltene Rede *Über die Gottheiten von Samothrake* veröffentlicht. In ihr sollte dokumentiert werden, daß die Konstruktion im I. Buch der *Weltalter* historisch in der Mythologie ausgewiesen werden kann und für das Verständnis der Mythologie überhaupt von Bedeutung ist. Versteht man nämlich Offenbarung in einem engeren Sinne, dann geschieht sie im Bewußtsein eines Wesens, das Gott vorstellt, erkennt und von ihm weiß, näherhin im menschlichen Gottesbewußtsein oder in der Religion. Da Gott zunächst seine Natur, dann erst seine absolute Persönlichkeit und Freiheit offenbart, offenbart er sich zunächst in Naturreligion oder Mythologie; die Offenbarung seiner Persönlichkeit geschieht in der geoffenbarten Religion, in der Gott erscheint, wie er in Wahrheit und Ewigkeit ist. Die Samothrakischen Mysterien geben nun eine Probe auf die Konstruktion des göttlichen Lebens (der Prinzipien), da sich die Gottheiten (Kabiren) ganz analog entschlüsseln lassen. Demnach stellen sie eine Folge von Gottheiten (Axieros, Axiokersa und Axiokersos) dar, die in den jeweiligen Wesenseigenschaften den Potenzen bzw. Prinzipien in Gott völlig entsprechen. Der vierte der Kabiren, Kadmilos, gilt Schelling als Vermittler zwischen Natur *und* Geisterreich einerseits und überweltlichem, gegen die Welt freien Gott andererseits. Das gerade in diesem Text zum Teil äußerst fragwürdige philologische Verfahren beiseite gelassen, hatte Schelling mit dieser Struktur der Potenzen einen Schlüssel gewonnen, mit dem er das Reich der Mythologie einem wesentlich tieferen Verständnis als bisher zu öffnen vermochte, das er, philosophisch anspruchsvoll, in seinen Vorlesungen zur *Philosophie der Mythologie* weit ausladend entfalten sollte.

c) Zu Anlage und Verfassung des Spätwerks

Schellings Spätphilosophie ist spätestens seit 1827 geprägt von der Unterscheidung einer negativen und einer positiven Philosophie. Das in den *Sämtlichen Werken* vorliegende Textkonvolut trägt aber die Titel *Philosophie der Mythologie* und *Philosophie der Offenbarung*. Als Ganzes hat Schelling überdies diese Texte nicht vorgetragen. Der in die *Philosophie der Mythologie* als ‚Philosophische Einleitung' eingefügte Text ‚Darstellung der rein rationalen Philosophie' ist der letzte, unvollendet gebliebene Text, an dem Schelling bis zu seinem Tod gearbeitet hat. Diese Einfügung legt es nahe, die *Philosophie der Mythologie* mit der negativen, vor allem aber die positive mit der *Philosophie der Offenbarung* zu identifizieren. Die Textsituation kann als einigermaßen unübersichtlich gelten: nicht zuletzt die Wiederholungen des zentralen methodischen ‚Herzstücks' auch der Spätphilosophie, der Potenzenlehre, haben eher entwicklungsgeschichtliche denn systematische Gründe. Obgleich es sich bei allen Texten in den *Sämtlichen Werken* im wesentlichen jeweils um die letzten Fassungen der Vorlesungen handelt, die zum Teil durch Einschübe oder Fußnoten aus früheren Manuskripten ergänzt wurden, sind eigentlich die allgemeinen einführenden Texte problematisch: die bereits genannte ‚Darstellung der rein rationalen Philosophie'

(XI 253–572) und die ‚Einleitung in die Philosophie der Offenbarung oder Begründung der positiven Philosophie' (XIII 1–174), die Schelling in Berlin vorgetragen hat.

Bereits unmittelbar nach Erscheinen der ersten Bände (XI, XII) dieser Werk-Ausgabe gab es kritische Reaktionen, auf die K. F. A. Schelling selbst noch im Vorwort zu Bd. XIII reagieren konnte. Sie betrafen den Übergang von der rein rationalen Philosophie zur positiven, vor allem den Schluß der rein rationalen, und die folgende ‚Abhandlung Über die Quelle der ewigen Wahrheiten' (XI 573–590) sowie schließlich die Frage, wie von hier aus – in der positiven Philosophie – weiter zu verfahren sei. Ohne hier bereits auf die Inhalte einzugehen, läßt sich vermuten, daß Schelling in seinen letzten Arbeiten offensichtlich einen vor allem den näheren Zusammenhang von negativer und positiver Philosophie begründenden und methodisch leitenden Gesichtspunkt geltend zu machen suchte, ohne noch die früheren Texte entsprechend anpassen zu können. Gleichwohl ist Schellings ‚Übersicht meines künftigen handschriftlichen Nachlasses'[12] einigermaßen eindeutig, und man wird dem Sohn, der die Ausgabe ediert hat, kaum Vorwürfe, etwa in Richtung auf eine eigene Interpretationsinteressen verfolgende Editionspraxis, machen können. Denn heute übliche historisch-philologische Standards für historisch-kritische Editionen gab es im 19. Jahrhundert noch nicht. In der genannten ‚Übersicht' hat Schelling mit Bezug auf verschiedene Textteile bzw. -stufen selbst geurteilt: „höchstens Einzelnes *historisch* zu benützen."[13] Hinsichtlich des II. Buches der *Philosophie der Mythologie* ‚Der Monotheismus' stellt er den v. a. methodischen Bruch im Blick auf das Ganze selbst heraus und gibt diesbezüglich Formulierungsanweisungen. Sowohl in sachlicher wie historischer Rücksicht wollte er ihn nicht missen, da er zur Abgrenzung und Klärung eines zentralen theologischen Begriffs und dessen auch philosophischer Implikationen besonders in Beziehung zur christlichen Dogmatik und anderen konkurrierenden Theorien nach wie vor dienlich sei.

Eine Vielzahl von mittlerweile veröffentlichten Nachschriften haben Einblicke in den Entwicklungsgang von Schellings späten Vorlesungen vermittelt. H. Fuhrmans suchte mit der Edition der *Grundlegung der positiven Philosophie*, der sogenannten ‚Großen Einleitung' aus den Jahren 1832/33[14], zu zeigen, wie die Vorlesungen *Zur Geschichte der neueren Philosophie* (X 1–200) und *Darstellung des philosophischen Empirismus* (X 225–286) aus der Münchner Zeit überhaupt zusammenhingen und in welcher Weise dort eine Grundlegung der positiven Philosophie gegeben werden sollte: Es ging Schelling darum, vor allem dem Anfänger eine subjektive Einführung in die Problemsituation der Philosophie der Zeit durch eine Betrachtung der Geschichte der neueren Philosophie und des sie immanent bewegenden Gegensatzes von Rationalismus und Empirismus zu geben. Daran anschließend folgte eine systematische Einleitung, die, ausgehend vom Empirismus und angesichts seines Versuchs, die „Tatsache der Welt" zu erklären, dessen Selbstaufhebung in einen sogenannten „höheren Empirismus" skizzierte. Hiernach begann dann das, was Schelling als ‚System der positiven Philosophie'[15] bezeichnet hat. Beide Vorlesungen sind in den *Sämtlichen Werken* durch den Text *Vorrede zu einer philosophischen Schrift von V. Cousin* (X 201–224) getrennt, die offensichtlich mit Blick auf die darin veröffentlichte Kritik an Hegel genau an dieser Stelle eingerückt wurde[16]. Diese große Einleitung hat Schelling zuerst 1827/28, zuletzt 1836/37 gelesen[17]. Die Version von 1827/28 liegt jetzt mit der Edition von Ernst von Lasaulx' Nachschrift *System der Weltalter* vor, mit der Siegbert Peetz eine Lücke zwischen den Weltalter-Entwürfen und der Spätphilosophie im engeren Sinne hat schließen können. Der Zusammenhang mit dem *Weltalter*-Programm wird besonders in der die Vorlesung abschließenden Reflexion auf das Zeitproblem, den Organismus der Weltzeiten, deutlich, da er mit dem Begriff ‚Monotheismus' verbunden wird. Der übersubstantielle Pantheismus begreift den Alleinheitsgedanken und zugleich in und über der selbstgesetzten Mehrheit der trinitarischen Personen die Einzigkeit der Gottheit ein, an die der christliche Schöpfungsgedanke anschließen kann: „Hier erscheinen also die 3 Herrscher herrschend zu verschiedenen Zeiten. Diese Sukzession im Begriff *Gott* wird aufgehoben und dann zeigt sich Gott in seinem erhabensten Begriff als der, der war, der ist, und der sein wird derselbe Gott."[18] Das Weltalterprogramm geht also wesentlich in der Spätphilosophie auf, die eine Erweiterung und Ausweitung der Themen und Stoffe und eine Vertiefung der Problematik darstellt. Man hat hier von einem Bruch oder Scheitern der *Weltalter* gesprochen; tatsächlich bedarf das, was in den *Weltaltern* (bzw. bereits in der *Freiheitsschrift*) intendiert war, einer Reflexion auf die Form der Philosophie: gemäß der Unterscheidung einer negativen und positiven Philosophie. Aufgegeben hat Schelling den popularphilosophischen Vortrag der Erzählung; die neue Form der Vorlesungen ist nun aber keine zufällige oder gar Indiz der Unfähigkeit, ein philosophisches System auszuarbeiten, sondern in Schellings Augen die adäquate Form einer positiven Philosophie, mit der alles „in lebendigem Vortrag" entfaltet wird.

Walter E. Ehrhardt hat die einsemestrige ‚Kurzfassung' *Einleitung in die Philosophie* (1830) sowie den erstmaligen Vortrag der *Philosophie der Offenbarung* (1830/31) ediert, dem er darum den Titel ‚Urfassung' gab. Bei beiden Texten handelt es sich um Nachschriften bzw. Abschriften von Nachschriften, bei denen eine Korrektur von Schellings Hand nicht auszuschließen ist, zumal sich Schelling solche Hefte geben ließ, um Einfügungen und Extemporationen im ansonsten üblicherweise abgelesenen Vortrag für sich festhalten zu können. Der Text der *Einleitung* war im übrigen eine der wesentlichen Grundlagen der Lehrstunden für den bayerischen Kronprinzen, den späteren König Maximilian II., aus dessen Besitz dieser Text stammt[19].

Mit diesen vorliegenden Nachschriften ist der Bestand dessen, was Schelling in München vorgetragen hat, einigermaßen überschaubar. Eine Lücke und ein Desiderat besteht allenfalls noch für die letzten Semester in München[20], da 1836/37 die Vorlesungen zur *Geschichte der Philosophie* und der *Philosophische Empirismus* nicht mehr gelesen wurden. (Auf den Bestand der Berliner Vorlesungen wird unten in Kap. 9. a) eingegangen).

Die Edition von Nachschriften hat nun aber auch eine Situation hervorgebracht, in der sich der Leser, zumal derjenige, der sich Schellings Philosophie erstmalig zuwendet, fragen mag, welcher Text denn jetzt gilt und an welchen er sich in erster Linie halten soll? Fragen der Authentizität beiseite lassend – da die jüngst veröffentlichten Vorlesungsnachschriften im großen und ganzen sehr gute Texte liefern – kann man sagen: Es gelten alle Texte, aber nicht ordnungslos und beliebig. Die in der Schelling-Forschung bemerkbare Tendenz, möglichst häufig aus solchen neu zugänglichen Texten zu zitieren, ist verständlich, aber zum Teil doch auch fragwürdig. Aus dem jeweilig entwickelten Zusammenhang herausgelöst, können Details überbewertet werden oder zu Fehleinschätzungen führen. Vor allem aber: Man muß von vorneherein einen einheitlichen Sinn dieser Vorlesungen zu allen Phasen unterstellen. Daß dies nicht umstandslos möglich erscheint, daß sich mindestens Irritationen einstellen können, liegt u. a. an der sich wandelnden Terminologie, mit der die (strukturell unveränderte) Prinzipien- bzw. Potenzenlehre entwickelt wird. Zu Irritationen führt auch der Sinn der Bestimmung der positiven Philosophie, die Schelling 1827/28 gab und die so auch unter den Zeitgenossen zunächst Verbreitung fand: „Der eigentlich entscheidende Name für meine Philosophie, ist *christliche Philosophie* und dies Entscheidende habe ich mit Ernst ergriffen. Das Christentum also ist die Grundlage zur Philosophie, in dem Sinne aber als es von Ewigkeit her ein Christentum gab, nicht der Lehre, sondern der Sache nach – in einem Sinne [, daß] es schon ein Christentum gab noch ehe eine Welt war. Dabei aber will ich keineswegs sagen Christentum sei = Vernunft. Meine Philosophie legt dem Christentum ein System zu Grunde, das von Anfange bis zu Ende dauern wird."[21] Davon ist alles gültig geblieben, nur nicht der Name ‚christliche Philosophie', der sich im gedruckten Werk nicht findet!

Am auffälligsten schließlich sind die variierenden Charakterisierungen und Bestimmungen der Grundunterscheidung von negativer und positiver Philosophie. Diese wird zunächst – im Blick auf die Geschichte der neueren Philosophie – als Unterschied von logischer und geschichtlicher Philosophie eingeführt. Schelling spricht dann im Fortgang seiner Darlegungen von diesem Unterschied als demjenigen eines Rationalismus und eines höheren Empirismus, d. h. eines Empirismus nicht in Bezug auf das in der Erfahrung gegebene Sinnliche, sondern in Bezug auf das Absolute als Prinzip allen Seins. In der Berliner Zeit spricht Schelling von einem Apriorismus des Empirischen und einem Empirismus des Apriori, dann aber auch – in Anlehnung an Aristoteles – von einer Ersten (allgemeinen) Wissenschaft und einer Zweiten philosophischen (Einzel-) Wissenschaft. Der Sinngehalt der jeweiligen Unterscheidungen scheint offensichtlich und einigermaßen durchsichtig zu sein; kann er aber als identisch und einheitlich behauptet werden? Ein Beispiel mag dies erläutern: In den 30er Jahren gibt Schelling an entsprechender Stelle, an der die Möglichkeit einer Schöpfung durch Gott erörtert worden ist, mit einem kurzen Hinweis den Ort an, „wo die Naturphilosophie in das höhere, positive System wieder aufgenommen wird“[22]. Mit der Reformulierung und Rekonstruktion der Natur-(=Identitäts-)Philosophie in den letzten Texten als einer rein rationalen Philosophie, zu der im übrigen der Text *Darstellung des Naturprozesses* (1843/44; X 301–390) hinzugehört, wird fragwürdig, was dann noch eine ausgeführte ‚positive' Naturphilosophie im strikten Sinne – bzw. eine Naturphilosophie im Rahmen der positiven Philosophie – sein soll. Eine Verdoppelung derselben Wissenschaft nach der in Berlin systematisch durchgeführten Unterscheidung von Wesen (negativ) und Existenz (positiv) macht keinen Sinn[23]; überdies verweist das genannte Problem auf den zunächst propädeutischen Status dieser Unterscheidung.

Ohne an dieser Stelle weiter vorauszugreifen und vorerst nur im Blick auf die Naturphilosophie und ihren Ort formuliert, läßt sich vorläufig sagen: Es gibt offensichtlich Indizien dafür, daß Schelling in München einen weiteren Begriff von positiver Philosophie konzipiert hat, ein Systemprogramm geschichtlicher Philosophie, in das alle philosophischen Inhalte, Themen bzw. Disziplinen überführt und integriert werden sollten, der später dann in einem gewissen Sinne enggeführt wurde zu einer philosophischen Religionslehre. In der Berliner Zeit wird nun nicht mehr nur auf das historische Faktum einer negativen Philosophie verwiesen, von der sich die positive Philosophie insgesamt als Forderung der Zeit absetzt. Vielmehr wird die erstere als selbständiger, in sich vollendeter und abgeschlossener Teil der Philosophie selbst behauptet und ausformuliert. Daher und damit stellt sich erst zum Schluß, d. h. in den 40er Jahren für Schelling das Problem der Einheit der Philosophie in zwei unterschiedlichen Wissenschaften[24] – eine Frage, die in den Münchener Texten noch gar nicht wirklich aufkommen konnte. In dieser enger gefaßten positiven Philosophie wäre dann nicht Natur in ihren Wesensbestimmungen zu klären, denn dies geschieht in der rein rationalen, vielmehr wäre in ihr allein der Begriff der *Schöpfung* und ihres *Sinns*, nicht die Wirkursache, sondern die Endursache der Welt, zentrales Thema und von Bedeutung.

Schließlich ist festzuhalten, daß Schelling eine Gesamtveröffentlichung seines philosophischen System vorbereiten wollte und immer wieder angekündigt hat. Im Briefwechsel mit G. v. Cotta hat er folgende Ordnung seiner Schriften vorgesehen: Drei Abteilungen sollten Positive Philosophie (=System der Weltalter), Philosophie der Mythologie und Philosophie der Offenbarung präsentieren[25]. Auch die immer wieder angekündigte *Philosophie der Mythologie*, deren historische Einleitung bereits im Fahnensatz vorhanden war und als solcher offensichtlich auch Verbreitung gefunden hatte[26], ist nicht im Druck erschienen. Allem Anschein nach war Schelling zu diesem Zeitpunkt mit dem gesamten Textkonvolut noch nicht so zufrieden, daß er sich zu einer Veröffentlichung entschließen konnte.

Mit der angedeuteten entwicklungsgeschichtlichen These, die des weiteren durch Ergänzung sachhaltiger Indizien gestützt wird, ist eine inhaltliche Interpretationshypothese verbunden, die im folgenden aus- und durchgeführt werden soll. Dem Zweck ihrer Plausibilisierung entspricht die Untergliederung der folgenden Abschnitte 8 und 9, die dem Kenner des Schellingschen Spätwerks befremdlich oder zumindest umständlich erscheinen mag. Aber bereits durch die Gliederung soll die entwicklungsgeschichtliche Dimension zur Geltung gebracht werden. Zu Abschnitt 8 gehört zunächst der in den Münchner Vorlesungen entfaltete Begriff einer positiven Philosophie. Darauf folgt eine (auf das Wesentliche konzentrierte) Darstellung jeweils der materialen Teile der *Philosophie der Mythologie* und *der Offenbarung*, also der Religionsphilosophie. Dieses Vorgehen bietet sich überdies deshalb an, weil Schellings allgemeine methodischen Überlegungen und Vorgaben (etwa daß alles ‚urkundlich' aus dem Absoluten hergeleitet werden soll) gar nicht unmittelbar in diesen Texten identifizierbar sind. Wie sie gleichwohl darin zur Geltung kommen und welcher Sinn mit ihnen verbunden ist, soll ebenso sichtbar gemacht werden wie die von Schelling tatsächlich befolgte Methode.

Nun war bereits festgestellt worden, daß die *Sämtlichen Werke* insgesamt zumeist letzte Texte, also Berliner Fassungen enthalten. Um den möglichen Verdacht eines Widerspruchs im Konzept unserer Präsentation der Spätphilosophie auszuräumen, kann für die *Philosophie der Offenbarung* bemerkt werden, daß Schelling selbst ausdrücklich – und aus guten Gründen – darauf hingewiesen hat, im großen und ganzen seinem Vortrag den Münchener Text zugrundezulegen[27]. Hier kann die ‚Urfassung' als entsprechendes Überprüfungsinstrument und mögliches Korrektiv fungieren[28]. Für die *Philosophie der Mythologie* gibt es analoge Quellen (noch) nicht. Es gibt jedoch gute Gründe für die Vermutung, daß mögliche Veränderungen in Details und Verbesserungen in der Darstellung keine wirklich konzept- oder systemrelevanten Teile betreffen. Ja eher umgekehrt scheint Schelling von den religionsphilosophischen Materialien her seinen differenzierenden Ansatz einer reinrationalen *und* einer positiven Philosophie entwickelt zu haben.

Abschnitt 9 ist dann den wesentlich öffentlichkeitswirksameren Berliner Vorlesungen gewidmet: Hierbei wird die ‚Begründung der positiven Philosophie' und die ‚Darstellung der reinrationalen Philosophie' behandelt. Der abschließende

Abschnitt 9. c) bietet eine Zusammenfassung und erörtert rückblickend noch einmal die der Präsentation der Spätphilosophie zugrundeliegende Interpretationsperspektive.

8. Positive Philosophie

a) Zur Grundlegung der positiven Philosophie: Absoluter Geist und Schöpfungslehre

Mit der Weltalterphilosophie hat Schelling die Geschichtlichkeit des Absoluten in der Form unterschiedlicher Epochen seiner Selbstoffenbarung zum Thema erhoben. Über die Formel ‚Grund in Gott' konnte er seine Naturphilosophie als Basis für eine Philosophie des Wesens Gottes mit einbeziehen: Über dem Pantheismus erhob sich der Theismus. Zentralpunkt des integrativen Ansatzes war dabei die menschliche Freiheit, als Möglichkeit zum Guten und zum Bösen, die als Möglichkeit des Abfalls zugleich die *Bedingung* einer vollständigen Offenbarung Gottes darstellte. Dieses Problem, daß das Absolute unter der Bedingung eines Endlichen zur vollständigen Aktualität und Offenbarung seiner selbst gelangt, mußte weiter durchdacht und im Blick auf die christliche Offenbarung – nicht primär im Blick auf das Problem der Freiheit Gottes[1], das allenfalls zu präzisieren war – zu einem vertieften Ansatz führen. Vor allem die Person Christi, die in der Wendung vom „mitleidenden Gotte" gemeint war, sollte als (religions-)philosophisches Problem den Begriff von Philosophie selbst betreffen. Der Zusammenhang von Natur und Übernatürlichem (Gott), Vernunft und Offenbarung, Metaphysik und spekulativer Theologie mußte neu überdacht werden. Bereits in seiner ersten Erlanger Vorlesung von 1821, *Initia Philosophiae Universae: Über die Natur der Philosophie als Wissenschaft* (IX 209-246), gelangte Schelling in einer Rekonstruktion des idealistischen Ansatzes im Blick auf die Methode der Potenzenlehre zu einem kritisch restringierenden Ergebnis: Das Resultat und Ende des Naturprozesses, das entstehende menschliche Selbstbewußtsein, kann nicht als Ziel und Zweck der

Welt begriffen werden. Das Ich (in dem zwar die Prinzipien zur Einheit gelangen) erweist sich bezüglich des eigentlichen Gegenstandes, des durch alles (alle Momente) hindurchgehenden ‚Überseienden', als ekstatisch, als außer sich gesetzt und nicht von sich her mächtig.

Wenn man wie Schelling die Offenbarung des Absoluten nicht bloß unspezifisch als Manifestation, sondern in einem strikten Sinne versteht, dann kann sie nicht als notwendiges Ereignis, sondern nur als Freiheitstat im eminenten Sinne, als „die Manifestation des allerfreiesten, ja persönlichsten Willens der Gottheit" (XIV 12) gedacht und begriffen werden. Wenn der vorgegebene Inhalt der christlichen Offenbarung, zu dem Schöpfung und Geschichte des Menschengeschlechts gehören, philosophisch durchdrungen werden soll, wenn er einerseits weder als unbegreiflich bloß hingenommen noch in Vernunftwahrheiten aufgelöst werden, andererseits aber auch die Philosophie nicht verkürzt zur Darstellung kommen soll, muß die (historisch vorliegende) Philosophie ihre eigenen Grenzen überschreiten bzw. ihren Begriff erweitern. Da nun der Inhalt der Offenbarung das – über die Vernunft hinausliegende – *Geschichtliche* des Christentums ist, womit überhaupt Geschichte in die Welt trat, kann dieses nur in einer über die Vernunftphilosophie hinausgehenden Positiven Philosophie als ein „objektiv wahres" (XIII 196) begriffen werden, das im Ursprung der Welt, im Weltplan des Überweltlichen, grundgelegt ist. Weil „die Erscheinung Christi … die erste Enthüllung dieses Planes [ist,] … reicht [sie] den Schlüssel zur Erklärung des Weltplans, der … durch seine Erscheinung offenbar wurde"[2], läßt sich der Gesamtzusammenhang der göttlichen Selbstoffenbarung philosophisch im Sinne einer ‚höheren Geschichte' fassen und begreifen. Daher auch ist nach Schelling, jedenfalls für kurze Zeit, „der eigentlich entscheidende Name für meine Philosophie, … *christliche Philosophie*", den er aber, weil Anlaß zu Mißverständnissen, wieder fallen läßt. Präziser ist die Bestimmung: „Meine Philosophie legt dem Christentum ein System zu Grunde, das von Anfange bis zu Ende dauern wird"[3], und das Schelling unter dem Titel eines *Systems der positiven Philosophie* vorträgt. Offensichtlich aber scheint, „daß es einer ganz anders angetanen als der von Kant sich herschreibenden Philosophie bedarf, um jene Gegenstände zu erreichen" (XIV 104). Insbesondere Kants *Religions-Schrift* zeige exemplarisch, wie das Geschichtliche des Christentums negiert und das Doktrinelle des Christentums in die – von ihm unabhängige – Morallehre der Vernunftphilosophie vollständig aufgelöst wird. Warum es dann noch einer Offenbarung bedürfe, sei nicht mehr einsichtig zu machen.

Die verschiedenen Fassungen einer ‚Einleitung' oder ‚Grundlegung' der Positiven Philosophie haben zwei Schwerpunkte: eine Skizze zur *Neueren Geschichte der Philosophie* und die Darstellung des *Philosophischen Empirismus*. Im ersten Kursus (WS 1827/28) liegt der Schwerpunkt der philosophiegeschichtlichen Betrachtung darin, den zur Philosophie Kommenden auf eine besondere Erfahrung mit der Geschichte der Philosophie hinzuweisen: Bei der Bestimmung des Prinzips der Philosophie zeige sich auffällig eine zunehmende Tendenz hin zur Subjektivität, von Descartes' ego cogito (der freilich im Übergang zum System des ontologischen Gottesbeweises bedurfte) bis zu Fichtes Ich und Schellings Frühphilosophie. Dieser Prozeß der Subjektivierung, der sich hier speziell in der Geschichte der Philosophie findet, soll dann als ein allgemeiner Prozeß (von der Materie zum menschlichen Bewußtsein), der das eigentlich Innere der Tatsache der Welt ausmacht, wissenschaftlich (im philosophischen Empirismus) erklärt werden. In seinen letzten Schritten freilich muß dieser philosophische Empirismus in einen „höheren Empirismus" übergehen, der nicht mehr auf die sinnliche Erfahrung, sondern das Überempirische, auf eine Erfahrung Gottes im religiösen Bewußtsein bezogen ist.

In den späteren Fassungen der Philosophiegeschichte wird dann besonders die Bedeutung des Gottesbegriffs in der Philosophie der Descartes, Spinoza, Leibniz, Kant und Fichte bis hin zu Hegel hervorgehoben. Dabei habe die neuzeitliche Philosophie insgesamt „von Stufe zu Stufe das höchste Ziel verfehlt" (X 3), nämlich einen adäquaten Gottesbegriff zu formulieren[4]. In der Schulmetaphysik vor Kant, einschlußweise der Wolffschen Metaphysik, die als „bloß raisonnierende, subjektiv-vernünftige Philosophie" (X 71 f.) als Propädeutik nützlich, aber nicht eigentlich Wissenschaft ist, werden die grundlegenden Begriffe und höchsten Gegenstände: Seele, Welt, Gott bloß vorausgesetzt, die Beweisform ist ein äußerliches Demonstrieren. „Der Beweis war nie ein Selbstbeweis des Gegenstandes" (X 61). Weil „es ... nicht ein und derselbe Begriff [war], der durch das Ganze hindurchging", wurden die Gegenstände in einer Reihe äußerlich nebeneinander gestellt, und „so war also hier kein durch alle Gegenstände fortgesetztes System, sondern mit jedem Gegenstand fing diese Metaphysik wieder von vorn an" (X 61). Während die Ontologie „nur eine Sammlung von Definitionen" (X 63) war, kam es der rationalen Theologie, der „Krone von allem" (X 64), zu, den Existenzbeweis Gottes im ontologischen Argument zu sichern. Damit geriet „Gott an das *Ende* der Metaphysik", während doch Gott „in Wirklichkeit nicht *nach*, sondern *vor* den Dingen sei" (X 71). Alle folgenden Systeme erweisen sich als negativ 1. in Bezug auf ihr Prinzip, weil in ihnen das Absolute als solches erst am Ende bestimmt wird, da es doch als Ursprung und Ursache des Endlichen gemeint und gedacht wird; darüber hinaus aber wird 2. das Verhältnis von Absolutem und Endlichem näherhin als ein bloß logisches, nicht geschichtliches gedacht. So kann Spinoza, der mit dem Absoluten den Anfang macht, das Endliche (die Attribute der absoluten Substanz) nur als ewige Folge aus Gott nach Art geometrischer Notwendigkeit denken. Und 3. mußte auch die Identitätsphilosophie, die „mit dem ersten Schritt in der Natur" (X 146) war, sich als negative Philosophie bekennen. Ausgehend von einer Selbstrealisation des absoluten Subjekts in einem Prozeß konnten zwar die Erscheinungen der Natur in eine Abfolge gebracht, abgeleitet und deduziert werden, gleichwohl war „die ganze Vorstellung jenes Prozesses ... eine selbst illusorische", die Aufeinanderfolge der Bestimmungen „nur in Gedanken vorgegangen" (X 124 f.), wobei allerdings die gedankliche Abfolge „als realer [objektiver] Prozeß vorgestellt" (X 124) wurde. In der Naturphilosophie wurde so die apriorische, logisch-deduzierte, nicht die wirklich existierende Natur hergeleitet.

Das Absolute ist jedoch nach Schelling angemessen – und in Übereinstimmung mit dem verbreiteten religiösen Glauben – nur als absolut freier, persönlicher Schöpfergott zu begreifen. Als solcher Begriff liegt er Strömungen des Empirismus sowie der Theosophie (Böhme), der theistischen Glaubensphilosophie (Jacobi) und der Mystik zugrunde, die der rationalistischen Linie von Descartes, Spinoza, Leibniz, Kant und Fichte zu Schelling entgegenstehen. Aufgrund ihrer immanenten Schwächen können diese aber nicht zur Gestaltung eines wissenschaftlichen Systems gelangen, wozu es wiederum einer positiven Philosophie bedarf.

Die Unterscheidung von negativer und positiver Philosophie wird ersichtlich auch von der kritischen Auseinandersetzung mit der als vollständiges System hervorgetretenen Philosophie Hegels her motiviert, die einen der sachlichen Schwerpunkte der Schellingschen Philosophiegeschichte bildet[5]. In seinen Argumenten nimmt Schelling bereits die wesentlichen Kritikpunkte der nachidealistischen bzw. materialistischen Hegel-Kritik eines Ludwig Feuerbach oder Karl Marx vorweg.

Die Kritik, die zum Teil immanent verfährt, da Hegel „doch im Ganzen und in der Hauptsache dasselbe System [wie das Identitätssystem] aufstellen wollte" (X 131), zum Teil die Unterscheidung von positiver und negativer Philosophie bereits voraussetzt, betrifft vor allem folgende Details: das Problem des Anfangs in der *Wissenschaft der Logik*, die Methode (des Fortschreitens) sowie die Bestimmung des Endes im absoluten Geist; schließlich den in der *Enzyklopädie der philosophischen Wissenschaften* ausgeführten Übergang zur Realphilosophie und den Status des gesamten Systems. Im Blick auf Hegels kritische Äußerungen zum Problem des Anfangs in der Philosophie in der *Phänomenologie des Geistes* betont Schelling, mit dem Subjekt-Objekt der Identitätsphilosophie von 1801[6] einen Anfang gewählt zu haben, von dem die Theorie voraussetzungslos anfangen könne: Das zunächst „in seiner völligen Objektivität" (X 129) bestimmte absolute Subjekt hat im Willen, „sich selbst als sich selbst“ (X 130) als Objekt zu haben, um schließlich wahrhaft Subjekt zu sein, die immanente Nötigung und Notwendigkeit, in einen Bestimmungsprozeß einzugehen, bis die ihm adäquate Bestimmung als Subjekt zu sein erreicht ist. Im objektiven Anfang der *Logik* mit dem reinen Sein hingegen, „in dem gar nichts von einem Subjekt“ (X 131) sei, läßt sich gar keine Nötigung zum Fortgang, keine Bewegung erkennen. Wenn gleichwohl, wie Hegel es tut, von Bewegung gesprochen wird, ist dies nur möglich, weil „der *Gedanke*, der mit dem reinen Sein anfängt, seine Unmöglichkeit empfindet, bei diesem Allerabstraktesten und Allerleersten ... stehen zu bleiben“ (X 131). Demnach liegt der Ursprung der Bewegung nicht im Subjekt als reines Sein, sondern im philosophierenden Subjekt, das sich in Gedanken bewegt bzw. dessen Gedanken sich bewegen; was allein darin gründet, daß der Gedanke „an ein konkreteres, inhaltsvolleres Sein schon gewöhnt ist, also mit jener mageren Kost des reinen Seins ... sich nicht zufrieden geben kann“ (X 131). Der Fortgang wird geleitet von dem Ziel, dem „*terminus ad quem*, [der] wirkliche[n] Welt, bei welcher die Wissenschaft zuletzt ankommen soll“. Weil die wirkliche Welt „von der engeren oder weiteren *individuellen* Weltansicht des philosophierenden Subjekts“ (X 132) bestimmt ist und alles davon abhängt, was man von dieser wirklichen Welt tatsächlich erfaßt habe, kann der Bewegung keine Notwendigkeit zugesprochen werden: Das Resultat bleibt also zufällig. Aus Schellings Perspektive erscheint der Anfang der *Logik* als ungerechtfertigte Unterstellung, als Hypostasierung (X 212 f.), wodurch der Gedanke, der es mit *bloßen* Begriffen zu tun hat, als Subjekt und Sache selbst ausgegeben wird; diesem Anfang wird eine Bewegung zugesprochen, die ihm das bloße Aussehen verleiht, schon Subjekt zu sein. Die vorgebliche Notwendigkeit der Bewegung suggeriert den Schein eines Fortgangs, der von einem Prinzip abhängig ist, das aber gar nicht vorhanden, sondern durch das (überdies zufällige) Resultat erschlichen ist: Der Vorwurf der Teleologie ergeht an ein Denken, das nicht mit dem Anfang anfängt, sondern nur immer schon *weiß*, worauf es hinaus will.

Das reine Sein, als bloßes Subjekt gedacht, ist überdies nichts Unmittelbares, als „das Sein des ersten Gedankens nicht ein Sein überhaupt, sondern ein bestimmtes [vermitteltes] Sein“ (X 133), womit die Voraussetzungslosigkeit des Anfangs unterminiert ist. Die Absicht, das reine Sein weder als das wesentliche noch das gegenständliche Sein, sondern als ‚Sein überhaupt‘, in völliger Unbestimmtheit („eine frostige Metapher“; X 138), zu verstehen, weist Schelling als unmöglich zurück, weil darin „wahrhaft nichts **gedacht**“ (X 133) werde; und weil er die Ungereimtheiten eines ‚Denkens, das nichts denkt‘, Hegel nicht ansinnen will, bleibt die Deutung gültig, daß das reine Sein „schon ein bestimmtes Sein ist“, weshalb auch das Problem des Anfangs keine Lösung findet.

Schellings Einwände gegen die Methode der *Logik*, die Dialektik, setzen dabei an, „daß es die Methode der früheren Philosophie ist, welche hier in die *Logik* übertragen worden“ (X 137). Während aber bezüglich der Natur von Kraft, realen Potenzen und vom Prozeß gesprochen werden konnte, da in dem als objektiv bestimmten Subjekt „ein wirklicher Gegensatz, eine wirkliche Dissonanz“ gesetzt und eine Steigerung möglich war, weil „es etwas zu überwinden gab“ (X 137), bleibt unbestimmt, was den Begriff durch seine Bestimmungen hindurch vorantreibt. Da „der Begriff durch eine ihm selbst innewohnende bewegende Kraft – welche eben, weil sie Kraft des bloßen Begriffs ist, dialektisch heißt“ (X 136), fortschreitet, gibt es im dialektischen Fortgang „gar keinen Kampf, sondern nur ein eintöniges, beinah einschläferndes Fortschreiten“ (X 137). Den Begriff ‚Prozeß’ auf dieses Fortschreiten in Begriffen anzuwenden, ist in Schellings Augen ein „Mißbrauch der Worte, der bei Hegel allerdings ein sehr großes Mittel ist, den Mangel des *wahren Lebens* zu verbergen“ (X 137): weil es Prozeß nur da gibt, wo die Natur (und die sie begleitende Anschauung) thematisiert wird (X 138). Hegel habe sich die Methode der Naturphilosophie angemaßt (X 212), wobei „sich [jedoch] der Anfangspunkt gegen das ihm Folgende als ein bloßes Minus, als ein Mangel, eine Leere [darstellt], die erfüllt und endlich freilich als Leere aufgehoben wird, aber es gibt dabei so wenig etwas zu überwinden, als bei der Füllung eines leeren Gefäßes zu überwinden ist" (X 137). Nach Schellings Begriff ist die Dialektik ein äußerliches Mittel, ein Werkzeug des subjektiven Denkens: nicht die Sache selbst in ihrem Prozeß, sondern Darstellung, leerer Schein und Schatten (vgl. VIII 201). Daß die bloß scheinbare Bewegung des Begriffs und seiner Entfaltung ihren Grund im Gedanken des philosophierenden Subjekts hat, die einzelnen Bestimmungen, zu denen fortgegangen wird, über den Begriff hinaus jedoch auf Anschauung bezogen sind, erläutert Schelling anhand des Satzes „das reine Sein *ist* das Nichts" (X 133). Bestimmt man das ‚ist' als Kopula, dann hat der Satz die Bedeutung eines Urteils mit dem reinen Sein als Subjekt, dem das Nichts als Getragenes prädiziert würde, womit „das reine Sein und das Nichts, beide, wenigstens potentia etwas [wären], und man könnte alsdann von dem Satz weitergelangen" (X 134)[7]. Da Hegel den Satz aber „bloß als eine Tautologie gemeint" (X 134) haben kann, aus der Tautologie aber nichts folge, kann man auch aus der Verbindung von Sein und Nichts nicht zum Werden gelangen. Nur weil im Fortgang der Bestimmungen das „Wörtlein *noch* eingeschaltet" (X 134 f.) wird, das „schon ein künftiges, das noch nicht *ist*, in Aussicht ... stellt, ... gelangt ... Hegel zum *Werden*" (X 135). Allein durch eine nicht thematisierte Anschauung kann der Bestimmungszuwachs imputiert werden, durch den ein Fortgang plausibel wird, womit die notwendige Selbstbewegung des Begriffs und seiner Entfaltung als illusorisch und Fiktion erkannt ist.

Ein weiterer – dem bisherigen impliziter – Streitpunkt ist die Bestimmung des Endes der *Logik* bzw. des philosophischen Systems. Während nach Hegel „das Vorwärtsgehen ein *Rückgang* in den *Grund*, zu dem *Ursprünglichen* und *Wahrhaften* ist, von dem das, womit der Anfang gemacht wurde, abhängt, und in der Tat hervorgebracht wird"[8], darf für Schelling das wirklich Hervorbringende, Absolute, nicht Resultat sein, weil es ja den Anfang machen muß: „Es ist ... nicht ganz genau so, wie Hegel dies ausdrückt, daß in das Letzte alles als in seinen *Grund* eingehe, ... man müßte vielmehr sagen: jedes Vorhergehende begründet sich selbst dadurch, daß es sich zum Grund des folgenden, d. h. zu dem herabsetzt, was nicht mehr selbst das Seiende, sondern einem anderen Grund des Seins ist" (X 157 f.). In diesem seinem Zu-Grunde-Gehen wird das Vorhergehende selbst Grund, nicht aber das sich über es erhebende Folgende. An dieser Differenz, daß Hegel mit Grund den teleologischen Grund meint, was aber Schelling Finalursache nennt, hängt die Gesamteinschätzung des vollständigen Systems, die vor allem den Übergang von der Logik zur Realphilosophie betrifft. In einer die Unterscheidung von negativer und positiver Philosophie voraussetzenden systemtheoretischen Betrachtung von Stellung und Aufgabe der Logik im System kommt Schelling zu dem Resultat, daß aufgrund von Hegels Anspruch, mit der Naturphilosophie aus der Logik herauszutreten, das System eine Entgegensetzung in sich enthält: Die Logik wird zunächst gegen die Realphilosophie als subjektive Wissenschaft des reinen Denkens für sich bestimmt, in der als logisches Resultat das im Denken eingeschlossene Absolute, die vollendete Idee gewonnen wird (X 136). Wird nun aber beansprucht, mit der Naturphilosophie aus der Logik herauszutreten, dann wird der bloß logische Prozeß, bei dem „*alles* ... nur in Gedanken" (X 125) vorgeht, „auf die entschiedenste Weise als objektiver und realer genommen ..." Mit dieser für eine bloße Vernunftwissenschaft unstatthaften „Prätention" (X 128) entsteht aber ein Schein der Positivität des philosophischen Erkennens der tatsächlichen Welt. Schelling beharrt dagegen darauf, daß die *Enzyklopädie*, die das Logische zu ihrer Grundlage hat, die objektiv reale Welt nicht als objektive aufnehmen kann. Wenn die Natur da anfängt, „wo das Logische *aufhört*", kann diese Natur „nicht mehr die apriorische" (X 152), sondern nur die wirkliche, existierende Natur sein, an die die bloße Vernunft nicht heranreicht. So müßte die *Logik* als logische Wissenschaft den Umfang der *Enzyklopädie* haben oder umgekehrt die Enzyklopädie insgesamt logisch verfaßt sein (d. h. in jedem Falle die Naturphilosophie *in sich* enthalten). Hegel hat „den bloß logischen Charakter des *Ganzen* dieser Philosophie" (X 128) nicht eingesehen und den Anspruch erhoben, noch das Positive erkannt zu haben: „Die Philosophie, die Hegel dargestellt, ... schließt das Positive nicht aus, sondern hat es ihrer Meinung nach in sich, sich unterworfen" (XIII 80). Gerade deshalb aber ist Hegel *kein* Repräsentant der reinen Vernunftwissenschaft. Es kommt ihm das Verdienst zu, „die bloß logische Natur jener Philosophie [Identitätsphilosophie] wohl eingesehen" (X 126) zu haben, hat er doch „die von der früheren Philosophie im Realen verhüllten logischen Verhältnisse *als solche* hervorgehoben" (X 128); „‚Rückzug in das reine Denken' ein trefflicher Ausdruck für das wahre Wesen der negativen Philosophie" (X 141). Weil sie sich aber für die ‚eine' absolute Philosophie ausgegeben und die Trennung von negativer und positiver Wissenschaft vereitelt hat, könne Schelling allerdings der Hegelschen Philosophie „diese Ehre", vollkommene negative Philosophie zu sein, „nicht antun" (XIII 80). Weil sie überdies zur historisch notwendigen Scheidung von negativer und positiver Philosophie nichts beigetragen hat, nennt Schelling sie eine ephemere Erscheinung und Episode (X 125, 128, 213) in der Geschichte der neueren Philosophie.

Am Übergang von der Logik zur Naturphilosophie entzündet sich schließlich die Kritik an Hegels Gottesbegriff: Nach Hegel war Aufgabe der *Logik* die Darstellung der „reinen göttlichen Idee", die am Schluß „vollendete Idee" (X 136) ist. Die begriffliche Bestimmung des Absoluten, des als bloß *„logisches* Resultat" (X 146) negativen Gottesbegriffes, gibt zu erkennen, was das Absolute ist, sagt aber nichts über seine Existenz: Dieser Gott ist nicht wirklicher Gott, der Gott der christlichen Religion, sondern nur „Finalursache", „nur substantieller Geist, nicht Geist in dem Sinn, in welchem die Frömmigkeit oder auch der gewöhnliche Sprachgebrauch das Wort zu nehmen pflegt" (X 155). Nun beansprucht Hegel einen Übergang von der Idee zur Natur: In der *Logik* heißt es, daß die absolute Idee „als letztes Resultat auch der *Anfang einer anderen Sphäre und Wissenschaft*"[9] sei, im § 242 der Enzyklopädie spricht Hegel in leicht abgewandelter Formulierung davon, daß die Idee in absoluter Freiheit „sich *entschließt*", bzw. den „Trieb“ habe, sich als Natur aus sich zu entlassen[10]. Aufgrund der terminologischen Widersprüchlichkeit, daß Hegel „absoluter Geist“ für den Terminus „absolute Idee“, die demnach =Gott sein soll, setzt, wird die Schöpfungslehre, die Hegel hier einzuführen suche, bloß vorgetäuscht. Für Schelling besteht im Übergang von Logik zur Naturphilosophie eine „Stockung“ (XIII 88): Denn wenn die Idee sich in der Logik vollendet, gibt es keine Notwendigkeit des Übergangs in eine „neue Sphäre“; es liegt „in der Idee ... *überhaupt* keine Notwendigkeit zu irgend einer Bewegung“ (X 152)[11]. Man erwartet, daß „nun die Philosophie *geschlossen* wäre“ (X 146), sofern nicht eine zweite Philosophie einen ganz neuen Anfang machen würde, in der „nicht mehr bloß von der *Idee* die Rede ist“ (X 146). Tatsächlich aber muß man unterstellen, daß die *Logik* nicht nur „das bloß Negative der Existenz“ (X 143) darstellt, sondern als „Konstruktion der Idee Gottes“ (X 144) zugleich den Beweis für die Existenz des Absoluten führen will, was mit Schellings Begriff von logischer, d. h. negativer Philosophie nicht zu vereinbaren ist.

Da Hegel die absolute Idee offensichtlich nicht bloß als logisches Resultat, sondern „gleich nachher nochmals (nämlich nachdem sie durch die Natur und geistige Welt hindurchgegangen ist) als *reales* Resultat haben“ wollte, ist Gott einem „doppelte[n] Werden“ (X 146), einem logischen und einem realen, ausgesetzt: In dem zweiten Werden, als Verwirklichung Gottes in der Welt, wodurch er im realen Prozeß unter Beweis stellt, daß er wirklich Gott ist, „gibt er sich einem Prozeß hin, von dem [er] nicht mehr loskommen kann“ (X 159), wird „selbst Prozeß“ (X 160) in der Äußerlichkeit von Zeit und Raum. In der Idee hat Gott keine Freiheit gegen das reale Werden, er bringt „seine Freiheit zum *Opfer* ..., denn dieser Akt der freien Entäußerung ist zugleich das Grab seiner Freiheit“ (X 160). Schöpfung aber ist freie Tat, einmaliges faktisches Geschehen; ein faktisches Geschehen kann in einer bloß logischen Philosophie nicht rekonstruiert werden. Der usurpierte Gott ist nicht der absolut freie Schöpfergott, der über Existenz entscheidet, „er ist vielmehr der Gott des ewigen, immerwährenden Tuns, der unablässigen Unruhe, die nie Sabbath findet, er ist der Gott, der immer nur tut, was er immer getan hat, und der daher nichts Neues schaffen kann" (X 160). Und ebendies stößt die „angenommenen Begriffe zu sehr vor den Kopf ..., als daß es je auf allgemeine Zustimmung rechnen könnte" (X 124). Im Begriff des „absoluten Geistes" als des *„alles* Beschließende[n]" (X 155) maße sich Hegel schließlich an, auch die christliche Religion einschließlich der Trinitätsspekulation und der Offenbarungslehre integriert zu haben[12]. Dieser „absolute Geist" ist nach Schelling jedoch nur wesensmäßig, begrifflich Geist, nicht *„wirklicher* Geist" (X 155), der erst in der positiven Philosophie seinen Ort hat (XIII 250 ff.).

Die Philosophie, die auf eine Erklärung des Christentums ausgerichtet ist, muß die Schöpfung als einen „die bloß logische Folge absolut unterbrechende[n] Akt" (X 159) denken, der erst post actum erkennbar, also nicht logisch konstruierbar ist: „Der Begriff der Schöpfung ist das eigentliche Ziel einer positiven Philosophie."[13] Das Problem der Schöpfungslehre besteht darin, einen Begriff des absoluten Geistes zu konstruieren, in dem die absolute Freiheit Gottes gegenüber der Alternative Existenz oder Nichtexistenz der Welt zum Ausdruck kommt.

Ausgangspunkt dieser Konstruktion ist ein hypothetisches Setzen derjenigen Momente des absoluten Prius, die zu denken sind, wenn ‚vor' das gegenständliche Sein vorausgedacht wird (vgl. XIII 204 ff.). Denkt man das, was vor dem Sein, daher aber noch in Relation auf das Sein ist, so ergeben sich die drei Modi des absoluten Prius: unmittelbar ‚Seinkönnendes' (im Blick auf ein zukünftig gesetztes Sein), ‚rein Seiendes' und die Identität beider, das ‚als solches seiende Seinkönnen'. Werden diese Bestimmungen aus der Relation auf das Sein in das absolute Prius zurückgewendet, dann konstituieren sie das Ursein des absoluten Prius, des absoluten Geistes als der Einheit dieser seiner simultanen und gleichursprünglichen Gestalten. Unabhängig vom Sein und der Nötigung, zu ihm überzugehen, ist das absolute Prius actus purissimus, das, was vor jedem bestimmten Sein bereits ist, reines, unvordenkliches Sein.

Die drei Gestalten seiner selbst stellen sich dem absoluten Geist als Potenzen dar, als Möglichkeiten eines von ihm selbst, als der Einheit der Gestalten, unterschiedenen Seins (der Welt). Die Simultaneität kann aufgehoben und jede Potenz für sich sukzessiv als seiend gesetzt werden. In der Mehrheit der Potenzen erscheint Gott zunächst nicht als der All-Eine, das entstehende Weltall ist ein ‚unum versum', eine ‚universio', eine Verwandlung und Verkehrung der Prinzipienfolge in Gott. D. h. Gott erscheint in der Welt anders, als er in Wahrheit ist, in Gestalten und Metamorphosen, die seinem wahren Sein entgegenlaufen. Schelling spricht hierbei von einer göttlichen ‚Ironie': „das Dasein einer von Gott verschiedenen Welt (denn die Potenzen in ihrer Spannung sind nicht mehr Gott) beruht auf einer göttlichen Verstellungskraft, die zum Schein bejaht, was ihre Absicht ist zu negieren, und umgekehrt zum Schein negiert, was ihre Absicht ist zu bejahen" (XII 91). Ob die simultanen Gestalten als sukzessive Potenzen, die dann als Seinkönnendes (bzw. Nicht-Seinsollendes), Seinmüssendes und Seinsollendes im Prozeß wirken, überhaupt gesetzt werden, hängt vom freien Willen des absoluten Geistes ab; es besteht keine Notwendigkeit, sie zu setzen. Schon dort, wo sich die erste Möglichkeit eines von ihm verschiedenen Seins zeigt, in der ersten Gestalt des Seinkönnenden, wird sich der absolute Geist seines Vermögens des freien Willens bewußt, womit er in Freiheit gegen die Notwendigkeit seines eigenen unvordenklichen Seins gesetzt ist.

Der Ausdruck ‚Herr des Seins', der nach Schelling einzig schriftgemäße und allein angemessene Gottesbegriff (X 261, 281/286), bezeichnet prägnant die absolute Freiheit, die er als das absolute Prius ist, und die Superiorität Gottes gegenüber der Welt. Gott ist nicht einfach nur das Sein schlechthin, so daß das Sein der Welt unmittelbar und notwendigerweise mit seinem Wesen verknüpft wäre, sondern Gott ist vielmehr als Herr des Seins frei, es zu setzen oder nicht. Und weil ‚Herrsein' korrelativ setzt, worüber er Herr ist, muß Gott, wenn er nur erst die Möglichkeit in sich hat, fremdes Sein zu setzen oder nicht zu setzen, schon wirklich Gott – als Herr der bloßen Potenzen – sein. Das wirkliche Setzen einer Welt fügt also dem sich seiner selbst bewußten Geist nichts hinzu, die Welt ist nichts anderes als suspendierter göttlicher Aktus: „Das göttliche Sein ist in jener Spannung der Potenzen nicht aufgehoben, sondern nur *suspendiert*, aber die Absicht jener Suspension ist keine andere, als es *wirklich actu* zu setzen, was auf andere Weise nicht möglich war.“ (XII 91) Die Modi des absoluten Prius gipfeln in der dritten Gestalt des als solchen seienden Seinkönnens und garantieren die absolute Freiheit des absoluten Prius, sich als Gott zu offenbaren oder nicht, *„als das zu sein oder nicht zu sein erst wirklich Freie“* (XIII 235). Und nur aufgrund dieser absoluten Freiheit kann das absolute Prius Gott genannt werden, gründet doch sein Gottsein in seiner absoluten Freiheit (XIII 270). Das anfängliche Subjekt, das rein Seiende Gottes, ist nur das absolut bestimmungslose Sein des absoluten Prius, von dem sich nur sagen läßt, daß es actus purus, rein Seiendes ist. Weil es im Anfang und ersten Moment das unvordenkliche absolute Prius ist, läßt sich dessen Gottheit erst per posterius – aus den Folgen – *erweisen*.

Die verschiedenen Religionen als Ausdruck menschlichen Gottesbewußtseins sind Erscheinungsweisen, Momente der Geschichte der Offenbarung Gottes, die bestimmte Stadien oder Stufen durchläuft, bevor Gott als absolute Freiheit und Persönlichkeit sich im menschlichen Bewußtsein offenbart. Als materielles Substrat dieses Begriffs von Religion muß nach Schelling ein *reales* Verhältnis des menschlichen Bewußtseins zu Gott gesetzt werden (XIII 191; XIV 28; XI 245, 250). Darin unterscheidet sich der Religionsbegriff der positiven Philosophie von einer Vernunftreligion, die, durch wissenschaftliche Reflexion erzeugt, allein im Wissen ihren Ort und zu Gott allein ein ideales Verhältnis hat. Schelling befreit die positive Religion von der rationalistischen Umklammerung der Vernunft, die nach Maßgabe ihres eigenen Begriffs von Religion jener ihre Wahrheit vorrechnet, wobei sie „etwa das *Doktrinelle* und das Geschichtliche unterscheiden und bloß *jenes* als das Wesentliche, als den *eigentlichen* Inhalt, das Geschichtliche aber als bloß Form oder Einkleidung betrachten wollte.“ Der reale

Begriff von Religion statuiert „das Geschichtliche ... nicht [als] etwas der Lehre Zufälliges, sondern als die Lehre selbst." (XIII 195) Nur die Aufnahme der Geschichte in ihren Inhalt kann der Religion eine wirklichkeitsverändernde Bedeutung zudenken. Die Auflösung des Subordinationsverhältnisses der positiven Religion unter die Vernunftreligion eröffnet eine generische Differenz zwischen beiden: „Die wahre Einteilung ist jetzt diese. Das höchste genus ist Religion überhaupt, die zwei nächsten genera der Religion sind a) wissenschaftliche, b) nicht-wissenschaftliche Religion, und unter dieser stehen die zwei species ... a) die natürliche = Mythologie; b) die übernatürliche oder durch Offenbarung entstehende." (XIII 193) Nach dem realen Begriff der Religion liegt dem Zusammenhang religiöser Ideen folgende geschichtliche Zeitfolge zugrunde: „Die natürliche Religion ist der Anfang und die erste, für eine Zeit des Menschengeschlechts *allgemeine*. Die bloß natürliche Religion ist als solche zugleich die notwendige, die blinde, die *unfreie* Religion ... Die Offenbarung ist der Vorgang, durch welchen die Menschheit von der blinden, unfreien Religion erlöst wird, durch den also die freie, geistige Religion – die [philosophische] Religion der freien Einsicht und Erkenntnis – erst vermittelt und möglich gemacht ist." (XIII 194) Das logische Gerüst dieser Bewegung ist ein dreigliedriges Prinzipienschema mit Bezug auf die Tat Gottes als *Schöpfung*, mit Bezug auf die Tat des Menschen (Abfall) als *Mythologie*, mit Bezug auf die Tat des Gottmenschen oder des Menschensohnes (Erlösung und Versöhnung) als *Offenbarung*. Dies sind kontingente Ereignisse, deren jeweiliger Vollzugs- oder Tatcharakter eine Umwendung des Prinzipienablaufs hervorruft, aber nicht aus den Prinzipien selbst ableitbar ist. Die Tat des Gottmenschen hebt die Tat des Menschen gegen die ursprüngliche Tat Gottes auf, versöhnt die gegenstrebigen Elemente und konstituiert eine ‚höhere Geschichte', die die Durchsetzung der Freiheit Gottes in der Verwirklichung der Freiheit des Menschen rekonstruierbar macht.

Gegenstand der *Philosophie der Mythologie* ist der mythologische Prozeß, der sich in den einzelnen Mythologien als notwendigen Entwicklungsstufen der Naturreligion realisiert. *Philosophie der Offenbarung* in einem engeren Sinne ist Christologie. Der Zustand der Mythologie geht aus sachlich-historischen und systematischen Gründen voraus: Das Christentum kündigt sich selbst als Überwindung eines Zustands ‚der Finsternis' in bezug auf das Wissen von Gott an; Offenbarung ist als ein übernatürlicher und vorübergehender Zustand zu begreifen, der einen vorangehenden zur Basis haben muß. Und schließlich begreift die *Philosophie der Mythologie* zwar das Wesen des mythologischen Prozesses, verweist aber hinsichtlich der Frage nach dessen Existenz auf die Philosophie der Offenbarung.

b) Philosophie der Mythologie

Die *Philosophie der Mythologie* will nicht gelehrte oder historische Forschung, Philologie betreiben, sondern „eine wahre Wissenschaft der Mythologie, d. h. ‚Theorie' oder Philosophie der Mythologie liefern" (XI 4). Daß Mythologie Wahrheit enthält, ist der erste Anspruch einer *Philosophie der Mythologie*. Dagegen grenzt Schelling in Buch I. ‚Historisch-kritische Einleitung' (XI 1–252) andere Standpunkte ab: Zu den Standpunkten, die in der Mythologie zwar Wahrheit, aber keine religiöse Wahrheit annehmen, gehören der historische und der philosophische, wobei die Göttergestalten jeweils etwas anderes bedeuten. Als historische Wahrheit aufgefaßt, werden die Götter als Personen, vergötterte Menschen, Helden, Gesetzgeber und Könige gedeutet (euemeristischer Standpunkt); als philosophische aufgefaßt, kann die Wahrheit der Mythologie entweder in einem sittlich-moralischen Gehalt der Götterlehre oder in einer Lehre über das Wesen der Dinge bestehen, wobei man wiederum eine metaphysische Erklärungsart (Neuplatoniker) von einer naturphilosophischen oder physikalischen (kosmogonische Philosophie, Chr. G. Heyne) unterscheiden kann.

Der Mythologie eine irreligiöse Wahrheit zuzudenken ist charakteristisch für denjenigen Standpunkt, für den die Götternamen und Sagen erfunden wurden, um an die Stelle religiöser und falscher Vorstellungen von den natürlichen Dingen richtige und geläuterte ‚Begriffe' zu setzen[14]. Demnach wäre die Mythologie eine förmliche Theorie vom Ursprung und Zusammenhang der Dinge, ein wissenschaftliches System, das allen religiösen Göttervorstellungen ein Ende machen sollte. Der Mythologie Wahrheit abzusprechen ist nun für Schelling gleichermaßen falsch, wie ihr eine andere, denn religiöse Wahrheit zuzusprechen. Schelling orientiert sich dabei wesentlich an Friedrich Creuzers umfassendem Werk *Die Mythologie und Symbolik der alten Völker* (1810–12, ²1820–24).

Im Gegensatz zu den Standpunkten, die den mythologischen Vorstellungen eine bloß zufällige Bedeutung zusprechen, will Schelling eine objektive Erklärung der mythologischen Erscheinungen geben, indem er die Mythologie als Göttergeschichte versteht. Mythologie ist „etwas wirklich Erlebtes und Erfahrenes, keineswegs Dichtung oder Träumerei" (XI 124), und nicht der Dichter mit poetischer Erfindung, nicht der Philosoph, der Kosmogonien entwickelt, sondern das menschliche Bewußtsein selbst ist der wahre Sitz und das erzeugende Prinzip der mythologischen Vorstellungen. Die Mythologie hat zwar ihren Ort im Subjektiven (im Bewußtsein), aber sie entsteht nicht willkürlich als subjektives Gebilde aus Reflexion und ist daher ein rein Objektives. Die mythologischen Vorstellungen lassen sich als tatsächliche Entwicklungstufen des menschlichen Bewußtseins begreifen, „indem man annimmt, das Bewußtsein der Menschheit habe nacheinander in allen Momenten" der Mythologie „wirklich verweilt und die aufeinderfolgenden Götter haben sich des Bewußtseins wirklich nacheinander bemächtigt" (XI 89, 226 f.). Weil diese theogonischen Mächte oder göttlichen Potenzen, welche das Bewußtsein überhaupt erschaffen, dieses wirklich beherrschen, sind sie also nicht bloß vorgestellte Mächte, vielmehr machen sie selbst den Inhalt des ‚mythologischen Prozesses' aus. Der mythologische Prozeß ist eine Wiederholung der ursprünglichen, ewigen Theogonie im menschlichen Bewußtsein; er hat seine Realität als Sukzession von Vorstellungen im

Bewußtsein der Völker. Diese Vorstellungen, wie auch ihre Folge, sind von den göttlichen Mächten der Welt ergriffen und beherrscht. Daher kann der Gehalt nicht allegorisch, sondern allein tautegorisch verstanden werden. Die Götter bedeuten, was sie sind (XI 193–98), sie haben eine objektive Bedeutung und darin ihr objektives Wesen.

Für die Rekonstruktion des mythologischen Prozesses hat der Philosoph am Entwicklungsgang der Natur und des menschlichen Geistes, in der ‚Geschichte des Selbstbewußtseins' also, eine entsprechende strukturelle Vorgabe und einen Leitfaden. In der Stufenfolge der Naturreligion herrscht dieselbe Notwendigkeit wie im Reich der Natur: „Der mythologische Prozeß [geht] nach demselben Gesetz, durch dieselben Stufen hindurch… , durch welche ursprünglich die Natur hindurchgegangen ist." (XI 216) Jede Stufe der Mythologie hat ihren bestimmten Ort und darin ihre Wahrheit; Wahrheit als solche ist freilich der Prozeß im Ganzen. Ein fixiertes, bereits überwundenes Moment wird falsche Religion, Superstition, ein Glaube, der aus dem Zusammenhang herausgetreten ist und daher den Prozeß auch nicht mehr versteht.

Schellings Verfahren der Auslegung der Quellen läßt sich methodisch vielleicht als eine konstruktive Hermeneutik bezeichnen, da er aus der Überlieferung nach seinem Leitfaden die verschiedenen Göttergestalten der unterschiedlichen Religionen, ihre Wesensbestimmungen und Attribute, die u. a. auch im jeweils zugeordneten Kultus zum Ausdruck kommen, bestimmt, zuordnet und zu einem gegliederten System der Mythologie zusammenfügt. Mit diesem verbindet sich der Anspruch, die Mythologie als eine *Selbstentwicklung des Gegenstandes* zu entfalten: „Die wahre Philosophie der Mythologie ist die sich selbst erklärende Mythologie." (XIV 137)

Nun ist nach Schelling der Gottesglaube dem Wesen nach monotheistisch verfaßt. Die Mythologie, die sich als polytheistisch zeigt, versteht Schelling – wie auch Creuzer – in ihrem Ursprung als Zersetzung und Differenzierung der göttlichen Einheit des Monotheismus. Damit hat sich zugleich die Menschheit in Völkerschaften getrennt, und es sind die verschiedenen Sprachen entstanden. Diese Sprachverwirrung und Scheidung der Religion wird biblisch als Turmbau zu Babel erzählt, wobei Schelling den Namen Babel etymologisch mit balbeln (bis hin zu babbeln und plappern) und barbaros in Verbindung bringt. Gegenüber dieser Sprachverwirrung, einem überhaupt unverständlichen Reden, stellt später die Offenbarung die Spracheinheit wieder her: Wendepunkte der Religionsgeschichte sind demnach mythologisch der Turmbau zu Babel, christlich das zweite Jerusalem und das Pfingstwunder.

Innnerhalb des Polytheismus unterscheidet Schelling zwei Arten: den simultanen (Göttervielheit) und den sukzessiven (Vielgötterei), was dem bereits in den *Weltaltern* dargelegten Schema des Verhältnisses von Prinzipien und Potenzen entspricht. Die Göttervielheit, die immer noch einem der Götter untergeordnet bleibt, hat den Charakter eines ‚relativen' Monotheismus, während die Vielgötterei der entschiedene Polytheismus ist, der den Inhalt der Mythologie als Göttergeschichte oder Theogonie ausmacht. Die Entwicklung vom Monotheismus des ersten ungeteilten Menschengeschlechts zum entschiedenen Polytheismus verläuft in drei Epochen, die in der Bibel geschildert werden: 1. Sündenfall und Verstoßung aus dem Paradies, 2. Sintflut (Sündflut) und die Rettung Noahs, woraus die Völkerfamilien der bewohnten Erde hervorgehen, und 3. der Turmbau zu Babel und die Sprachverwirrung. In der Urzeit herrscht relativer Monotheismus, das erste Moment einer zukünftigen Sukzession. Im Sündenfall (auch Fall oder Abfall genannt) löst sich das Band, durch das der Urmensch an Gott gebunden war, und es tritt eine Entfremdung und Alteration ein, durch die das Bewußtsein ein anderes und ihm gegenüber auch Gott ein anderer wird. Damit beginnen die polytheistischen Anwandlungen, die trotz ‚Sünd'-flut im Polytheismus des Turmbaus zu Babel enden. Im Geschlecht der Noachiden schon erhebt sich der Gegensatz von Monotheismus und Polytheismus; im semitischen Geschlecht der Abrahamiden wird schließlich der relativ Eine, der Urgott, von dem wahrhaft Einen unterschieden, dieser ist Jehovah, der All-Gott El Olam, der Gott des Himmels und der Erde, welcher der Mächtige und Starke, El Schaddai, sein wird, der Gott der Verheißung (vgl. XI 161–69). Der mythologische Prozeß ist also jener notwendige Weg, den die Menschheit nehmen mußte, um von einem anfänglichen ‚relativen' Monotheismus über den Polytheismus zu einem wahrhaften Monotheismus zu gelangen. „Zu diesem, als eines frei erkannten, hat das Christentum den Zugang eröffnet." (XII 108)

Das II. Buch ‚Monotheismus' analysiert den Begriff als einen gegebenen und grenzt dessen Sinn gegenüber anderen Begriffen (Theismus und Pantheismus) ab. In der *Urfassung der Philosophie der Offenbarung* bezeichnet die Erläuterung zum Monotheismus den „Übergangspunkt von der allgemeinen zur besonderen [positiven] Philosophie"[15]; aufgrund des Aufschlusses, den sie über den gesamten Sinn der Spätphilosophie gewährt, wollte Schelling sie auch später, nach veränderter Textlage, nicht missen. Während im Theismus, dem inhaltsärmsten Begriff, nur Gott, nicht *der* Gott bezeichnet wird, sind Pantheismus und Monotheismus reicher bestimmt und drücken mehr aus, wie bereits die Wortzusammensetzung mit pan bzw. monos andeutet. In einem gewissen Sinne bedeuten sie dasselbe: Identisch sind sie, weil beide auf die Alleinheit bezogen. Jenem gilt Gott als das All-Einige *Wesen*, diesem als *der* All-Einige. Sie stehen in einer Abfolge, d. h. der Monotheismus stellt eine Überwindung des Pantheismus dar. Während der geläufige Monotheismus in Gott keinen Unterschied setzt, kennt der Pantheismus Unterschiede, wie es in Spinozas Lehre von den Attributen des göttlichen Wesens, Denken und Ausdehnung, deutlich wird. Der wahre Pantheismus denkt im Gegensatz dazu freilich diese Unterschiede nicht als gleichwertig, „der wahre Begriff des Pantheismus ist gekennzeichnet durch den Begriff der Steigerung und die Idee eines lebendigen Prozesses" (XII 69). Der Monotheismus ist gerade nichts anderes als der esoterisch, innerlich gewordene, d. h. überwundene Pantheismus. Daher hebt Schelling hervor: „Der Pantheismus selbst in seiner bloßen Möglichkeit, ist der Grund der Gottheit und aller wahren Religion. Darin liegt der Zauber, den der Pantheismus auf so viele ausgeübt hatte, den die Reden derjenigen nicht aufheben können, die selbst nicht bis auf diesen Urbegriff zurückgehen.“ (XII 74) Im wahrhaften Monotheismus wird Gott nicht als der schlechthin einzige begriffen, sondern er ist dieser Einzige als Gott, „der einzige Gott, im Unterschied zu welchem es eine göttliche Mehrheit gibt“, die gleichwohl nicht mehrere Götter sind, sondern nur ein Gott, der sich zu jener Mehrheit verhält wie Jehovah zu Elohim. Schelling erläutert: Es gibt „kein urkundlicheres Wort über die Einheit Gottes, als jenes kapitale und klassische, jene Anrede an Israel: ‚Höre Israel, Jehovah dein Elohim ist ein einziger Jehovah ...‘ ... ‚Er ist ein einziger *Jehovah*‘, d. h. er ist nur einzig als Jehovah, als der *wahre* Gott oder seiner Gottheit nach, womit also zugelassen ist, daß er abgesehen von seinem Jehovah-Sein, *Mehrere* sein kann.“ (XII 47f.) Die Mehrheit in Gott sind die drei Formen, die die Prinzipien des Seins bzw. die wahren Urbegriffe und Urpotenzen bezeichnen. Weil sie zu seinem Wesen gehören, er sie in sich trägt, ist er der All-Eine; dieselben für sich genommen, ist Gott ihre unauflösliche geistig-persönliche Einheit und Verkettung und demnach nicht der ausschließende Einzige, sondern *der* All-Einige. Diese Elemente des Monotheismus sind die Prinzipien des Pantheismus, die „Bewegungs- oder Durchgangspunkte des göttlichen Seins“ (XII 50). Die potentia pura, das blinde Sein, wurde etwa im Pantheismus eines Spinoza vergöttert.

Eine nähere Bestimmung dieser All-Einheit ist die Drei-Einheit, die Trinität. Daß diese dem Christentum und seinem Monotheismus spezifisch und ausschließlich zugehörig sei, weist Schelling zurück. Er geht davon aus, daß die Idee der Trinität der christlichen Religionslehre bereits zugrunde liegt, nicht aber aus ihr folgt; d. h. daß das Potenzen- und Prinzipienmodell Grundlage der Trinitätsidee ist. „Nicht das Christentum hat diese Idee, sondern die Idee hat das Christentum erschaffen. Sie ist schon das ganze Christentum im Keim, sie muß darum älter sein, als das in der Geschichte erscheinende Christentum. Es ist meine Meinung nur diese: *die letzte Wurzel der christlichen Drei-Einigkeit liegt in der All-Einheitslehre.*“ (XII 78; kursiv v. Verf.) Von hier aus formuliert er im

Vorgriff: „Es läßt sich wohl denken, daß dieser Baum aller Religionen, der seine Wurzeln im Monotheismus hat, notwendig in die höchste Erscheinung des Monotheismus, in das Christentum, ausgehe.“ (XII 79)

Im Schöpfungsprozeß, dem Zusammen- und Gegeneinanderwirken der Potenzen, durch die die Welt (praeter deum, ideale Schöpfung) entsteht, wird die Kraft der Potenzen durch den göttlichen Willen zusammengehalten und gebändigt, der sich als Herr der Potenzen erweist. Das letzte Worumwillen der Schöpfung ist der Mensch; er soll die Potenzen nicht als solche, sondern als göttliche Persönlichkeiten erkennen und verehren. Kraft eines solchen Bewußtseins steht er in unmittelbarem Rapport zum Schöpfer, d. h. zu Gott als solchem und damit zugleich zur Freiheit, die das Wesen Gottes ist. Die Gottesebenbildlichkeit des Menschen bestimmt sich im Hinblick auf die Freiheit näherhin so: „er ist ganz wie Gott, mit dem einzigen Unterschied des Gewordenseins. Aber diesen Unterschied empfindet er unmittelbar nicht, denn eben weil er von den drei Ursachen frei ist, empfindet er sie nicht als Bedingungen, Voraussetzungen seines Seins.“ (XIII 349) Kraft seines unmittelbaren Zugangs zu Gott, der Freiheit ist, ist auch der Mensch frei. Diese Freiheit ist freilich nur eine relative gegenüber der absoluten, denn der Mensch ist nicht Herr, sondern Produkt der Potenzen. Aufgrund seiner Freiheit weiß er sich aber nicht als bedingtes, sondern hält sich für ein unbedingtes Wesen und meint so Herr über die Potenzen sein zu können wie Gott, der ihre Macht zur gegenstrebigen schöpferischen Einheit zwingt. Er möchte eben das realisieren, was Gott getan hat, nämlich die Potenzen auseinander bringen, in Spannung setzen und mit ihnen als Schöpfer und Herr walten und wirken. So entsteht eine außergöttliche Welt (extra deum) aus dem Willen und der Selbsterhebung des Menschen. Er selbst aber fällt als ursprünglich freier Mensch gleichsam in die Hand seiner eigenen Voraussetzungen. „Anstatt sich der Potenzen zu bemächtigen, die ihm in der Einheit unfühlbar waren, deren Gegensatz und Widerspruch er nicht empfand, bemächtigen sich nun diese vielmehr des Menschen und seines

Bewußtseins, jetzt erst werden sie ihm fühlbar.“ (XIII 350) Dabei ist das Wirken der schöpferischen Potenz unter dem göttlichen Willen in seiner ganzen kosmischen Weite „nun auf den Kampf im engen Raum des menschlichen Bewußtseins“ (XIII 353) eingeschränkt, in dem die Potenzen gegenstrebig ihre Herrschaft antreten. Das Bewußtsein gerät unter die Herrschaft ihrer sukzessiven Wirkung. Durch diese Trennung der Potenzen hat das Bewußtsein diese nicht mehr als göttliche Persönlichkeiten in ihrer Einheit, sondern nur noch als getrennt wirkende: „Der Mensch hat also nur noch ein Verhältnis zu diesen, also zu dem zertrennten Gott, dem zertrennten All-Einen und wie zuvor im noch nicht bewegten, rein wesentlichen Bewußtsein der Monotheismus, so ist ihm jetzt der Polytheismus natürlich.“ (XIII 367) Der einsetzende mythologische Prozeß soll das gefallene Bewußtsein wieder als das Gottsetzende, d. h. das Urbewußtsein, restituieren durch einen theogonischen, Gott im Bewußtsein erzeugenden Prozeß (vgl. XIII 369). Gestaltet wird der Prozeß durch die alles ins Maß bringende zweite Potenz, die sich die Vermittlung des freien Bewußtseins des Menschen zum Ziel gesetzt hat. Er läuft strukturell in sich nach den notwendigen Regeln der Potenzenmechanik und -dynamik ab; *daß* er aber auftritt, ist keineswegs ein apriori zu konstruierendes Moment innerhalb der Geschichte des Absoluten. Der den mythologischen Prozeß einleitende Fall ist nicht notwendig im Sinne einer felix-culpa-Lehre, sondern nur post-festum als Faktum zu erschließen.

Leitfaden der äußerst verwickelten und in vielen Details sich ergehenden Darstellung der *Philosophie der Mythologie* ist folgendes Grundgerüst: Am Ende der mythologischen Religion, in der griechischen Mythologie, wird diese gleichsam reflexiv und beschreibt in sich selbst die Prinzipien mythologischer Vorstellungen und deren Folge als eine Göttergeschichte, als Theogonie. In ihr wurden Wesen und Grund aller Mythologie durchsichtig. Nach dem sukzessiven Hervorgang der einzelnen Potenzen (A, B, A+B) stellt sich der mythologische Prozeß als ein Stufengang von der Ein-Götterei (Zeitalter der Uranos) über die Zweigötterei (Zeitalter des Kronos) zur Vielgötterei

(Zeitalter des Zeus), vom relativen Monotheismus über den Dytheismus zum Polytheismus, dar. Dem Zeitalter der Herrschaft des Uranos entsprechen die Astralreligion, der Zabismus (Sabäismus), in der das Göttliche als Gestirn und in den Sternen erscheint. Vermittelt über eine weibliche Gottheit (Urania, der Materie entsprechend) beginnt das Zeitalter des Kronos, in dem ein dualistischer Ansatz sich bemerkbar macht, so in der babylonischen, phönikischen und persischen Religion (Ahriman und Ormuzd). Wiederum vermittelt über eine weibliche Gestalt (Kybele) kommt es zum sukzessiven Polytheismus im Zeitalter des Zeus, in dem alle drei Momente bzw. Prinzipien vorhanden sind: Je nachdem, auf welcher Potenz der zuletzt hervorgetretenen Potenzentotalität der Schwerpunkt liegt, lassen sich noch einmal drei Formen unterscheiden: ägyptische (Typhon, Osiris, Horos), indische (Brahma, Schiwa, Wischnu) und griechische Mythologie (Uranos, Kronos, Zeus), Mythologien, die in sich selbst alle vorangegangenen Momente wiederholen.

In der griechischen Mysterienlehre, die im Gegensatz zur exoterischen Mythologie esoterisch bleibt, deutet sich die Befreiung und Erlösung von den Übeln der Welt in einer Zukunftsreligion an. In der dreifachen Gestalt des Dionysos (Zagreus, Bakchos, Jakchos) der eleusischen Mysterienlehre kündigt sich zuletzt der ‚kommende Gott' und das Ende der vielfältigen Götterwelt durch den erscheinenden Christus an. In der Mysterienlehre wurde der subjektive Ursprung der Mythologie bewußt und der Übergang zu einer geschichtlich-objektiven Betrachtung der Welt genommen, wie sie dann durch das Christentum überhaupt in die Welt gebracht wird.

In der Mythologie erscheint, wie die *Philosophie der Offenbarung* darlegen wird, der Logos als natürlich wirkendes Licht und verbürgt so ihre relative Wahrheit. Ihrer religiösen Bedeutung nach ist die Mythologie dies: Sie war, so wie sie ist, als Wahrheit gemeint, und Wahrheit ist in ihr, weil sie die Wirkung des präexistenten Logos widerspiegelt. Ähnlich verhält es sich in der Geschichte des alttestamentlichen Gottesvolkes: Es nimmt eine Mittelstellung zwischen Mythologie und Offenbarung ein, weil die Substanz des alttestamentlichen Bewußtseins heidnisch ist, andererseits aber der Logos nicht mehr natürlich, sondern bereits persönlich, d. h. offenbarungsmäßig wirkt. Freilich zeigt sich der Logos noch nicht deutlich als Christus, es herrscht vielmehr gehemmtes Heidentum oder noch verborgenes Christentum. Das gegenstrebige Wirken der Potenzen im alttestamentlichen Bewußtsein verdeutlicht Schelling exemplarisch an der Geschichte von Abrahams Opfer in Gen. 22, 1–19. Die zu wiederholenden, die erste Potenz nur äußerlich versöhnenden Opfer zielen auf das eine und endgültige Opfer, welches die das Bewußtsein gefangen haltende erste Potenz im Prinzip überwindet: Christus (XIV 146). So wirkt der präexistente Logos schon vor seiner Inkarnation in den Mythologien der Heidenvölker und in der Geschichte des alttestamentlichen Bundesvolkes: Es wirkt zwar Christus, aber nicht *als* Christus, sondern als natürlich wirkende zweite Potenz.

c) Philosophie der Offenbarung

„Der Inhalt der Offenbarung ist nichts anderes als eine höhere Geschichte, die bis zum Anfang der Dinge zurück und bis zu deren Ende hinausgeht. Die Philosophie der Offenbarung will nichts anderes, als diese höhere Geschichte erklären, sie auf Prinzipien zurückführen, die schon von anderer Seite her bekannt und gegeben sind." (XIV 30) Schlüssel zu dieser ‚höheren Geschichte' ist die Offenbarung Gottes in Christus, dessen Person zu begreifen das Ziel der *Philosophie der Offenbarung* ist. Dabei unterscheidet Schelling mit Nachdruck zwischen dem Begreifen der Person Christi und dem Begreifen seiner Lehre, die ja auch – eingeschränkt auf moralische Kategorien – Eingang in die Christologie gefunden hat: „Christus ist nicht der Lehrer, wie man zu sagen pflegt, er ist der Inhalt des Christentums." (XIV 35) Es geht um seine Person, ohne die Gott und Welt – insbesondere *nach* dem mythologischen Prozeß – nicht einmal durch das vernünftige Denken gedacht werden können. Christus selbst ist gleichsam das Bewußtsein, das seit dem Fall nicht mehr in und aus sich selbst bestehen konnte, das er vielmehr mit sich selbst zusammenhält und vor dem Zerreißen bewahrt.

Den exegetischen Standpunkt in der Auslegung der Offenbarungszeugnisse grenzt Schelling ab von folgenden drei, von Mißverständnissen oder Beschränktheiten gekennzeichneten Ansätzen: dem scholastischen, dem äußerlich-historischen und dem mystischen. Das scholastische Mißverständnis besteht darin, den wesentlichen Inhalt der Offenbarung nicht in ihr selbst, sondern außer ihr, in der „jedesmaligen Philosophie", zu lokalisieren. Dabei gehe es allein um die illustrative Aufnahme der Offenbarungsinhalte in den Priorität beanspruchenden philosophischen Begriff[16]. Der Versuch, die „Ideen der geoffenbarten Religion als notwendig, als reine Vernunftwahrheiten darzustellen oder auf solche zurückzuführen" (XIV 4), zerstört letztlich den Sinn des Begriffs der Offenbarung. Die äußerlich-historische Methode pocht auf die Autorität des Buchstabens und die Glaubwürdigkeit der biblischen Autoren. Auf diesem biblizistischen und fundamentalistischen Standpunkt genügt es, „philologisch-grammatisch zu zeigen, diese oder jene Stelle der neutestamentlichen Bücher enthalte diese oder jene Lehre. Man begnügte sich damit zu sagen: hier steht es. Wie man es nun sich aber übrigens begreiflich oder auch nur verständlich machen wollte, blieb jedem selbst überlassen." (XIV 34) Dieses ‚notdürftige' Verstehen des Inhalts weist Schelling ab, akzeptiert aber gleichwohl philologisch-grammatische Fragen als ins Vorfeld der Auslegung gehörig. Wenn hier bei Verständnisschwierigkeiten auf das *Geheimnis* der Offenbarung verwiesen wird, deutet dies immerhin auf etwas dem apriorischen, begrifflichen Zugriff Entzogenes hin. Aber „es ist … eine offenbar falsche Vorstellung, die man sich vom Geheimnis der geoffenbarten Religion macht, wenn man sich darunter Wahrheiten oder Tatsachen denkt, die auch, nachdem sie geoffenbart, also offenbar geworden sind, noch Geheimnis, d. h. unerkannt oder doch wenigstens unbegriffen, bleiben müssen." (XIV 11) Schellings *Philosophie der Offenbarung* verfolgt hingegen nichts anderes als dies: „Es läßt sich allerdings eine Philosophie denken, welche zwar jenen göttlichen Willen, der in der Offenbarung sich ausgeführt hat, apriori und in diesem Sinn aus reiner Vernunft zu erkennen sich bescheidet, dagegen aber für möglich erachtet, eben diesen Willen, nachdem er einmal erklärt und offenbar ist, teils begreiflich, teils in den wesentlichen Teilen seiner Ausführung verständlich zu machen, soweit er auch an sich über menschliches Begreifen hinausgehen mag." (XIV 12) Dabei müssen auch Fragen der äußeren Autorität und Glaubwürdigkeit der Autoren zurückstehen: „Auf den Sinn, die Bedeutung, den *Inhalt* einer biblischen Stelle kommt es an. Die Frage nach dem Urheber ist dafür eine ganz sekundäre." (XIV 318)[17]

Das mystische Verständnis schließlich geht zwar, im Vergleich mit den beiden anderen Ansätzen, auf die Sache der Offenbarung selbst; dieser Position mangelt es aber aufgrund ihrer Sprach- und Erkenntnislosigkeit an der Klarheit wissenschaftlicher Erkenntnis. „Es bleiben zweifelhafte allegorische Resultate einer zufälligen Erleuchtung unter den Einflüssen eines fromm erregten, aber seiner selbst nicht mächtigen Gefühls." (XIV 33)

Die Absicht einer wahren Philosophie der Offenbarung, den Inhalt der Offenbarung so natürlich und begreiflich als möglich darzustellen, kann nur in einem größeren Zusammenhang realisiert werden, „in dem das Christentum zwar die höchste und eminenteste Erscheinung, aber doch nur das letzte, alles beschließende Glied ist" (XIV 34). Aus der Zusammenschau des ‚höheren' geschichtlichen Zusammenhangs heraus soll das Christentum objektiv erklärt werden. Der Leitfaden dieser Erklärung ist der Prolog des Johannes-Evangeliums, den Schelling, im wesentlichen allein unter Hinzuziehung des Christus-Hymnus aus Philipper 2,5–11 als zweitem klassischen neutestamentlichen Text; einer ‚spekulativen Exegese' (Ernst Benz) unterzieht. Hierbei findet das Programm der positiven Philosophie, das absolute Prius per posterius, d. h. durch Erfahrung als Gott zu erweisen, seine exegetische Anwendung. Die Vorliebe für den Evangelisten Johannes, dem er im übrigen eine Kirche der Zukunft als der erhofften freien philosophischen

Religion weihen würde, teilt er – nicht ohne sich von ihnen abzugrenzen (vgl. XIV 101–104) – mit den anderen Idealisten[18].

Den Eingangsversen des Prologs entnimmt Schelling die Bestimmungen des göttlichen Seins des Logos – nach seiner Übersetzung: Im Anfang war der Logos. Und der Logos war bei Gott, und der Logos war Gott. Er war im Anfang bei Gott. Alles ist durch ihn geworden, und ohne ihn ist nichts geworden, was geworden ist. In ihm selbst war Leben. Und dieses Leben war das Licht des Menschen. Auch scheinet dieses Licht wirklich in der Finsternis, und die Finsternis faßte, begriff es nicht. … Es war das wahre Licht, eben in die Welt gekommen, das jeden Menschen erleuchtet. Er kam zu den Seinigen, die Seinigen nahmen ihn nicht an. Die ihn aber annahmen, denen gab er Macht (Möglichkeit) Kinder Gottes zu werden. … Und jener Logos ward Fleisch und wohnete unter uns und wir sahen seine Herrlichkeit als die Herrlichkeit des eingeborenen Sohns vom Vater. (vgl. XIV 104 ff.)

Das Besondere seiner spekulativen Exegese besteht zum einen darin, daß er die verschiedenen (Eingangs-)Bestimmungen nicht auf eine gemeinsame Pointe, nämlich das ungeschaffene, vorweltliche und göttliche Sein des Logos hin interpretiert, wie es für jede Inkarnationschristologie typisch ist, sondern den Fortgang der Bestimmungen als sukzessive Explikation einer Geschichte des Logos deutet (XIV 104), die im folgenden skizziert wird.

Zum andern ist Schellings Auslegung des zentralen Begriffs ‚Logos' bemerkenswert. Hier rekurriert er nämlich nicht auf die gängigen Deutungsmöglichkeiten: als das Wort Gottes als Schöpfungsmacht, als Vernunft oder als Weisheit im alttestamentlichen Sinne als vor Gott selbständige Persönlichkeit etc., sondern führt auf die Bedeutung zurück: Logos = Subjekt, Thema, „de quo sermo est" (XIV 92). Dieser Logos kann als präexistenter anfangs nicht benannt werden, Christus wird dieses Subjekt erst nach dem Abfall des Bewußtseins und der Welt von Gott, Jesus ist erst der Menschgewordene. Wenn vom Anfang die Rede ist, wird das allgemeinste und unbestimmteste Wort das angemessene sein: Logos – absolut und ohne nähere attributive Bestimmung – ist dasjenige, wovon der Evangelist reden will: „das Subjekt, der Gegenstand, von dem wir reden, *war* im Anfang" (XIV 93). So faßt Schelling den Satz schlicht und neutral auf, ohne Bezugnahme auf ein Geheimnis. Erst sukzessive, in der angemessenen Entfaltung der Geschichte der zweiten göttlichen Person, zeigt sich, wer oder was dieser Gegenstand der Rede bestimmterweise ist. Der Zusammenhang von philosophischem Ansatz und spekulativer Exegese besteht näherhin also darin, daß der zu exegetisierende Text im religionsphilosophischen Zusammenhang betrachtet wird: Was das Göttliche des actus purus ist, kann nur an Christus adäquat abgelesen werden, d. h. dem absolut wesenlosen actus purus, dem absoluten Prius entspricht auf dieser Stufe der absolut bestimmungslose Logos, der sich erst per posterius als Christus erweist. „Gott ist zunächst gar nicht anders da, als in der Form des bloß Existierenden; sein Wesen ist, daß ich so sage, erst nach seinem Sein. Eben jener actus purus aber, welcher dem Wesen zuvorkommt, ist nachher in der zweiten Potenz *ausgedrückt*, der Sohn also = dem Anfang der ursprünglichen Existenz Gottes." (XIV 96) Das thematisierte Subjekt, der Logos, war, ohne daß ihm ein Prius vorausging. Anti-arianisch erklärt Schelling die Vorstellung einer Zeit, wo er nicht war, die Vorstellung gar, „er sei ... aus nichts geschaffen, also Geschöpf, zwar das erste und höchste, aber doch nur Geschöpf" (XIV 104) für Irrtum. „Er *war,* und zwar so, daß schlechterdings *nichts* ihm vorausging. Das Subjekt war, absolut gesprochen, es war, aber nicht als ein bestimmtes, sein Sein ist noch kein irgendwie Begriffenes, ist zwar quod, aber noch kein quid. Im Anfang war der Logos, diese Worte bezeichnen also genau den Moment, in welchem der Logos zuerst im absoluten Anfang gedacht wird, „wo er nämlich das rein Seiende Gottes ist" (XIV 105), ehe Gott selbst als solcher offenbar wurde.

Die zweite Etappe der Geschichte des Logos wird so bezeichnet: „Es ist derselbe und doch gewissermaßen schon ein anderer Logos, der [im Anfang] war und der ... bei Gott, schon von Gott unterschieden, besondere Potenz ist."

(XIV 105) Der sich anfangs jeder begrifflichen Bestimmbarkeit entziehende Logos als actus purus, das rein Seiende, wird nun besondere Potenz, er wird denkbare Möglichkeit und kann relational von Gott unterschieden werden (Vater und Sohn). In bezug auf den Vater kann der Logos zweifach bestimmt werden: 1. ideell, noch vor der Schöpfung, d. h. in der Vorstellung Gottes und 2. reell als demiurgische Potenz innerhalb der Schöpfung. Weil Gott schon vor der wirklichen Schöpfung der Welt im Spiel der Möglichkeiten seines absolut freien Willens das Wirken der zweiten Potenz, des Seinmüssenden als des Maßgebenden, ersieht, kann er es gleichsam riskieren, die erste Potenz, das ins Grenzenlose drängende Seinkönnen, wirkend zu setzen. Gott ist „nur *frei,* dieses Sein anzunehmen, **weil** er *an* der zweiten Gestalt seines Wesens, die in diesem Verhältnis zur *zweiten* Potenz wird, weil er an dieser hat, wodurch er jenes Sein überwinde." (XIII 272 f.) Nur aufgrund dieser Vorausschau auf das Maß- und Gestaltwirken des Logos als der zweiten Potenz kann „Gott im Fall der Annahme eines Seins außer sich, dazu *bewogen* gedacht werden" (XIII 273). Daher ist die Freiheit Gottes in Ansehung der Setzung von Welt eine durch den Sohn als zweite Potenz vermittelte. Der Logos ist konstitutiv sowohl für das Sein Gottes, das in absoluter Freiheit gegenüber der Welt besteht, wodurch er auch ohne eine wirkliche Schöpfung von Welt schon ganz Gott ist, als auch für das Sein der Welt, wenn sie geschaffen wird, wodurch der Logos als zweite Potenz auch reell, zur demiurgischen Schöpfermacht wird, die sich in der Spannung der Potenzen als das Seinmüssende und notwendig Wirkende verhält.

Die dritte Phase in der Geschichte des Logos im Anschluß an sein anfänglich unbestimmtes Sein und an seine Bestimmung als demiurgische Potenz beschreibt Schelling so: *„und dasselbe Subjekt war Gott*, nämlich am *Ende* der Schöpfung, wo es ebenso Herr des Seins ist, als es zuerst nur der Vater war, im Besitz der Gottheit" (XIV 105). Herr des Seins kann nun also auch die demiurgische Potenz *nach* vollendeter Schöpfung genannt werden. Die Schöpfung ist das Produkt der von Gott in wirksame Spannung versetzten Potenzen, speziell der zweiten,

Maß und Ordnung ermöglichenden Potenz, indem sie den grenzenlosen Stoff der ersten Potenz in eine geschöpfliche Form bringt. Darin besteht seine Gottheit und deshalb wird der Logos *theos* genannt. Wenn der Logos allen Widerstand überwunden, die ganze Schöpfung in das vorherbestimmte Ende hinausgeführt hat, sollte er die ursprüngliche göttliche Herrlichkeit, nun aber als eine besondere, vom Vater unterschiedene Persönlichkeit wieder annehmen. Daher kann der Logos als diese vom Vater unterschiedene Persönlichkeit nun Sohn genannt werden, um zugleich Differenz und Verbundenheit von Gott und Logos auszudrücken. Der Logos ist qua demiurgischer Potenz „ebenso Herr des Seins ..., als es zuerst nur der Vater war, im Besitz der Gottheit, die [er] jedoch vorerst nicht als eine besondere, nicht für sich, nicht außer dem Vater (vom Vater unabhängig), sondern nur in dem Vater hat" (XIV 105). Die Uneigenmächtigkeit des Logos kommt darin zum Ausdruck, daß er nicht absolut *ho theos,* sondern nur *theos,* ohne den bestimmten Artikel, heißt.

Vers 4 bezeichnet die für das Versöhnungsgeschehen bedeutsame und für das Verständnis des Christentums überhaupt zentrale Phase einer außergöttlichen Selbständigkeit des Sohnes, die sich mit dem Begriff ‚Leben' verbindet. Dieser Anfang von Vers 4 muß nach Schelling so gelesen werden: „Mit den Worten: In ihm selbst war Leben, ist also die Erzählung wieder einen Schritt weiter gerückt, es ist von dem Sohn die Rede, wie er nun schon *außer* dem Vater als selbständige Persönlichkeit ist, die Leben in sich selbst hat." (XIV 113) Das hier beschriebene außergöttliche und selbständige Sein des Logos wird von Schelling nicht mit dem Sein des menschgewordenen Gottes nach der Inkarnation identifiziert, sondern als eine dritte Seinsweise des Logos zu den beiden traditionell unterschiedenen des präexistenten und des inkarnierten Seins hinzugefügt. Die der klassischen Einteilung entsprechende Zwei-Naturenlehre wird erweitert zur Drei-Naturenlehre, wobei die hinzugekommene Natur des Logos für Schelling zugleich die bedeutsamste ist, weil an ihr die Grundidee, das Wesen des Christentums hängt. Diese dritte Natur besteht darin, daß der Präexistente auf dieses selbständige Sein verzichtet und stattdessen Erniedrigung (Inkarnation) und Tod am Kreuz wählt. Daher kann man Schellings Christologie im Unterschied zur *Inkarnationschristologie* als eine *Kenosis-Christologie* bezeichnen. Die Verzichtleistung des präexistenten Logos setzt die Freiheit einer selbständigen Persönlichkeit voraus. Den angemessenen biblischen Ausdruck eines außergöttlichen Seins des Logos vor der Inkarnation findet Schelling im Ausdruck ‚von göttlicher Gestalt' im Christushymnus in Philipper 2,6-8. Darüber hinaus enthält dieser Hymnus noch die zwei für Schellings Christologie entscheidenden Begriffe ‚Entäußerung' und ‚Gehorsam'. Den gesamten Passus übersetzt Schelling so: „Jeglicher unter Euch sei gesinnet, wie Jesus Christus auch gesinnet war, der, da er in göttlicher Gestalt war, hielt es nicht für einen Raub, Gott *gleich* (eigentlich: auf gleichem Fuß) zu sein, sondern entäußerte sich selbst und nahm Knechtsgestalt an, und ward gleich wie ein anderer Mensch und an Gebärden als ein Mensch erfunden, demütigte sich selbst und ward gehorsam bis zum Tode, ja zum Tod am Kreuz." (XIV 39 f.)

Die Zwei-Naturenlehre kennt nur den Zustand vor seiner Erniedrigung in der reinen Gottheit und den Zustand seiner Erniedrigung. In den Zustand der Präexistenz schiebt Schelling, auch übrigens, um Schwierigkeiten der herkömmlichen Exegese zu entgehen, den weiteren ein, „da er als außergöttliche Persönlichkeit gesetzt ist, ohne darum schon Mensch zu sein" (XIV 40), und kommt zu dem Ergebnis: Es „konnte von dem Sohn in jenem Zwischenzustand, da er unabhängig von dem Vater, Herr des Gott und dem Vater entfremdeten Seins war, mit der größten und strengsten Eigentlichkeit … nichts eigentlicher gesagt werden, als: er war oder befand sich [in göttlicher Gestalt], d. h. er war zwar nicht wahrhaftig und dem Wesen nach Gott (denn dies konnte er nur in Einheit mit dem Vater sein), aber doch specie, actu, er hatte wenigstens das Äußere Gottes, welches eben in der Herrlichkeit, in der Herrschaft über das Sein besteht." (XIV 41) Und nur von diesem außergöttlichen Sein her kann die versöhnende Mittlerfunktion verstanden werden, „die große Tatsache des Neuen Testaments“ (XIV 49). Nur diese außergöttliche Existenz, frei sowohl von Gott wie vom Menschen, machte ihn zum wahren Vermittler: „denn die wahre Natur des Vermittlers ist eine von *beiden* Teilen unabhängige Stellung“ (XIV 50). Mittler kann Christus also nicht deshalb sein, weil er etwa an beiden Naturen partizipierte, sondern nur, weil er von beiden unabhängig ist. Seine Bestätigung findet das außergöttlich-göttlich selbständige Sein des Logos in der Mythologie: „Denn eben daß der Vater dem Sohn gegeben hat, außer ihm zu sein, dadurch hat er ihn dem Menschengeschlecht *gegeben*. Dieses selbständige Leben war die Rettung, das Heil, das Licht des Menschengeschlechts. Dieses ist damit stillschweigend als des Lichtes bedürftig, als der Finsternis anheimgefallen, erklärt.“ (XIV 113 f.) Dieser Finsternis – der Macht des notwendigen Prozesses des mythologischen Bewußtseins – ist der Mensch seit seinem Abfall von Gott, dem Sündenfall, ausgesetzt.

Im Aufschwung des Menschen zum Herrn der Potenzen macht sich der Mensch gleichsam zur Ursache des Seins, ohne daß er über jene sie zusammenzwingende Kraft verfügte, und treibt damit einen Keil zwischen Vater und Sohn. Indem sich aber der Mensch auf diese Weise zwischen den Vater und den Sohn eindrängt, hat er eben damit den Sohn vom Vater getrennt und „den Sohn, der ihm einwohnt, sich ganz in ihm verwirklicht hatte, ganz in seine Gewalt bekommen und ebenso den Geist an sich gerissen“ (XIII 367). Im ursprünglich freien Bewußtsein sollte der Mensch kraft seines Bewußtseins die Potenzen als göttliche Persönlichkeiten in ihrer göttlichen Einheit erkennen und verehren. Mit dem Fall spaltet der Mensch die Einheit, indem er Vater, Sohn und Geist trennt. Dadurch wird der Sohn in ein Sein versetzt, das er nicht von Gott bzw. dem Vater hat, das ihn aber eben darum vom Vater frei macht. Vermöge dieses vom Menschen verliehenen Seins, als *diese* außergöttliche Persönlichkeit, ist er „des Menschen Sohn“ (XIII 371), wie er als göttliche Persönlichkeit der Sohn Gottes ist. Als Menschensohn wirkt die Potenz zunächst ohne freien Willen, bloß ihrer Natur gemäß, indem sie das Widerständige und Unbändige, das sich des menschlichen Bewußtseins bemächtigt hat, zu überwinden trachtet. Indem sie (als Seinmüssendes, zweite Potenz) das expandierende Seinkönnen ins Maß zwingt, befreit sie einerseits das menschliche Bewußtsein von der tödlichen Gewalt der ersten Potenz, die sich in diesem mit dem Sündenfall wieder erhoben hatte; andererseits macht sie sich eben damit zum Herrn dieses Prinzips, zum Herrn des Gott entfremdeten Seins. Und weil sie nun nicht mehr wie in der (ersten) Schöpfung durch göttliche Wirkung hervortrat und insofern unabhängiger Herr des Seins ist, „so kann sie mit dem Sein anfangen, was sie will" (XIII 70). Bis zu der Zeit jedoch, wo der Menschensohn als Herr des entfremdeten Seins gemäß seinem freien Willen handeln kann, geht der lange Prozeß eines bloß natürlichen und daher notwendigen Wirkenmüssens voraus, indem er die ihm entgegenwirkende Potenz, den „Unwillen Gottes" (XIII 372), bändigt und sukzessive überwindet. „Der mythologische Prozeß hat in Beziehung auf das menschliche Bewußtsein keinen anderen Zweck, als es ins Gott Setzende, d. h. eben ins Menschliche, wieder zurückzubringen, es wieder zu heilen, *soweit* es auf diesem bloß natürlichen Wege geheilt werden kann". (XIII 378) Denn im Heidentum kann der Logos nur gleichsam äußerlich, nicht aber prinzipiell heilen. Daher ist die Mythologie die natürliche Religion, sie ist Ausfluß der natürlich wirkenden zweiten Potenz.

Das Entscheidende an Schellings Präexistenzchristologie besteht darin, daß schon im mythologischen Prozeß der Präexistente wirkt, der sich dann später als Christus erweisen wird. Der Logos ist das Licht des Menschen, wenn er auch als natürlich wirkende Potenz das Dasein der Heiden nicht völlig erhellen kann. Diese natürliche Wirkung des Lichts, die Wirkung im Heidentum, ist ein Schein, aber es ist die bewußtseinserhaltende Kraft Christi, die schon in der heidnischen Mythologie das menschliche Bewußtsein vor der ansonsten unvermeidlichen Selbstzerstörung und der Vorherrschaft der ersten Potenz bewahrt, wenn er auch in dieser Wirkung noch „nicht *als* Christus" (XIV 74) offenbar ist. Der Menschensohn wirkt auch in der Mythologie, indem er die Macht der ersten Potenz bricht und selbst Herr des Gott entfremdeten Seins *wird*. Daher ist die Mythologie nicht Irrtum oder Illusion. In ihr – als Religion – ist Wahrheit, wenn auch nur relative Wahrheit in Bezug auf Christus.

Die zweite Säule in Schellings Christologie ist neben der Präexistenz die Inkarnation, der Menschgewordene, der zuletzt den Tod am Kreuz auf sich nimmt. Sein christologisches Credo findet sich am Ende der 31. Vorlesung: „Was also der Mensch für sich selbst nicht vermochte und Christus selbst nicht nötig hatte ..., das hat Christus an des Menschen Statt und also auch für ihn getan" (XIV 205). Dieser traditionell klingende Glaubenssatz nimmt sich freilich in der Religionsphilosophie des Deutschen Idealismus wie ein Fremdkörper aus. Nach Schelling leitet das Ende des mythologischen Prozesses, der Mysterienkult, der die natürliche Wirkung der zweiten Potenz widerspiegelt, „auf den Moment des Offenbarwerdens Christi, ... den Moment seiner Menschwerdung ..., [als] dem eigentlich wichtigsten und wesentlichsten Moment dieser ganzen Entwicklung" (XIV 153). Der Gedanke der Inkarnation hat der Logos- und Präexistenzchristologie schon immer Schwierigkeiten bereitet; diese Schwierigkeit besteht nach Schelling darin, den ‚Fleisch gewordenen Logos' einerseits mit dem Grundsatz der Unwandelbarkeit des göttlichen Logos andererseits zusammenzubringen. „Man mußte die Sache so vorstellen, als wäre nicht die Gottheit in die Menschheit übergegangen, sondern als wäre zu der reinen Gottheit bloß etwas *hinzugekommen*." (XIV 156) Das Hinzugekommene wäre dann der durch göttliche Allmacht besonders erschaffene Mensch Jesus, mit dem sich der Logos „bis zur Identität der Person" verbunden hätte. Diese Konstruktion wird – wie Schelling bemerkt – der vollen Bedeutung des ‚Logos, der Fleisch wird', nicht gerecht. Mit Blick auf die ‚dritte' Natur, das außergöttlich-göttliche Sein des Logos ‚in göttlicher Gestalt', glaubt er die traditionelle Schwierigkeit umgehen zu können. Der Logos, der Fleisch wird, ist nicht der göttliche, sondern der außergöttlich-göttliche. „Das Subjekt der Erniedrigung kann allerdings nur ein *Göttliches* sein, weil der *Mensch* als das schon Erniedrigte es nicht sein kann, aber nicht das göttliche an sich, also nur das außergöttlich gesetzte Göttliche." (XIV 161) Kraft seiner göttlichen Gesinnung verzichtet der Logos auf ein Sein in göttlicher Gestalt, d. h. auf sein von Gott unabhängiges Sein, und erniedrigt sich, indem er Mensch wird. Die Kenosis, die Selbsterniedrigung Christi, begründet schließlich das Versöhnungsgeschehen.

Mit der Selbsterniedrigung könnte das Versöhnungsgeschehen in der Menschwerdung des Präexistenten als abgeschlossen gedacht werden. Wozu aber der Sühnetod am Kreuz, wenn das Sühneopfer tatsächlich in der Menschwerdung besteht? Schelling erklärt, daß die Menschwerdung näherhin der noch zu vollendende Beginn, „der Übergang zum eigentlichen Akt der Versöhnung" (XIV 196) sei: Die Übernahme des Todes ist für die zweite Potenz, die den Willen hat, sich Gott völlig zu unterwerfen und auf jede Selbstsucht zu verzichten, deshalb notwendig, weil es der Unwille Gottes (nach dem Fall) will. „Der Tod war der Fluch, der durch die Sünde in die Welt gekommen war" (XIV 202), in dem sich die ganze Macht des göttlichen Unwillens zeigt: Alles, was ist, muß sterben. „Wollte also die vermittelnde Potenz dem göttliche Unwillen sich ganz unterwerfen (ihn auf sich nehmen), so mußte sie sich ihm unterwerfen bis zum *Tode* ... Nur indem sie *bis* zum Tode ging, war *jeder* Widerstand aufgehoben, die *ganze* Macht jenes Prinzips gebrochen." (XIV 202 f.) Das Versöhnungsgeschehen wird begründet in der Erniedrigung, der Tod am Kreuz als stellvertretendes Sterben für die ohnmächtige Menschheit vollendet die Versöhnung des gefallenen Bewußtseins mit Gott. Daher polemisiert Schelling immer wieder gegen die Rationalisten, die Christus wohl für einen akzeptablen Lehrer oder ein illustratives Beispiel nehmen, für die er aber nicht *kyrios* sein kann. In einer rational konstruierten Christologie hat der Tod Jesu am Kreuz nur die Bedeutung eines besonders tragischen Ereignisses, so „wie ein anderer Mensch bei einer großen Unternehmung umkommt" (XIV 193). In dieser Perspektive ist es unmöglich, vom Tod Jesu als einmaligem Fall eines Märtyrertodes als Opfer, gar von einem stellvertretenden Opfer zur

Übernahme von Schuld, zu sprechen. „Es ist ganz begreiflich, daß den bloßen verstockten und beschränkten Moralisten der Versöhnungstod Jesu ein Ärgernis, den bloß natürlich Denkenden eine Torheit sei." (XIV 198 f., vgl. 226) Der Tod Jesu als solcher hat aber keine Besonderheit gegenüber dem Tod eines jeden anderen Menschen: „Christus ist als vollkommener Mensch, und er ist daher auch keines anderen Todes gestorben, als den jeder Mensch stirbt." (XIV 206) Sein Tod ist nichts Einzigartiges.

Exkursartig bezieht Schelling hier das Phänomen des Todes in die Christologie mit ein. Gegen die klassisch-platonische Auffassung des Todes als Trennung von vergänglichem Leib und unsterblicher Seele (im Dialog *Phaidon*) steht bei Schelling seit *Clara oder über den Zusammenhang der Natur mit der Geisterwelt. Ein Gespräch* (1810) das Verständnis des Todes als einer Verwesentlichung (Essentifikation). „Der Tod des Menschen möchte also nicht sowohl eine Scheidung als eine *Essentifikation* sein, worin nur Zufälliges untergeht, aber das *Wesen*, das was eigentlich der Mensch *ist*, bewahrt wird." (XIV 207) Zum Wesen des Menschen gehört aber nicht nur der Geist, sondern auch der Leib sowie die Seele, als das den Gegensatz von Geist und Leib Zusammenhaltende, eigentlich Menschliche (IX 45). Daher nimmt Schelling auch eine Fortdauer des Leiblichen nach dem Tode an, das nicht vernichtet, sondern geläutert, essentifiziert wird, womit er die von Paulus im 1. Korinther 15,44 vertretene Auffassung vom Geistleib (*soma pneumatikon*) fortführt.

Das grundlegende Ereignis des Erlösungs- und Versöhnungsgeschehens ist die freiwillige Entäußerung, die Inkarnation. Der Tod ist die mit dem Verzicht auf das außergöttlich-göttliche Sein nur notwendig verbundene Konsequenz, aber nicht primär konstitutiv für das Versöhnungsgeschehen. Tod und Auferstehung schließlich zeichnen das Schicksal des Menschen vor. Das Menschsein als Resultat der wahren göttlichen Gesinnung des Präexistenten macht die Göttlichkeit des Menschen Jesu sichtbar (XIV 164). Die Menschheit Jesu Christi ist darum nicht das Verbergende seiner Göttlichkeit, sondern das die Göttlichkeit allererst Offenbarende. Durch das Wirken des irdischen Jesus hindurch scheint die göttliche Herrlichkeit (*doxa*), wird die Weisheit Gottes in der Schöpfung und deren letzte Absicht offenbar.

Der Entwicklungsgang von Schöpfung und Offenbarung hat seinen Urgrund und sein Ziel: Urgrund ist jene Einheit, die alles in sich schließt, der verschlossene Gott, in dem Alles ist; das Endziel besteht darin, daß nichts mehr verschlossen, sondern Alles offenbar und Gott in allem offenbar, Alles in Allem ist. Er führt durch drei Weltzeiten (Vergangenheit, Gegenwart, Zukunft) hindurch, deren sukzessive Herrscher Vater, Sohn und Hl. Geist sind. Den Sinn dieser Sukzession bestimmt Schelling dahingehend, „daß Alles, d. h. die ganze Schöpfung, d. h. die ganze große Entwicklung der Dinge, von dem Vater aus – durch den Sohn – *in* den Geist geht" (XIV 73). Die drei göttlichen Personen, die eine wirkliche Einheit ausmachen, begründen in ihrer Sukzession und der damit verbundenen Entwicklung die göttliche *oikonomia.*

Mit Tod und Auferstehung ist das Reich Christi gegründet, das freilich noch nicht die Geschichte beendet. Diesem Reich gegenüber steht, im Ratschluß und der Gerechtigkeit Gottes bestimmt, das Reich der bösen Kräfte, deren personifizierter Inbegriff und Oberhaupt der Widersacher (Satan) ist. Obwohl das Heidentum durch Christus innerlich überwunden ist, besteht es in der Form dem Christentum feindlich gegenüberstehender Weltreligionen fort. Da sie kosmische Religionen sind, erscheint der Satan in ihnen als der ‚Fürst der Welt', als Gott dieses Äons, „welcher den Sinn der Ungläubigen verblendet habe, damit sie nicht das Licht der Herrlichkeit Christi schauen, welcher ist das Ebenbild Gottes (2. Kor. IV,4)" (XIV 246). Der Satan ist nach Schelling eine amphibolische Gestalt: Zum einen erscheint er als Geist der Irreleitung, zum anderen als Engel und Werkzeug Gottes. Als ‚die alte Schlange' (Genesis) und ‚der große Drache' (Offenbarung des Johannes) verführt er zum Ungehorsam gegen Gott, zur Selbstüberhebung der Menschheit, und erscheint durch die Wiedererregung des maßlosen Wollens (Selbstwollen), das in der untersten Potenz bleiben sollte, als Feind der Schöpfung. Zugleich hat aber Satan als Werkzeug Gottes die Funktion, Zweifler und Tadler zu sein, der die menschlichen Schwächen und Gelüste prüft, um die Offenbarung des Unrechts und der Sünde zu bewirken. Weil er die Allgegenwart der geistigen Kräfte des Bösen, dessen Prinzip er ist, erregt, damit Alles geprüft werden kann, um gerichtet zu werden, stellt sich die Frage, ob er selbst nicht auch zum göttlichen ‚Haushalt' gehört und ob er selbst überhaupt böse ist. In Satan erscheint das schrankenlose Seinkönnen, das alle wirkliche Existenz ausschließt und daher den Charakter des Nichtseins hat, als Prinzip der durch den Fall des Menschen wiedererregten Macht. Durch die Versuchung hat er die Menschen in Sünde und Tod gestürzt und erscheint als Vater des sündigen, in Selbstsucht verstockten und verblendeten Menschengeschlechts. Nachdem der ‚große Drachen' aus dem Himmel geworfen und auf die Erde herabgeschleudert wurde, waltet Satan in den politischen Reichen der Welt; und es eröffnet sich „die blutbetriefte Schaubühne der neuern Geschichte" (XIV 273). Jeder einzelne Mensch ist unter den herrschenden Einflüssen der satanischen Gewalten geboren und unwillkürlich davon ergriffen, er wird von der Selbstsucht und Weltgier getrieben, und zwar von Grund aus, in der Wurzel des Willens. Darin besteht, was man die Erbsünde und Kant „das radikale Böse in der menschlichen Natur"[19] genannt hat. Die Anfechtungen des Satans liegen nicht in der sinnlichen Natur des Menschen begründet, sondern in den Abgründen der menschlichen Selbstsucht in einer mit Scheinwerten besetzten Welt. Um sie zu überwinden, müssen sie nicht bloß durch Belehrung erkannt werden, um sie zu meiden, sondern in eigener Erfahrung erlebt werden. Die notwendige und wohltätige Wirkung Satans für die Entwicklung der Menschheit zeigt sich daran, daß „dieser Geist der immerwährende Erreger und Beweger des menschlichen Lebens [ist], das Prinzip, ohne das die Welt einschlafen, die Geschichte versumpfen, stillstehen würde. Dies ist die eigentliche philosophische Idee des Satans": Er ist „das notwendige **principium movens** aller Geschichte [in der Welt]" (XIV 270 f.). In dieser Hinsicht ist er „ein gelittenes, wenigstens als Mittel gewolltes Prinzip" (XIV 275); er muß Werkzeug sein, weil „die Schöpfung ... solange keine vollkommene Wahrheit [hat], als nicht *jede* ihr entgegengesetzte Möglichkeit sich gezeigt hat und, indem offenbar, zugleich besiegt worden. Diesem Standpunkt gemäß ist jenes Prinzip eine das verborgene Böse hervorrufende, am offenbar-Werden des Bösen sich erfreuende Ursache, ohne *an sich* böse zu sein, da vielmehr Gott selbst sie leidet, ja sie wollen muß, soweit sie zu wollen ist, nämlich nicht an sich, aber als *Mittel.*" (XIV 274) Mit diesen Worten beendet Schelling gleichsam seinen Versuch einer Theodizee.

Am Schluß der *Philosophie der Offenbarung* steht ein Ausblick auf die Geschichte der Organisation der Glaubens- und Religionsgemeinschaften, speziell auf die Kirchengeschichte, womit „der Übergang aus dieser höheren und inneren Geschichte in die äußere" (XIV 293) verbunden ist. In ihr kommt die Entwicklung des Reiches Christi in dieser Welt zum Ausdruck. Auch hier sieht Schelling eine Sukzession der großen christlichen Konfessionen und Kirchen begründet, und zwar in der von Christus bestimmten Abfolge der Apostel. So ist Petrus der Apostel der katholischen Kirche, die den wahren Glauben hatte, aber nicht in freier Erkenntnis; Paulus ist der Apostel der protestantischen Kirche, in der die Einheit der Kirche verlorengeht, aber der wissenschaftliche Geist Einzug in den Glauben hält. Und schließlich: „Johannes ist der Apostel der zukünftigen, erst wahrhaft allgemeinen Kirche, die ohne beschränkenden Zwang, ohne äußere Autorität, welcher Art sie auch sei, durch sie selbst besteht, weil jeder freiwillig herbeikommt, jeder durch eigene Überzeugung" (XIV 328). Das dritte Evangelium weist auf eine geistige Kirche voraus, eine frei erkannte und in Freiheit anerkannte ‚philosophische Religion'.

9. Die Berliner Vorlesungen und das abschließende Konzept

a) Einleitung in die Philosophie der Offenbarung

Am 16. 11. 1841 beginnt Schelling seine Berliner Vorlesungen vor einem illustren Publikum. Die Erwartungen an ihn sind sehr hoch, Rechts- und Linkshegelianer sind gleichermaßen, wenn auch aus unterschiedlichen Gründen und Motiven, auf diese Vorlesungen gespannt: Der Jugendfreund, von dessen Kritik an *Logik* und *Enzyklopädie* man meist indirekt durch Gerüchte gehört hat, betritt die Wirkungsstätte des Meisters, um den Schülern Hegels die Sache der Philosophie auseinanderzusetzen. In der Tagespresse werden die Vorlesungen ausführlich dokumentiert und zumeist kritisch beurteilt. Schelling wird zum Politikum. Da sich schon bald Enttäuschung breit macht, rückt Schelling, der 1842 endgültig in den Preußischen Staatsdienst eintritt, in die Rolle eines konservativ-reaktionären Günstlings des Hofes, der sich nur mit Hilfe seines Protegees halten kann[1]. Das Interesse an seinen Vorlesungen läßt spürbar nach: Diejenigen, denen die Vorlesungen eine „Offenbarung der Philosophie" ist, sind in einer deutlichen Minderheit gegenüber jenen, die sie als „Mythologie der Philosophie"[2] kaum ertragen können. Ruge schimpft auf die „Potenzensauerei"[3], Kierkegaard, in dem nach eigenem Bekunden „die Frucht des Gedankens" hüpft, als Schelling das Wort ‚Wirklichkeit' ausspricht, ist zunächst konsterniert, schließlich enttäuscht: „Ich bin zu alt, um Vorlesungen zu hören, ebenso wie Schelling zu alt ist, um sie zu halten."[4]

Schelling, so scheint es, hat sich, vor allem aber seine Zeit, überlebt. Bei aller Aufmerksamkeit, die ihm zuteil wurde, bei allem eigenen Anspruch, auf die Probleme der gegenwärtigen Zeit eine philosophische Lösung parat zu haben, dringt er doch zu den Zeitgenossen nicht mehr durch. Er unterstellt sein Wirken der Aufgabe, zum innersten Problem des Verhältnisses von Glauben und Wissenschaft vorzudringen, um das Bedürfnis nach Philosophie zu befriedigen und die Philosophie aus ihrer Bedeutungslosigkeit einer bloßen „Tangente des Lebens" zu erheben und schließlich die das menschliche Leben wirklich bewegenden Mächte Staat und Religion philosophisch wieder dem Bewußtsein der Gegenwart zu vindizieren (XIII 8 ff.): „Es handelt sich, und zwar sehr ernstlich, noch einmal – möge es das letzte Mal sein – um die Bedeutung der Philosophie selbst." (XIII 32) In seinem letzten Konzept, der ‚Darstellung der rein rationalen Philosophie', hat er übrigens diejenigen seiner Kritiker, die sich selbst für fortschrittlich ausgaben und wußten, was an der Zeit war, und die Schelling selbst als Urheber der politischen Ereignisse der Revolution von 1848 ansah, seinem eigenen Verständnis nach in seiner Theorie des Politischen eingeholt und in ihrem wahren Wesen bloßgestellt.

Aus Schellings Vorlesung 1841/42 sind nur zwei Teilstücke in die *Sämtlichen Werke* aufgenommen worden: die sogleich auch als Einzeldruck veröffentlichte ‚Erste Berliner Vorlesung' (XIV 357–367) und die sogenannte ‚Andere Deduktion der Prinzipien der positiven Philosophie' (XIV 335–356). Überprüfen läßt sich dies einigermaßen an der Nachschrift, die H. E. G. Paulus mit eigenen Zusätzen und kritischen Kommentierungen ergänzt 1843 veröffentlicht hat. Unter den zahlreichen Berliner Nachschriften bzw. Auszügen aus den Vorlesungen ist sie zweifelsohne die bedeutendste[5]. Gegen diese hat Schelling nach Erscheinen einen Prozeß wegen unerlaubten Büchernachdrucks angestrengt, aber vor einem der Aufklärung verpflichteten Gericht verloren. Den kritischen Zeitgenossen gegenüber hatte er sich damit zudem eine Blöße gegeben; sie empfanden dies als Versuch, die Veröffentlichung der ‚Wahrheit' über seine Vorlesungen mit Mitteln der Polizei zu verhindern.

Der Text ‚Einleitung in die Philosophie der Offenbarung oder: Begründung der positiven Philosophie' (XIII 1–174) stammt nach der Datierung von K. F. A. Schelling aus dem Jahre 1844/45. Dieser und die bereits genannte ‚Darstellung', die als ‚Philosophische Einleitung in die Philosophie der Mythologie' (XI 253–572) firmiert und als deren Abschluß die ‚Abhandlung über die Quelle der ewigen Wahrheiten' (XI 573–590) hinzugehört, bilden den eigentlichen Ertrag der Berliner Zeit. Nach eigenem Bekunden, aber auch nach Zeugnissen seiner Zuhörer, hat Schelling nur die Einleitung zu seinen Vorlesungen neu konzipiert (wobei freilich wesentliche Versatzstücke früherer Texte eingingen), in den materialen, ausführenden Teilen der Religionsphilosophie aber ältere Vorlesungsmanuskripte zugrundegelegt und mit kleineren Änderungen versehen.

Diese beiden Texte werden im folgenden skizziert: Die ‚Begründung' enthält einleitend die bereits bekannten, hier noch präziser gefaßten philosophiehistorischen Betrachtungen Schellings zum neuzeitlichen Rationalismus, Empirismus sowie der geschichtlichen Tatsache, daß negative und positive Philosophie historisch schon immer, freilich in einem ungeklärten Sinn, gegeneinander standen[6]. Danach bestimmt Schelling Aufgabe, Erkenntnisstatus, Methode sowie die abschließende Idee und das Ende einer reinen Vernunftwissenschaft und schließlich ihr Verhältnis zur positiven Philosophie. Die Idee einer reinen Vernunftwissenschaft sei die von Kant her gestellte Aufgabe: Der „Meinung, als könnte irgend etwas aufgestellt werden, das sich ganz vom Zusammenhange mit Kant losreiße, muß ich aufs Bestimmteste widersprechen" (XIII 32). Während die herkömmliche Metaphysik als Wissenschaft ihre übernatürlichen Gegenstände (Seele, Welt, Gott) auf der Grundlage der Unterscheidung dreier Erkenntnisquellen intellectus (Verstand), Erfahrung und ratio (Vernunft) durch Anwendung allgemeiner Begriffe und Grundsätze zu erreichen suchte, wobei die Inhalte jeweils als bloß zufällige oder überkommene, nicht aber als notwendige eingesehen wurden, komme Kant das Verdienst zu, in der Vernunft, als Vermögen zu schließen bzw. als Vermögen der Ideen, den abschließenden Gedanken der herkömmlichen Metaphysik in seiner Notwendigkeit aufgewiesen zu haben: Gott ist „nicht der zufällige, sondern der notwendige Inhalt der letzten, höchsten Vernunftidee" (XIII 45). Aber die *Kritik der reinen Vernunft* bleibt aufgrund ihres Bezugs zur traditionellen Metaphysik mit der äußerlich bleibenden Unterscheidung und Bestimmung der drei Erkentnisvermögen Sinnlichkeit, Verstand und Vernunft tatsächlich nur ‚Kritik'. Ihr Hauptproblem besteht in der Begründung der Möglichkeit apriorischer Erkenntnis. Im Rahmen seiner Theorie der Erfahrung bleibt jedoch das zugrunde gelegte Ding an sich = X, d. h. als das nach Schelling wahrhaft „Existierende selbst, das Wesen der Dinge" (XIII 50), unerkannt und unerkennbar. Mit seinem Anspruch, Form und Materie der Dinge aus einem Prinzip, dem Ich des menschlichen Bewußtseins abzuleiten, hat Fichte „die Idee einer *vollkommenen* apriorischen Wissenschaft", den „Begriff absoluter, nichts voraussetzender Philosophie" (XIII 51) erfaßt. Während nun bei Fichte trotz mißlungener Ausführung gleichwohl „der Materie und oder dem Wesen nach der wahre Ausgangspunkt" (XIII 55) der geforderten apriorischen Wissenschaft gefunden war, habe Schelling selbst durch Aufhebung der im Ich des Bewußtseins liegenden Beschränkung das allgemeine Prius gefunden (Subjekt-Objekt-Indifferenz): Es entstand die Identitätsphilosophie als Wissenschaft der absoluten Vernunft, „in welcher nicht mehr der *Philosoph* [subjektiv], sondern die Vernunft selbst die Vernunft erkennt" (III 57), und d. h. in der alle apriorische Erkenntnis aus der Vernunft, „welche von sich aus zu allem Sein gelangt und nichts mehr bloß aus der Erfahrung aufnimmt" (XIII 57), abgeleitet wird.

An dieser Stelle erläutert Schelling grundsätzlich den epistemischen Status der Vernunfterkenntnis und ihr Verhältnis zur Erfahrung. Sofern nun die Vernunft in sich selbst das Prius oder „Subjekt alles Seins", worin sie das Prinzip einer apriorischen Erkenntnis alles Seienden hat, entdeckt, stellt sich die Frage, was dadurch an allem Seienden erkannt wird. Schelling verweist auf den Unterschied, daß „an allem Wirklichen zweierlei zu erkennen [sei]..., was ein Seiendes ist, quid sit, und daß es ist, quod sit" (XIII 57 f.)[7]. Am Seienden zeigt sich so zum einen die der Vernunft zugängliche und in einem Begriff faßbare Seite (das Wesen), zum anderen die der Erfahrung zugängliche faktische Existenz, zu der die Vernunft keinen Zugang hat. Sie erkennt am Wirklichen bloß sein quid, sein Wesen, hat „*es selbst* im Begriffe" (XIII 58) und als solches begriffen, nicht aber das dem Denken gegenüber ganz Andere: die Wirklichkeit des Wirklichen, *daß* ein bestimmtes Seiendes ist. Gleichwohl hat es die Vernunft in ihren Konstruktionen deshalb nicht „mit einer Chimäre zu tun" (XIII 60); Schelling betont ausdrücklich, daß der Umstand, ob etwas existiere oder nicht, „in meinem Begriffe von dem Inhalte nicht das Geringste" (XIII 60) verändere bzw. daß „die Wesenheit dieselbe bleibt, die Sache mag wirklich vorhanden sein oder nicht" (XI 575). Die Vernunftwissenschaft ist also *methodisch* von Erfahrung unbeeinflußt, und es stellt sich hier auch nicht die Frage, wie die Prinzipien des Vernunftwissens in das individuelle Bewußtsein eintreten, sondern die Prinzipien müssen apriori in der Vernunft begründet werden. Die Rolle der Erfahrung bestimmt Schelling dahingehend, daß sie als „eine von der Vernunft unabhängige Quelle" (XIII 61) ihr als „Kontrolle" dient: „Denn *daß* das Konstruierte wirklich existiert, dies sagt eben nur die Erfahrung, nicht die Vernunft." (XIII 62) Diese Bestimmung von Vernunft und Erfahrung, daß die Vernunft auf das Wesen, nicht aber auf das einzelne existierende Seiende bezogen ist, lag Schellings Identitätsphilosophie natürlich von Anfang an zugrunde[8]; während dort das ‚Endliche', ‚Einzelne' aber als nichtig verworfen wurde, bekommt jetzt der Unterschied von Wesen und Existenz im Spätwerk eine besondere systematische Bedeutung. Als Begleiterin der Vernunftwissenschaft gibt die Erfahrung nur darüber Auskunft, daß bestimmtes Seiendes existiert und wie es im Erfahrungszusammenhang zu erklären ist, nicht aber *warum* es überhaupt ist[9].

Aller wirklichen Erkenntnis eines wirklichen Seins geht der Begriff eines Seins voraus, als ursprünglicher Inhalt des Denkens; dieses ist kein wirkliches, sondern ein bloß mögliches Erkennen und besteht in einem Vermögen. „Die Vernunft ist nun nach Kant nichts anderes als Erkenntnisvermögen überhaupt, demnach ist die in uns gesetzte, aber auf dem Standpunkt der Philosophie uns zum Objekt gewordene, demnach selbst ganz objektiv zu betrachtende Vernunft die *unendliche Potenz des Erkennens*" (XIII 62). Die Vernunft ist „die unendliche, d. h. gegen alles freie, von nichts voreingenommene Potenz des Erkennens" (XIII 74), „die in ihrem eigenen und ursprünglichen Inhalte, ohne von etwas anderem abhängig zu sein, die Nötigung hat, zu allem Sein fortzugehen, indem nur *alles* Sein (die ganze Fülle des Seins) der *unendlichen* Potenz entsprechen kann." Nach der hier geforderten Identität von Denken und Sein ist die unendliche Potenz des Seins „der der Vernunft an- und eingeborene Inhalt" (XIII 63 f.). Der Inhalt der reinen Vernunft ist demnach kein schon fertiges Sein, noch gar ein bloß abstraktes, sondern das Seinkönnen, unendliche Potenz des Seins, bzw. *das Seiende*, wie es Schelling nennt, um die apriorische Stellung gegen das wirkliche Sein zu bezeichnen.

An der unendlichen Potenz des Seins „hat die Vernunft ..., was ihr die völlig apriorische Stellung gegen alles Sein gibt, so daß sie von jenem aus nicht nur ein Seiendes überhaupt, sondern das gesamte Sein in allen seinen Abstufungen zu erkennen vermag. Denn in der unendlichen, noch übrigens unbestimmten, Potenz entdeckt sich unmittelbar, und zwar nicht als ein zufälliger, sondern notwendiger, jener *innere Organismus* aufeinander folgender Potenzen, an dem sie den Schlüssel zu allem Sein hat, und der der innere Organismus der Vernunft selbst ist. Diesen Organismus zu enthüllen, ist Sache der rationalen Philosophie." (XIII 76)

Wie ist nun aber ein Fortschritt von der unendlichen Potenz des Seins möglich? Das Objekt des reinen Denkens ist das, was vor dem Sein ist, „versteht sich vor dem wirklichen" (XIII 204). Es entspricht dem Bedürfnis des Menschen, gleichsam hinter das Sein zu kommen, wo er „von allem Wirklichen sich frei zu machen hat, um in eine völlige Wüste alles Seins zu fliehen, wo nicht irgendwie Wirkliches, sondern nur noch die unendliche Potenz alles Seins anzutreffen ist, der einzige unmittelbare Inhalt des Denkens, mit dem dieses sich nur in sich selbst, in seinem eigenen Äther bewegt" (XIII 76). Vom Sein her betrachtet ist es bloßes Subjekt: das, „was sein kann" (XIII 77), die erste Bestimmung oder Potenz. Das ‚bloß sein Könnende' schien als voraussetzungsloses Subjekt das gesuchte Prinzip zu sein; weil aber dieses Können nicht „für sich selbst" festgehalten werden kann (XIII 79), d. h. im wirklichen Übergang zum Sein des ‚Könnens' verlustig geht, wird sogleich auch das Objekt und das Subjekt-Objekt gefordert. Damit wird das Seinkönnen in allen seinen drei Bestimmungen mit der Totalität des Seienden identisch, freilich nur als deren Momente, die nur *zusammen* das Seiende (XIII 78) bestimmen. Somit ist die Vernunft selbst in ausgezeichneter Weise das, was die erste Potenz war: Seinkönnen. Sofern ihr unmittelbarer Inhalt das Seiende überhaupt und schlechthin, nämlich „alles Sein" (XIII 63) ist, kann sie selbst *unendliche Potenz*, unendliches Seinkönnen bzw. bloß reine Potenz (XIII 63 f.) genannt werden.

Nun war der notwendige Fortgang in den Bestimmungen durch eine Zweideutigkeit bestimmt: „wir hatten das Prinzip und wir hatten es auch nicht" (XIII 66 f.), denn das wahrhafte Prinzip, das Seiende, das den ermöglichenden Grund von Wirklichkeit darstellt, und das Schelling auch das „wahrhaft Seiende" (XIII 67), das „Seiende selbst" (XIII 70), nennt, war hinter den verschiedenen Bestimmungen verborgen: In der Indifferenz des unmittelbaren Inhalts der Vernunft liegen das Seiende und das Prinzip ungeschieden. Gesucht wird aber die Potenz, wie sie für sich ist (XIII 78 f.), d. h. das *Subjekt* muß zur „Potenz seines eigenen Seins" (XIII 79) werden: Als *Seinkönnen* muß es so gedacht werden, daß es für sich etwas sein und als wahrhafte „potentia existendi" (XIII 205) sich erweisen kann, ohne unmittelbar in die zweite und dritte Potenz übergehen zu müssen. Das Subjekt, auf einem höheren Niveau betrachtet, muß, um wahrhaft Subjekt zu sein, eine solche Struktur annehmen, daß der unmittelbare Bezug auf das Objekt (das Sein) umgewendet ist zu einem *vermittelten Bezug* auf sich selbst; sein Prinzipcharakter wird erst offenbar, wenn das Prinzip ‚frei' und für sich gesetzt ist. Der Inhalt der Vernunft ist zunächst also noch „nichts absolut Gewisses, Bleibendes", das „eigentlich Bleibende" (XIII 67) muß vielmehr erst eruiert werden. Dies geschieht durch das Verfahren einer „via exclusionis" (XIII 71), wobei alles, was nicht beanspruchen kann, das Seiende selbst zu sein, das die Möglichkeit von Existenz gewährt, ausgeschieden wird. Diese Explikation des Seienden findet gleichwohl doch nur wieder im „Begriffe" statt; dem „wirklichen Sein gegenüber" hat die Vernunftwissenschaft das Seiende „doch wieder nur als Möglichkeit" (XIII 66).

Am Ende der rationalen Philosophie erscheint so das Prinzip als das Seiende selbst; als Seinsgrund für Seiendes ist es für die Setzung von Existenz verantwortlich. Ein solches Prinzip kann nicht vom Denken selbst aufgestellt werden, vor allem die Vernunft kann nicht dieses Prinzip sein, sondern nur eine Instanz, die aller Vernunft enthoben, ein „begriffloses Prius" (XIII 167) ist. Dies ist das schlechterdings transzendente Sein (XIII 127) – und Denken ist nur, weil ein Sein ist; nicht gibt es umgekehrt ein Sein, weil Denken ist. Wenn die Vernunft das Seiende selbst *als Prinzip* erreichen will, muß sie sich selbst als Vernunft aufgeben, indem sie eine Ex-stase, eine Befreiung aus ihrer Selbstbezüglichkeit, vollzieht. Damit wird sich die Vernunft aufgrund ihrer eigenen Potentialität als ein nur „relatives Prius" (XIII 27) durchsichtig; angesichts des unzweifelhaft Existierenden, des unvordenklichen Seins, das der Vernunft nun selbst unerkennbar bleiben muß, weil sie nur dasjenige erkannte, dem sie ein *logisches Prius* unterstellen konnte, erstarrt die Vernunft. Für das unzweifelhaft Existierende gibt es kein Prius, es ist das absolute Prius selbst (XIII 129), das „seinem Begriff Zuvorkommende" (XIII 156). Da es unmöglich scheint, daß das absolute Prius als Begriffsloses, als schlechthin Transzendentes, das es ist, auch außer und über der Vernunft bleibt, sucht die Vernunft dem absoluten Prius aposteriori, d. h. durch Anerkenntnis seiner Faktizität und seines reinen ‚Daß' in der Exstase, einem Frei-werden von sich selbst, Rationalität zu verschaffen, genauer: sucht sie nachzuvollziehen, wie das Prinzip als Prinzip seine eigene Intelligibilität selbst hergestellt hat.

Das schlechterdings transzendente Sein ist noch nicht Gott, sondern zunächst das „unzweifelhaft Existierende" (XIII 158 f.), reine Wirklichkeit. Dies bzw. sie ist der Anfang der positiven Philosophie. Schon früher hatte Schelling formuliert: „Hier gilt es *Alles* zu lassen – nicht bloß, wie man zu reden pflegt, Weib und Kind, sondern was nur Ist, selbst *Gott*, denn auch Gott ist auf diesem Standpunkt nur ein Seiendes" (IX 217); eben deshalb ist der Begriff ‚Gott' als Ausgangspunkt fallen zu lassen (XIII 158). Da Gott dem Seienden Grund ist, wird er auch das „Überseiende" (XIII 128) genannt. Darum ist es die Aufgabe der positiven Philosophie, das unzweifelhaft Existierende als das Überseiende, als Gott zu erweisen (XIII 129). Das Verfahren ist völlig analog zu dem des reinen Denkens: Ausgehend vom anfänglichen reinen Daß der Existenz muß es wieder zum Begriff Gottes gelangen, zu seinem Wesen oder der Erkenntnis seines Was; es ist sonach eine Bewegung, durch die das Transzendente der Vernunft immanent gemacht wird (XIII 170) und damit auch verstanden ist. Mit dieser Bewegung sieht sich Schelling vor allem von der Kantischen Kritik der Gottesbeweise, speziell des ontologischen, unbetroffen, denn die grundsätzliche transzendierende Bewegung des Beweises vom Begriff oder Wesen zur Existenz wird hier als Bewegung einer Wendung von der Transzendenz in die Immanenz vollzogen. Ausgangspunkt ist der im kosmologischen Beweis grundlegende Begriff des notwendig Existierenden, bei dem gar nicht gezweifelt werden kann, daß es existiert. Da dieses aber völlig unbestimmt ist, sah Kant nur die Möglichkeit, vom notwendigen Wesen zum vollkommenen Wesen (das der ontologische Gottesbeweis zugrundelegt) fortzuschreiten, womit freilich dann auch das Argument gegen den ontologischen Beweis zum Zuge kommt. Diese Problematik, sich gleichsam (und erfolglos) in die Vernunftwissenschaft zurückzuwenden, umgeht Schelling, indem er, vom notwendig Existierenden ausgehend, in einer anderen Wissenschaft und nach einem anderen modus progrediendi fortgeht: Demnach lassen sich negative und positive Philosophie charakterisieren einerseits als ‚Apriorismus des Empirischen', wo die Vernunft in einer apriorischen Stellung zum Sein steht und das Empirische apriori erkennt, andererseits als ‚Empirismus des Apriorischen', wo das absolute Prius in seinen Folgen als die Gottheit erwiesen wird. Während beide Wissenschaften auf die Erfahrung zugehen, verwächst die positive gleichsam mit der Erfahrung: Aus ihr heraus bestätigt sich geschichtlich der Sinn des Seins. Schließlich unterscheiden sich beide darin, daß die negative Philosophie ein geschlossenes begriffliches System darstellt, während das – der Erfahrung grundsätzlich offene – System der positiven Philosophie auf der entschiedenen *Behauptung* des transzendenten Seins beruht.

b) Die Prinzipien der Philosophie

Schellings letzte, nur noch konzipierten und nicht mehr vorgetragenen Vorlesungen sind der wenigstens noch in Anlage und Grundzügen reformulierten Identitätsphilosophie unter dem Titel einer *rein rationalen Philosophie* gewidmet. Der wesentliche Inhalt der ‚Darstellung der rein rationalen Philosophie' ist zum einen die Potenzenlehre, zum anderen eine skizzenartige Ausführung[10] der Vernunftwissenschaft, die auf eine wesentlich an Platon und vor allem Aristoteles orientierte Seelen- bzw. Geisttheorie bezogen ist. Dieser rein rationalen Philosophie ist zudem die aus der Vorlesung ‚Über die Prinzipien der Philosophie' (1843/44) stammende ‚Darstellung des Naturprozesses' (X 301–390) zuzurechnen, in der spezielle Probleme der Naturtheorie mit Rücksicht vor allem auf Kant behandelt werden. Es wäre interessant zu wissen, wie die Vorlesung ‚Über die Prinzipien der Philosophie' in den (bislang) unbekannten Eingangspartien begonnen wurde; vermutlich wurden hier die Prinzipien der rein rationalen Philosophie in einer Weise entwickelt, die sich als Vorläufer der späteren Darstellung erweisen könnte.

Intention und Bedeutung dieses letzten Werkes hat Schelling im Brief an Beckers vom 29. 12. 1852 herausgestellt, „daß nämlich die Prinzipien- oder Potenzen-Lehre meine Metaphysik [sic!] ist: sie ist in der Tat nicht bloß die erste Grundlage, sondern auch die Materie der ganzen ferneren Entwicklung für die rationale Philosophie". Die Potenzenlehre wird also zunächst eindeutig der rationalen Philosophie zugeordnet: „Wie die positive, die dieser Lehre eben so wenig entbehren kann, sich dieselbe verschafft, ist eine besondere Frage, über welche ich selbst erst hier [sic!] völlig in's Klare gekommen bin." Und: „wie die negative Philosophie zu der positiven fortschreitet[,] darüber habe ich ja in München fast nur Andeutungen gegeben und niemals eigentlich gelesen" (Plitt III 241). Die Potenzenlehre bleibt dabei strukturell unverändert; von Bedeutung ist jedoch die Art und Weise der Herleitung und Rechtfertigung der Potenzen als der grundlegenden Prinzipienbegriffe, wobei Schelling im Detail Kants Lehrstück vom transzendentalen Ideal sowie die dynamis-energeia- und Prinzipienlehre des Aristoteles rezipiert. Der ständige Bezug auf Kants ‚transzendentales Ideal' ist ein Hinweis darauf, daß Schelling zuletzt von ihm her den durchgängigen und einheitlichen Zusammenhang im Prinzipiengefüge des Spätwerks einsichtig machen will: „In ihm allein [dem Ideal der Vernunft] hat oder kommt die Philosophie zu ihrem Prinzip."[11] Daher auch die wiederkehrende Reflexion darauf, daß Kant hierzu allein den noetischen Weg offen gelassen und daß das Ideal nur aufgrund ‚seiner Stellung zur neueren Metaphysik' an das Ende der Philosophie geraten sei. Das transzendentale Ideal ist demnach nicht bloß erkenntniskritisch restringierender und strukturell abschließender Gedanke der rationalen Philosophie, von dem her auch der Übergang zur positiven Philosophie vermittelt wird – diese Perspektive hat Schelling in den früheren Texten allein im Blick –, sondern hinsichtlich seiner Funktion für die Gesamtanlage der negativen Philosophie zugleich der grundlegend begründende Gedanke, gleichsam der ‚höchste Punkt, an dem die ganze rein rationale Philosophie aufzuhängen ist'.

Schelling zieht seine Einsicht sogleich als grundlegende Perspektive der Philosophie nach Kant aus, um „im Gebäude des Kantischen Kritizismus den bestimmten Punkt anzugeben, an den die spätere Entwicklung sich als eine notwendige Folge anschloß. Dieser Punkt findet sich meines Erachtens in Kants Lehre von dem Ideal der Vernunft." (XI 283 Anm. 1) Mittels der Rezeption dieses Kantischen Lehrstücks vom transzendentalen Ideal kann Schelling die zur rein rationalen gleichsam nobilitierte negative Philosophie ausführen: Es bezeichnet nicht nur den die Vernunftwissenschaft abschließenden Gedanken, sondern (in der entsprechenden Transformation) auch deren Objekt, und begründet die bestimmte Form dieser Wissenschaft als streng methodisch, und d. h. als *Wissenschaft* durchgeführte Kritik der reinen Vernunft, was sie – nach Schelling – bei Kant noch nicht gewesen war. Das Ideal der Vernunft ist, darauf legt Schelling Wert, nach Kant nicht bloß Idee (Inbegriff aller Möglichkeiten bzw. aller möglichen Prädikate), sondern bezeichnet darüber hinaus – als zum Einzelwesen erhobener Begriff von einem transzendentalen Gegenstand oder Ding an sich – ein einzelnes Wesen, das „zugleich den *Stoff*, die *Materie* alles möglichen und wirklichen Sein enthalten sollte". Weil nun der „bloße Inbegriff aller Möglichkeit zu weit" (XI 287) gefaßt sei, um damit Bestimmtes zu erreichen, schränkt Schelling die ‚Möglichkeiten' ein auf die ursprünglichen, zur Natur des Seienden selbst gehörenden Unterschiede; diese werden durch Induktion im reinen Denken (womit der Anfang zu machen ist) noetisch gefunden.

Im Seienden als unmittelbarem Inhalt des Denkens soll ermittelt werden, „was das Seiende ist", d. h. sein Prinzip, das *logische Prius* als die Instanz, von der her das Seiende gedacht werden muß, um verstanden zu sein. Dabei lassen sich zunächst prädikationstheoretisch drei Momente unterscheiden: Subjekt, Prädikat und das sie verbindende Urteil; oder in der sogleich gegenständlichen (Subjekt-Objekt) Wendung Schellings: Den Anspruch, eine solche Instanz zu sein, macht „das reine Subjekt des Seins" (XI 302), das „bloß wesende" oder auch „urständliche" (XI 288) Subjekt. Bei diesem ist vom Seienden völlig abgesehen, das Seiende ist vielmehr sein Attribut, das, was von diesem, als dem Seienden zugrunde Liegendem (sub-jectum, *hypokeimenon*), prädiziert werden kann. Als das „bloß sein Könnende" (*erste Potenz*)[12] ist es notwendig die erste, voraussetzungslose Bestimmung (XI 289): „das Denken weigert sich" (XI 302), noch hinter das bloße Subjekt zurückzugehen, es ist am Anfang des reinen Denkens das ‚primum cogitabile', das ‚erste Denkbare' (XI 302). Weil in dieser Bestimmung das Seiende als Totalität verloren gegangen, mit dem bloßen Subjekt also eine Beraubung (aristotelisch: *steresis*) gesetzt (XI 288) und das Subjekt zwar das Seiende, aber nur „an sich" (XI 302), ist, kann das Denken nicht beim „bloß sein Könnenden" stehen bleiben, sondern wird zur nächsten Bestimmung fortgezogen. Das Subjekt erfordert als zweite Bestimmung die Negation der ersten: das „rein Seiende", das „Objekt", „in dem ebenso wenig etwas von einem Können ist als in dem Subjekt etwas von einem Sein" (XIII 77) (*zweite Potenz*). „Bloß sein Könnendes" und „rein Seiendes" bezeichnen in ihrer gegenseitigen Ausschließung freilich immer noch nicht die Einheit der Totalität des Seienden, die in der dritten Bestimmung (*dritte Potenz*) liegt, die beide „als Momente des Seienden" (XI 289) an sich hat bzw. in sich enthält, beide gleicherweise ist: „Subjekt-Objekt" (XIII 77). Durch dieses ist das Seiende vollständig bestimmt (vgl. XI 321), so daß das reine Denken seinen unmittelbaren Inhalt als die in sich vollendete Einheit der Totalität des Seienden begriffen hat. Weil das Subjekt-Objekt das „bei-sich-Seiende" (im Gegensatz zum in-sich- und außer-sich-Seienden; XI 303) ist, kann auch das Denken (zunächst) bei ihm stehen bleiben. In und aus der Erfahrung der Notwendigkeit des Fortgangs des reinen Denkens werden das allgemeine Vernunftgesetz (Satz vom ausgeschlossenen Widerspruch), die Differenz der modalen Bestimmungen von Möglichkeit und Wirklichkeit, Potenz und Actus etc. hergeleitet[13]. Gleichwohl erreicht das reine Denken, als ‚Vorhof der Wissenschaft' „noch vor aller Wissenschaft" (XI 320), zwar die Momente des Seienden (-A, +A, ±A), seinen vollständigen Begriff, nicht aber dessen Prinzip *als* Prinzip; denn als das logische Prius erscheint eigentlich das Seiende, nicht das Prinzip des Seienden (A^0; XI 364).

Resultat der skizzierten Bewegung des reinen Denkens in einer noetischen und deshalb vollständigen Induktion ist der umfassende Begriff des Seienden; diese Bestimmungen, die zunächst Prinzipien des Seienden zu sein schienen, werden demnach als bloße Möglichkeiten zu unselbständigen Momenten des wahrhaften Prinzips der Wirklichkeit herabgesetzt. Das Seiende als Inbegriff aller Möglichkeiten ist „das Seiende – wir könnten auch sagen: das Absolute ... außer dem nichts möglich ist -, aber das Seiende nur *materiell*, dem Stoffe nach ... oder das Seiende im Entwurf, die bloße Figur oder Idee des Seienden, nicht es selbst." (XI 291) Die ‚Potenzen' als Prinzipien bzw. kategoriale Begriffe sind zunächst Elemente oder Momente dessen, was ihr Prinzip ist, nämlich des Seienden selbst; als Ursachen sind sie (passive) Möglichkeiten eines anderen Seins; und schließlich – realisiert durch die reine Aktualität, die in ihnen, als Materie, sich verwirklicht – sind sie (bleibende) aktive Mächte der Wirklichkeit. Die Potenzen werden, dem Anspruch nach, als die (urteils-)logisch, erkenntnistheoretisch und ontologisch unhintergehbaren Begriffe der Vernunft hergeleitet; solcherart fungieren sie als konstitutive Begriffe des reinen Denkens, als konstruktive Begriffe der Wissenschaft und (in der positiven Philosophie) als rekonstruktive Begriffe der Geschichte der Offenbarung der für sich seienden Gottheit[14].

Das Seiende bzw. der Begriff des Seienden ist der unmittelbare Inhalt der Vernunft; „das Seiende selbst", näherhin „das, was das Seiende Ist" (XI 314), als „das durch die Idee bestimmte *Ding*" (XI 361), wird gesucht, ist der Zweck. Dazu muß vom Denken zur Wissenschaft übergegangen werden, in der die im einfachen Denken erreichte Idee *auseinandergesetzt* wird, um das in der Idee als bloße Möglichkeit enthaltene Prinzip als wirkliches Prinzip, um „das Prinzip für sich, ... nicht bloß durch das Seiende, sondern frei vom Seienden zu haben" (XI 364). Das Prinzip der Wissenschaft ist also *die absolute Idee,* in der Gott und das Seiende gleichursprünglich und gleicherweise als Möglichkeiten begriffen sind: „das Ganze als Gleichmöglichkeit (Indifferenz) von beiden, als Gleichmöglichkeit des außer dem Prinzip gesetzten Seienden (des außergöttlichen Seins) und des außer dem Seienden gesetzten Prinzips, der rein in sich seienden Gottheit" (XI 366).

Um zu dieser zu gelangen, werden sukzessive die Bestimmtheiten des Seienden abgeleitet und aus der Idee ausgeschieden. Die rationale Philosophie, die diesen Prozeß realisiert, gliedert sich (insgesamt) in die *Prinzipienlehre* und die *Ideenlehre*

(Naturphilosophie, *reeller Teil*). Wird die Seele als Repräsentant der Einheit der Ideen (a^0) als selbst zum Prinzip (Geist) erhoben gedacht, eröffnet sich die Möglichkeit einer durch das Ich gesetzten reellen-außergöttlichen Welt, womit der *ideelle Teil* der Philosophie abgeleitet werden kann, der sich wiederum in die Theorie des natürlichen Erkennens, theoretische und praktische Philosophie untergliedert. Durch die ‚Potentialisierung' der ersten Potenz, d. h. durch Überführung des Seienden in die Wirklichkeit (XI 312), wird ein realer Prozeß eingeleitet, den die rationale Philosophie in einer idealtypischen Entwicklung des Menschen (Ich) rekonstruiert: In der idealen Schöpfung (XI 419 ff., 489 ff.) der existentia praeter divina ist die Seele, die in der ursprünglichen Ungeschiedenheit der Potenzen vor der Welt in diese gleichsam eingeschlossen war, als deren Einheit hervorgetreten. Durch einen Abfall, der in der Erhebung der Seele zum Geist liegt, womit das „allgemeine Zeichen zum Für-sich-sein gegeben" (XI 422) wird, was nach Schelling die Bedeutung von Absonderung, von In-sich-Verschließen, In-sich-Zurücktreten (XI 422) hat, geht diese Einheit verloren und tritt eine reale Schöpfung, existentia extra divina, hervor. Durch „diese prometheische Tat" geraten Ich (Geist) und Natur in eine Entfremdung (XI 516 f.), die das Ich zunächst erkennend aufzuarbeiten und damit zu überwinden sucht. Schließlich flüchtet sich das Ich, das selbst im Handeln der bleibenden Faktizität nicht Herr wird und die Endlichkeit seiner Existenz als Individuum als Unseligkeit erfährt, ins „kontemplative Leben" (XI 556) und wendet sich Kunst, religiöser Praxis und der kontemplativen Wissenschaft zu (XI 558), um in ihr zu „dem gottschauenden theoretischen Leben" (XI 558) zu gelangen. Der „letzte Begriff" der Vernunftwissenschaft wird angebahnt über ein Ungenügen und Verzweifeln des Ich am theoretischen und praktischen Leben: In dieser kontemplativen Wissenschaft (rationale Philosophie) hat das Ich Gott nur „in der Erkenntnis, als ‚Ideal'" (XI, 560). In der Anerkennung der Ohnmacht gegenüber der faktischen Existenz kehrt „die vorige Verzweiflung" (XI 560) wieder, denn „das Aufgeben des Handelns läßt sich nicht durchsetzen;

es *muß* gehandelt werden" (XI 560). Dem Ich, sofern es praktisch ist (Person), ist mit dem Gott in der Erkenntnis (als Ideal) nicht geholfen, es verlangt nach dem wirklichen Gott, nach dem Gott, „der handelt, bei dem eine Vorsehung ist, der *als ein selbst tatsächlicher dem Tatsächlichen des Abfalls entgegentreten* kann, kurz der **Herr** des Seins ist" (XI 560). Der Übergang zu einer anderen Wissenschaft, der positiven Philosophie, wird motiviert aus einem „praktischen Antrieb" (565) heraus: „Person sucht Person" (XI 566); weil Gott als Person gesucht wird, muß das reine Daß des Anfangs als konkretes Einzelwesen begreiflich sein (vgl. XI 569).

Die auf den Prinzipien des reinen Denkens gründende und aus der absoluten Idee bzw. im Fortgang dann aus dem Ich als Prinzip entfaltete reine Vernunftwissenschaft, in der die Vernunft als Tätigkeit und Materie sich selbst Gegenstand ist, gelangt zum gesuchten (für sich seienden) Prinzip, dem, was das Seiende ist, wenn auch nur in der Idee, d. h. in Relation auf die Vernunft, und sie hat es auch nur an ihrem Ende – *als* Prinzip, aber nicht *zum* Prinzip – in dem notwendigen Gedanken der Vernunft: dem Gedanken notwendiger Existenz. Aber sie ist die universelle, geschlossene und bleibende *Erste* Philosophie (vgl. XI 561). Als ‚Wissenschaftstheorie' leitet sie im Gang gegen das Prinzip deduktiv die Totalität aller Gegenstände des Erfahrungswissens und die sie untersuchenden *besonderen* Wissenschaften ab, also auch die positive oder *Zweite* Philosophie – die als höchste zugleich Einzelwissenschaft ist –, ja sie bestimmt sich im Rahmen dieser Ableitung selbst noch ihren eigenen Ort.

Das wahrhaft Seiende als Resultat der negativen Philosophie ist im Gegensatz zur Potentialität der Vernunft als ‚actus' bestimmt (XI 563). Es ist das gesuchte Prinzip, das auch als Ermöglichungsgrund für die Wirklichkeit des Wirklichen gelten kann. Das, was zunächst als Faktum bloß hinzunehmen, aber nicht deduzierbar war, die Existenz, scheint in ihrem letzten Begriff eingeholt zu sein: das wahrhaft Seiende als Actus, wenn auch noch immer nur im Begriff.

Das, was seinem Wesen nach actus ist, das natura actus Seiende (XI 563), ist das als Prinzip im Resultat der rationalen Philosophie ‚ausgesonderte' Absolute, das nicht mehr der Potentialität der Vernunft anheimfällt. „Gott ist jetzt außer der absoluten Idee, [d. h. dem vollständig entfalteten Seienden] ... und in *seiner* Idee" (XI 562). Weil das Prinzip in der Vernunftwissenschaft als „das nicht mehr Erkennbare" (XI 564) stehen geblieben und durch die Heraussetzung und Ausschließung des wahrhaft Seienden aus der Vernunft als ihr gesuchtes Prinzip der positiven Philosophie als Aufgabe übergeben war, gibt es keinen in der Vernunft selbst vollzogenen Übergang, sondern nur „eine Umkehr" des Ich (XI 565). Aufgabe der positiven Philosophie ist demnach, die Unabhängigkeit Gottes von seiner eigenen, im Denken der Vernunft gefaßten Idee her fortzubestimmen. Diese Unabhängigkeit ist (wie dann die positive Philosophie zeigt) dadurch gegeben, daß Gott das andere Sein realiter selbst-sein läßt und die Möglichkeit der Schöpfung verwirklicht. „Denn wenn Gott ein Verhältnis zum Seienden nicht nur in der Idee, sondern auch zum Seienden, das außerhalb der Idee ist, d. h. im Existierenden hat, so zeigt er seine von der Idee unabhängige ... Wirklichkeit und offenbart sich also als wirklichen Herrn des Seins." (XI 571) In diesem Moment des Herrseins, verstanden als absolutes Übersein, ist die größte Entfernung zwischen Gott und Welt gesetzt. Darin liegt die Möglichkeit, daß das weltliche Sein eine autonome Selbständigkeit sich zurechnet, diese Entfernung zugleich als Gottlosigkeit auffaßt und das Herrsein Gottes bestreitet. In der begrifflich (nicht-empirisch) realen Unabhängigkeit der Welt liegt die Möglichkeit des Widerspruchs gegen Gott und die Unterwerfung der begrifflich realen Schöpfung unter die empirisch-vergängliche Existenzform. Aber noch gegen diesen Widerspruch ist Gottes Herrsein überlegen. Er ist sich seines absoluten Seins so sehr gewiß, daß er es noch in der Gestalt des fremden Seins selbst zur Durchsetzung bringen kann. Die Gottheit wird „selbst ein Gegenstand des Bewußtseins" (XI 571), d. h. stellt sich selbst im Raum des Erfahrbaren vor. Die Selbstvorstellung Gottes als

Knecht empirisch-weltlichen Seins realisiert schließlich die absolute Durchsetzung seiner Herrschaft. Diese Bestimmung kann nicht mehr dialektisch-logisch gefolgert werden, sondern ist an eine über die Vernunft hinausgehende Erfahrung verwiesen; die Gottheit hätte die abgefallene Welt auch kurzerhand vernichten und darin ihr Herrsein durchsetzen können. Durch diese Aktivitäten der Durchsetzung ihrer Herrschaft ist Religion begründet. „Die Forderung ist, daß die Gottheit nicht in das Bewußtsein einzelner, sondern in das Bewußtsein der Menschheit eingehe." (XI 571)

Die gesamte Anlage der rein rationalen Philosophie und der existentiell-voluntativ begründete Übergang zur positiven Philosophie ermöglichen Schelling in einem Schritt zugleich auch die Ausführung einer Theorie des Politischen, die von ihrer Anlage und Konzeption her seine Erfahrungen mit der und sein Urteil über die Revolution von 1848 integrieren kann[15]. Weil der Mensch Urheber einer realen außergöttlichen Welt, der existentia extra divina, ist, steht die Welt von ihrem Beginn an unter negativen Vorzeichen[16]; die rationale Philosophie kann darum keinen affirmativen Charakter haben, da in ihr die wirkliche Welt eine von Gott entfremdete Welt ist und nur Durchgangsstadium (XI 552) sein kann. Kennzeichen dieser außergöttlichen Wirklichkeit finden sich in der Staatstheorie des späten Schelling (1852): Der Staat, der die Freiheit des Individuums ermöglicht (XI 536 f., 546), ist eine „rächende Macht" (XI 535), er ist die weltliche Sühne und das Gericht hic et nunc über Zeitlichkeit und Endlichkeit, die sich der Mensch durch den Sündenfall selbst zugezogen hat. Er wird als mit Gewalt ausgerüstete *äußere* Vernunftordnung aus der intelligiblen Ordnung hergeleitet und reguliert nach dem Prinzip äußerer Gerechtigkeit ‚mechanisch' das Verhältnis der Individuen zueinander in der Gemeinschaft. Dieses Gefüge zu verändern, liegt aufgrund des objektiven Fundaments, von dem her dem Einzelnen ein Ort zugewiesen ist, nicht in dessen Willkür. In dem durch das sich erhebende Ich, das sich selbst Gesetz sein will, freigesetzten Prozeß, tritt dem Einzelnen die Allmacht des Vernunftgesetzes, des allgemeinen Willens gegenüber, welche im Gewissen vernommen wird. Die Allgemeinheit des Sittengesetzes empfindet der Einzelne ebenso wie die äußere Notwendigkeit und Zufälligkeit im Verhältnis des Individuums zum Staat, der jenseits der Gesinnung Pflichten fordert und Rechte gewährt, als lästigen Druck. Von diesem kann sich das Individuum nur in der Gesinnung befreien. Gesinnung und die Ausübung freiwilliger Tugenden, als Unterordnung unter den allgemeinen Willen, ermöglichen die innerliche Befreiung vom Staat, sie eröffnen die Sphäre der (höheren) ‚Gesellschaft'.

Der Zweck des Staates als objektiver Institution ist es also, die freie Entfaltung und Entwicklung der Individualität in Religion, Bildung und Moral zu gewährleisten[17]. Sein höheres Ziel besteht in einem ‚geistigen Leben' der Ruhe und Muße des Individuums in Kunst, Religion und Wissenschaft, worin die Besten einer Gemeinschaft fähig werden, den Staat innerlich zu überwinden, und wozu die Monarchie als in der intelligiblen Welt begründete Herrschaftsstruktur die geeignete Herrschaftsform darstellt. Aufgrund dieser spezifischen Trennung von Legitimation und Faktizität des Staates lehnt Schelling alle Vorstellungen von Vertragslehre und Volkssouveränität, von republikanischer Staatsform (als der mit wahrer Freiheit unverträglichsten Staatsform), ständischen Versammlungen und Verfassungen (welche die Souveränität des Monarchen beschränken) kategorisch ab: Denn sie haben ihre Grundlage gerade nicht in der objektiven, praktisch autonom wirksamen Vernunft, sondern in der ‚Vernunft' des Einzelnen. Damit ist ein Zusammenhang politischer Bewegungen mit dem Theorem des Abfalls von Gott, der den Zwangsstaat zur Folge hatte, hergestellt. Die Auflehnung des Willens gegen den Staat ist eine verwandelte Auflehnung gegen Gott, und darin liegt ein objektiver Grund zu Demokratie und Staatsumwälzung. Demokratie als Volksherrschaft nämlich ist nach Schellings Verständnis ein Werkzeug einzelner Individuen, Persönlichkeiten, die ‚das Volk zur Selbstherrlichkeit treiben', um den Staat durch die Gesellschaft zu überwältigen. Träger der revolutionären Ideen sind die Persönlichkeiten, die sich auf ein Vernunftrecht stützen, die durch die selbsternannte, im Dienste des Ich stehende Vernunft gegen die objektive Vernunft „Staat und Verfassungen *machen* zu können glauben und zu diesem Ende selbst Verfassung gebende Versammlungen zusammenrufen" (XI 537).

Wo die Gesellschaft zum Träger und zur Grundlage des Staates wird, kommt es zur Verkehrung von Mittel und Zweck. Revolutionsursache ist die Erhebung des selbstsüchtigen Individuums gegen die objektive ideelle Ordnung, letztlich gegen Gott. „Das gleiche Ich, das sich von Gott lossagt, um frei zu sein ..., der Wille des Ich, die Persönlichkeit"[18], ist Ursache der Revolution. Da sich die subjektive Vernunft der Einzelnen zur allgemeingültigen erklärt, ist die beabsichtigte Staatsumwälzung ein Verbrechen. Nach Schellings Verständnis treiben die bürgerlich-demokratischen Umsturzversuche, bei denen noch die ‚allgemeinere' subjektive Vernunft eine Berufungsinstanz darstellt, weiter zu kommunistischen Heilsversionen – die er in Form des zeitgenössischen Sozialismus und Kommunismus eines Saint-Simon und Proudhon kannte –, in denen „die reine unverhüllte Individualität" (XI 538) hervortrete. Die intelligible Macht ist der Maßstab für die Beurteilung des Tatsächlichen, das der Kritik durch das Intelligible ausgesetzt wird: Die Revolution wiederum bestätigt das Theorem des Abfalls des Menschen von Gott. Dies ist der Leitfaden der konkreten politischen Meinungsbildung Schellings, der zugleich – wie es verschiedene Tagebucheintragungen 1848 verdeutlichen – die inkompetente Regierungspraxis der Fürsten heftig kritisieren kann[19], die das Volk in revolutionäre Situationen treibe.

Schellings politische Theorie, in der subjektive Erfahrung und philosophischer Systemansatz durchaus zur Deckung kommen, ist gleichwohl auch im Grundansatz problematisch: Von der Trennung einer Welt des Intelligiblen und des Tatsächlichen in der spekulativen Konstruktion her eröffnet sich ihm zwar eine kritische Distanz gegenüber der jeweils faktischen Macht; zugleich aber droht die Einheit der Welten zu zerfallen: „Denn mit dieser Konstruktion ist es ohne weiteres möglich, daß die Welt des Tatsächlichen zum Tollhaus wird, ohne die Welt des Intelligiblen zu berühren."[20]

c) Rein rationale und positive Philosophie

Es war in Abschnitt 8.a. ein in München konzipierter, gleichsam weiterer Begriff von positiver Philosophie von einem engeren Begriff unterschieden worden, wie er offensichtlich in den Berliner Texten zugrundegelegt wurde. Nach dem weiteren Begriff sollte die positive Philosophie alle philosophischen Inhalte in sich integrieren. In der Berliner Zeit verweist Schelling nun nicht mehr nur auf das historische Faktum einer negativen (logischen) Philosophie, von der er die positive Philosophie insgesamt absetzt, sondern entwickelt die rein rationale Philosophie als selbständige, in sich vollendete und abgeschlossene, als bleibende philosophische Wissenschaft. Geht man zunächst davon aus, daß die positive Philosophie das eigentlich Beabsichtigte innerhalb des Spätwerks sei, dann stellt sich die Frage, warum eigentlich die ‚negative' Philosophie überhaupt noch einmal aufgenommen und bearbeitet wurde. Für einige Interpreten ist allein schon die historische Nachträglichkeit ein sachliches Argument für die systematische Belanglosigkeit der rationalen Philosophie; oder aber man sieht – differenzierter – in ihr den widersprüchlichen Versuch einer logischen Absicherung der lediglich individuell-existenziell und darin unzureichend fundierten positiven Philosophie[21]. Auch wenn unbestreitbar ist, daß der positiven Philosophie nicht nur eine historische, sondern auch eine gewisse ‚logische' Priorität, näherhin Funktion und Bedeutung für die konkrete Ausgestaltung der rein rationalen Philosophie zukommt[22], darf diese nicht unterschätzt werden. Angesichts der Schwierigkeiten der Interpretation ist die Diskreditierung ihres systematischen Ranges seitens der Interpreten ein Versuch nicht der Klärung, sondern der Verdrängung des Problems; denn die Bedeutung der rein rationalen Philosophie geht über die einer bloß nachträglichen Fundierung hinaus.

Dies wird ersichtlich gerade aus ihrem Wissenschaftsbegriff, der Bestimmung ihrer Idee, ihres Gegenstandes und ihrer Methode. Rufen wir in Erinnerung: Die auf den Prinzipien des reinen Denkens gründende und aus der absoluten Idee entfaltete reine Vernunftwissenschaft, in der die Vernunft als Tätigkeit und Materie sich selbst Gegenstand ist, gelangt zum gesuchten (für sich seienden) Prinzip, dem, was das Seiende ist; freilich nur in der Idee, d. h. in Relation auf die Vernunft; und sie hat es auch nur an ihrem Ende – *als* Prinzip, aber nicht *zum* Prinzip – in dem notwendigen Gedanken notwendiger Existenz. Aber eben darum ist sie die allgemeine, in sich geschlossene und bleibende *Erste* Philosophie. Als Wissenschaftstheorie leitet sie alle Erfahrungswissenschaften ab, bestimmt diesbezüglich selbst noch ihren eigenen Ort und fordert von sich her eine *Zweite* positive Wissenschaft.

Gleichwohl stellt sich im Anschluß daran eindringlich das Problem der Einheit der Philosophie in zwei unterschiedlichen Wissenschaften – wobei sich in gewisser Weise Schellings frühes Problem der Zuordnung von Natur- und Transzendentalphilosophie wiederholt. Nach Schelling selbst wäre es „allerdings ein Skandal der Philosophie zu nennen“ (XIII 152), wenn es tatsächlich zwei nebeneinander bestehende Philosophien gäbe; und so sieht er denn auch die Einheit der Philosophie in seinem eigenen Konzept gewährleistet. Vor allem die ‚Einleitung in die Philosophie der Offenbarung‘ enthält zahlreiche Stellen zur Verhältnisbestimmung von negativer und positiver Philosophie[23], wobei freilich vielfältige Facetten und augenscheinlich auch widersprüchliche Gesichtspunkte geltend gemacht werden. Die wesentlichen sind: 1. daß die negative Philosophie unentbehrlich[24] sei, denn ihr Resultat und Ende (Gott im Begriff oder in der Idee) enthalte die Forderung, eine zweite Wissenschaft zu begründen (XIII 92). An anderer Stelle ist gar von einem notwendigen Fortgang zur positiven Philosophie die Rede (XIII 152). 2. soll auch gelten, daß die positive Philosophie ganz für sich anfangen könnte, „wenn auch keine rationale Philosophie vorausginge“ (XIII 161). In der ‚Darstellung‘ schließlich wird 3. die Vernunftwissenschaft im Übergang zur positiven Philosophie vom Ich ‚verworfen‘ (XI 566). Auch die Bestimmung der „einigen“ Philosophie in beiden Wissenschaften fällt unterschiedlich aus: Zum einen kann gesagt werden, daß auch in der rationalen Philosophie, die das

Prinzip sucht, das Eigentliche die positive Philosophie sei, zumal beide Richtungen darin übereinkommen, *Philo*sophie zu sein und jeweils das Prinzip und damit Weisheit und Wahrheit *zu suchen*; zum anderen gibt es die Wendung, daß in der positiven Philosophie eigentlich die Vernunftwissenschaft „triumphiere". Die Einheit der Spätphilosophie ist darum zweifellos prekär, und damit natürlich auch die Bestimmung von Begriff, Aufgabe und Leistung der beiden philosophischen Wissenschaften fraglich.

Die Gründe und Motive, die Schelling überhaupt dazu geführt haben, seine Identitätsphilosophie als reine Vernunftwissenschaft zu rekonstruieren, scheinen auf der Hand zu liegen: Ohne Zweifel sind Hegels philosophisches System, dessen insgeheimer Einfluß auf die Ausbildung der Spätphilosophie, d. h. die Unterscheidung von negativer und positiver Philosophie, unübersehbar ist, und zumal das Berliner Auditorium Beweggründe für die Anstrengung, „nicht aus der Welt zu scheiden" (XIII 19), ohne das System der rationalen Philosophie auf seinen wahren Grundlagen befestigt zu haben. Gleichwohl läßt sich von der Hegelkritik nicht unmittelbar auf das tatsächlich ausgeführte ‚Alternativ'-Programm schließen, von ihr leitet sich nicht unmittelbar die bestimmte Form her, die Schelling der negativen Philosophie selbst – zuletzt unter ständiger Rücksicht auf Kant – zu geben bestrebt ist. Neben diesen eher persönlichen Motiven sind die möglichen sachlichen Gründe gravierender: Wenn Schelling im Verhältnis der beiden philosophischen Wissenschaften zueinander grundsätzlich daran festhalten will, daß die positive Philosophie ‚als frei gewollte' ein ‚Mehr' und ‚Plus' zur negativen Philosophie darstellt, muß die Möglichkeit erwogen werden, daß sie eben *nicht* gewollt wird: „Die positive Philosophie ist die eigentlich freie Philosophie; wer sie nicht will, mag sie lassen, ich stelle es jedem frei, ich sage nur, daß wenn einer z. B. den wirklichen Hergang, wenn er eine freie Weltschöpfung usw. will, er dieses alles nur auf dem Wege einer solchen Philosophie haben kann." (XIII 132) Diesem Anspruch zufolge muß also eine kritische Restriktion der Vernunftwissenschaft begründet werden, wozu eben deren Ausführung dient. „Ist ihm – so fährt Schelling fort – die rationale Philosophie genug, und verlangt er außer dieser nichts, so mag er bei dieser bleiben, nur muß er aufgeben, mit der rationalen Philosophie und in ihr haben zu wollen, was diese in sich schlechterdings nicht haben kann, nämlich eben den wirklichen Gott und den wirklichen Hergang und ein freies Verhältnis Gottes zu der Welt; nur diese Konfusion, die jetzt hierüber herrscht, muß aufhören.“ (XIII 132) Schelling bekräftigt die Bedeutung der rationalen Philosophie mit den Worten: „Niemand kann die rationale Philosophie höher schätzen als ich, ja ich werde die akademische Jugend glücklich preisen, wenn erst wieder in den Schulen rein rationale Philosophie gelehrt wird.“ (XIII 132).

Es hat sich bei der vorangegangenen skizzenartigen Darlegung der Berliner Texte zur Vernunftwissenschaft eine Differenz in der Motivierung des Übergangs zur positiven Philosophie ergeben, die im Blick auf Interpretationen der Spätphilosophie nicht unbedeutend ist: Während der Übergang zur positiven Philosophie in der ‚Darstellung der rein rationalen Philosophie‘ durch einen ‚praktischen Antrieb‘ begründet wird, kennt die ‚Begründung der positiven Philosophie‘ diese Motivation nicht. Von dem letzteren Text leiten sich Interpretamente her, die den Zusammenhang von negativer und positiver Philosophie als Prozeß der ‚vermittelten Selbstvermittlung der Vernunft‘, als Ausdruck ‚der Ohnmacht in der Macht der Vernunft‘ begreifen[25].

Die in diesem Text festgestellte Beziehung begründet sich offensichtlich von den religionsphilosophischen Inhalten her, die wohl auch die Grundgliederung seiner Philosophie letztlich bestimmt haben. Eine der in dieser Hinsicht auffälligsten Bestimmungen ist die Unterscheidung von ‚Gesetz‘ und ‚Evangelium‘. In der *Urfassung der Philosophie der Offenbarung* charakterisiert Schelling damit einen inhaltlichen Unterschied der religiösen Erfahrung: Der mythologische Prozeß wird im menschlichen Bewußtsein als ein auferlegtes Gesetz erfahren, demgegenüber es sich als ohnmächtig erweist; das christliche Evangelium hingegen bedeutet seine Befreiung. Schelling wendet ersichtlich diese inhaltliche Charakterisierung der Religionen auch in eine formale, die Grundlegung von rationaler und positiver Philosophie betreffende Bestimmung: Der Notwendigkeit des Nicht-Nichtzudenkenden sowie derjenigen im Fortgang der Wissenschaft steht die Freiheit in all den genannten Aspekten als Movens und Thema der positiven Philosophie gegenüber. Der weitere Gebrauch dieser analogischen Bestimmung bestätigt dies: das Bild der „gebeugten" und „wieder aufgerichteten" Vernunft z. B. entstammt demselben Sinn-Kontext.

Dann aber ist es wohl konsequent und schlüssig, die positive Philosophie mit der Philosophie der Offenbarung zu identifizieren: freilich in einem zu beachtenden differenzierten Sinn. Positive Philosophie qua Philosophie der Offenbarung ist nicht christliche Philosophie, wie in Abschnitt 8.c. dargelegt. Sie ist geschichtliche Philosophie, weil mit der Erscheinung Christi überhaupt Geschichte ‚in die Welt' gekommen ist. Dann aber ist der mythologische Prozeß bzw. die Philosophie der Mythologie integraler Bestandteil auch des göttlichen Offenbarungsprozesses und seiner geschichtlichen Entfaltung. Die ‚Wiederholung' des – wie Schelling sich ausdrückt – Formellen des mythologischen Prozesses in der Philosophie der Offenbarung hat hierin ihren Grund. Freilich unterscheidet sich diese Darstellung von der eigentlichen Philosophie der Mythologie darin, daß Christus als im mythologischen Prozeß bereits präsentes, überwindendes Prinzip herausgestellt wird, was vom Standpunkt der Philosophie der Mythologie als solcher aus nicht gesagt werden konnte. In diesem Sinne also ist Positive Philosophie qua Philosophie der Offenbarung insgesamt Religionsphilosophie, deren System als geschichtliche Aufeinanderfolge von natürlicher, geoffenbarter und zukünftiger philosophischer (d. h. begriffener) Religion entfaltet wird.

Gegenüber Interpretationen, die sich am früheren Berliner Text festmachen, wurde mit Bezug auf die ‚Darstellung' geltend gemacht, daß es nicht eigentlich die Vernunft – jedenfalls nicht die allgemeine, objektive Weltvernunft – ist, die von sich aus – in einer anderen Wissenschaft – neu ansetzt oder diesen

Ansatz auch nur fordert, sondern das wollende Ich, das von einer bestimmten Absicht und Vorstellung geleitet wird. In der ‚Verfügung über den handschriftlichen Nachlaß' betont Schelling ausdrücklich: „Das Ende der negativen Philosophie ist, daß das Ich die Umkehrung verlangt, die also zunächst bloßes Wollen ist (analog mit Kants Postulat der praktischen Vernunft, aber mit dem Unterschied, daß es nicht die Vernunft [!], sondern (das praktisch gewordene) Ich ist, das als persönliches selbst Persönlichkeit verlangt und sagt: Ich will, was über dem Seyenden ist)."[26] Daß dieses voluntative Moment gleichwohl kein bloß individuell-existenzielles und damit partikulares Ereignis ist, wird aus den Prinzipien der rationalen Philosophie selbst noch hergeleitet: als Bedürfnis nach Religion. Das Ich – und nicht die Vernunft – ist es, das von sich aus den Sinnzusammenhang von Existenz, wenn dies das eigentliche Thema der positiven Philosophie ist, sich verständlich und einsichtig zu machen fordert, wozu die rationale Philosophie zwar nicht unmittelbar fähig ist, aber immerhin mittelbar, indem sie das begriffliche Instrumentarium dafür bereithält.

Damit stehen nun Begriff und Bestimmung der positiven Philosophie selbst zur Diskussion. Ein fundamentales Mißverständnis ihrer Bestimmung riskiert man, wenn man gleichsam einer ontologischen Begründung folgen wollte, bei der man sich am jeweiligen Gegenstand der Wissenschaften in der Disjunktion von Notwendigkeit/Freiheit bzw. Essenz/Existenz, und d. h. für die positive Philosophie am Begriff des Empirischen, respektive Wirklichen orientiert und sie von daher als umfassende Wirklichkeitsphilosophie versteht. Positive Philosophie ist nicht *umfassende* Wirklichkeitsphilosophie im Sinne einer empirisch-faktischen Verifikation des im logisch-dialektischen Denken (der rationalen Philosophie) apriori Erschlossenen. Die empirische Faktizität des in seiner Bestimmtheit durch das reine Denken begriffenen *endlichen* Seienden ist Gegenstand der empirischen Wissenschaften. Nur dort, wo die selbstbezügliche Vernunft die Bestimmtheit, das Was des reinen Daß, des actus purus, der Faktizität schlechthin, nicht mehr ableiten kann, muß gleichsam von der Erfahrung her auf die Bestimmtheit des sich selbst bestimmenden Absoluten verwiesen werden. So haben die vorliegenden Teile der positiven Philosophie also ein einziges und bestimmtes Thema: die Religion; sie ist Religionsphilosophie, weil das religiöse Bewußtsein Medium und Horizont der Selbstbestimmung des erscheinenden Absoluten ist. Die verschiedenen Gestalten des religiösen Bewußtseins, Mythologie und Offenbarung, sind jeweils *Quelle* der Erkenntnis der Bestimmtheit des absoluten Willens, aber noch nicht diese Erkenntnis selbst. In der Form einer Logogenese bzw. geschichtsphilosophischen Entfaltung dieser Gestalten muß der kohärente Erfahrungszusammenhang allererst hergestellt, d. h. die jeweilige Bestimmtheit des göttlichen Willens rekonstruiert werden. Da eine Offenbarung an der Vernunft vorbei gar nicht erkannt werden kann, müssen die Begriffe der Vernunft sowie die Potenzenlehre ihre Legitimation zur Auslegung auch dieses Geschehens erhalten[27]. Die positive Philosophie fragt also nicht nach der Faktizität des Wirklichen überhaupt, sondern nach dem bestimmten Grund dieser Wirklichkeit: „Warum ist überhaupt etwas? warum ist nicht nichts?“ (XIII 7) – und spezifiziert: „Warum ist überhaupt Vernunft und nicht vielmehr Unvernunft?“ Die positive Philosophie hat zu ihrem Resultat nicht die Bestätigung oder Verwerfung des im reinen Denken Begriffenen, sondern sie erschließt an dieser so und so begriffenen Wirklichkeit eine ganz andere Dimension, die Frage nach ihrem Sinn und ihrem letzten Zweck. Die Frage etwa nach einer (freien) Schöpfung führt nicht auf eine Modifikation der sachlichen Bestimmtheit des Wirklichen, so daß etwa neben einer negativen auch eine positive Naturphilosophie denkbar wäre, die ganz andere Bestimmungen entwickeln würde; sondern darauf, ob das, was *ist*, Folge eines Willens oder bloß Emanation einer allgemeinen Weltvernunft ist, ob damit eine bestimmte Absicht verbunden gedacht werden kann oder nicht. *Was* Etwas ist, wird dadurch unmittelbar gar nicht tangiert.

Gleichwohl scheint nach dieser Bestimmung von Idee und Begriff zweier philosophischer Wissenschaften in Schellings Modell der Einheit der Philosophie bzw. der Vernunft etwas

Zweideutiges zu liegen. Während etwa Hegels Modell von Einheit wesentlich die in ihren Anfang zurückkehrende Kreisgestalt zugrundeliegt, kompliziert sich bei Schelling der Sachverhalt, ja es wird die Geschlossenheit kritisch aufgesprengt. Die verschiedenen Formulierungen der Beziehung von negativer und positiver Philosophie (bspw. die, daß die positive Philosophie auch für sich allein anfangen könnte) sind offensichtlich danach zu spezifizieren, ob Schelling den einheitlichen Zusammenhang der Philosophie, etwa als Erste und Zweite (höchste) Philosophie, als allgemeine Ontologie und spezielle Metaphysik oder auch als Schul- und Weltphilosophie betrachtet, oder ob er durch diese Bestimmung des Verhältnisses der beiden Philosophien die Reflexionsbewegung der Vernunft selber thematisiert, womit sicherlich ein Einheitszusammenhang anderer Art formuliert wird. Soweit die Einheit der Philosophie in der Bestimmung des Übergangs zur positiven Philosophie als ‚Umkehr' und ‚neuer Anfang', der überdies frei gewollt und frei erzeugt wird, selbst noch einmal vermittelt ist, läßt sich letztlich nur, wiederum im Anschluß an Kant, das Modell einer komplementären und gleichsam teleologischen Einheit der Philosophie in einem unterschiedlichen, aber aufeinander beziehbaren Vernunftgebrauch denken: Demnach sind die negative Vernunftwissenschaft der theoretischen und die positive der praktischen Philosophie im weitesten Sinne gleichzusetzen. Die positive Philosophie ist eine umfassende, geschichtsphilosophisch-spekulative Betrachtung über Ursprung und Ende der Welt in (lebens-)praktischer Absicht: Sie ist ‚Anweisung zum seligen Leben'.

10. Zur Wirkung

a) Zeitgenössische Rezeption

Schelling hat keine philosophische Schule ausgebildet. Die größte akademische Wirksamkeit zeigte sicherlich seine *Naturphilosophie*. Deren Konzept bot Anregung zu mancherlei empirischen Fragestellungen: so bei dem Physiker Johann Wilhelm Ritter, bei Lorenz Oken oder in Henrik Steffens' Bemühungen um Geologie und Erdgeschichte. Hans Christian Oersted, der Entdecker des Elektromagnetismus, war ein Anhänger der Naturphilosophie Schellings und verbreitete sie in Dänemark. Mit Michael Faradays Entdeckung gilt Schelling als geistiger Wegbereiter der elektromagnetischen Feldtheorie. Bedeutung kommt der Naturphilosophie auch bezüglich der Medizin seiner Zeit zu: Johannes Andreas Röschlaub, Karl Josef Windischmann, Ignaz Döllinger und der Physiologe Karl Friedrich Burdach sind hier zu nennen.

Schellings Vorlesungen zur *Philosophie der Kunst* gewannen Einfluß auf Kunsttheoretiker wie Friedrich Ast, Karl Wilhelm Ferdinand Solger und Martin v. Deutinger; die Poetik von Dichtern wie Samuel Taylor Coleridge und William Wordsworth zeigt ebenfalls deutliche Spuren Schellings.

Nicht unbedeutend ist der Einfluß auf die zeitgenössische Theologie etwa der Tübinger Schule (Johann Adam Möhler, Franz Anton Staudenmaier) gewesen. Mit dem Hinweis, seit Anfang der 30er Jahre aus einem im Wesentlichen vollendeten Manuskript zur *Philosophie der Offenbarung* vorzutragen, suchte sich Schelling seinerseits von Verbindungen zu den um David Friedrich Strauß' *Leben Jesu* etablierten Diskussionszusammenhängen und von aktuellen Tendenzen zu distanzieren sowie Überlegungen, seine Vorlesungen seien eine Reaktion darauf, abzuweisen.

Auf die Rezeption der *Freiheitsschrift* durch die Spätidealisten war ebenso wie auf die Diskussion um die Berliner Vorlesungen bereits hingewiesen worden. Schelling wurde mit ihnen schnell selbst Gegenstand von Vorlesungen (so etwa Karl

Rosenkranz 1842 in Königsberg[1]) und von ersten Beurteilungen und Gesamtdarstellungen in der Philosophiegeschichtsschreibung (Johann Eduard Erdmann).

b) Zur Wirkung im Ausland

Schelling hatte in allen seinen Vorlesungen ein internationales Publikum. Bedeutend ist sicherlich der Einfluß auf russische Intellektuelle und Schriftsteller. Mit Alexander Turgenjew hat er brieflich korrespondiert, Michael Bakunin hat seine Berliner Vorlesungen gehört. Für die Verbreitung des Idealismus sorgte nicht zuletzt Johann Gottlieb Buhle, Professor in Moskau, der u. a. über kritische Metaphysik und dabei auch Kants, Fichtes und Schellings Transzendentalphilosophie las. Dessen Schüler Peter Tschaadajew hat sich in seinen geschichtsphilosophischen Überlegungen zum Teil von Schelling leiten lassen; insbesondere hat er dessen Übernahme des Hegel-Lehrstuhls in seiner Bedeutung auch für die Entwicklung eines russischen Nationalbewußtseins in einem Brief an Schelling ausdrücklich begrüßt[2]. In der russischen Religionsphilosophie wurde Schelling in der Sophiologie eines Iwan Wassiljewitsch Kirejewskij ebenso rezipiert, wie von Wladimir Solowjew, der nach einem systematischen Verständnis des Christentums im Rahmen einer All-Einheits-Philosophie suchte, oder von Nicolai Berdjajew, der, eher existenzialistisch orientiert, den Primat der Freiheit vor dem Sein im Anschluß an Schelling herausstellte.

Im Blick auf das Verhältnis von Rationalismus und Empirismus hat Schelling – ohne ‚deutsch-spekulative' Überheblichkeit – in einem europäischen Ausblick *Über den nationellen Gegensatz in der Philosophie* (X 193–200) gelesen. Über Victor Cousin, seit 1819 persönlich bekannt, zu dessen übersetzter Vorrede seiner *Fragments philosophiques* (1833) Schelling ein Vorwort schrieb (X 203–224)[3], Charles Secréton und den v.a. als Aristoteles-Forscher hervorgetretenen Félix Ravaisson hat Schellings Philosophie Einfluß auch in Frankreich gewonnen. Nach einem Hinweis von Vincent Descombes steht noch die hierarchische Ordnung physischer, lebendiger und menschlicher Formen in Maurice Merleau-Pontys *Philosophie der Struktur* (im Sinne von ‚Gestalt') in der Tradition von Schellings Naturphilosophie in Frankreich, die Ravaisson inauguriert hat[4].

Über Karl Friedrich Christian Krause verbreitete sich eine Kenntnis von Schelling auch im spanischen Sprachraum.

c) Willensmetaphysik, Lebensphilosophie, Theorien des Unbewußten

Noch zu Lebzeiten Arthur Schopenhauers gab es im Gegenzug zu dessen Invektiven gegen den Idealismus ausführliche Betrachtungen darüber, welche von Fichte und Schelling stammenden „brauchbaren Gedanken Schopenhauer in sein Gartenfeld verpflanzte"[5]. Dazu zählen sicherlich Theoreme der Naturphilosophie, ebenso der vom Satz vom Grund in der *Freiheitsschrift*, zentral schließlich die Bestimmung „Wollen ist Ursein", die als Prinzip und zentrales Lehrstück seines metaphysischen Hauptwerkes *Die Welt als Wille und Vorstellung* firmierte.

Eduard v. Hartmann begriff Schellings positive Philosophie als Vereinigung von Hegelschem Panlogismus und Schopenhauerschem Pessimismus[6]; seine eigene *Philosophie des Unbewußten*, dessen Begriff Schelling in der Transzendentalphilosophie zur Klarheit gebracht habe, teilt freilich nur einige Prämissen, wehrt aber das spekulative zugunsten eines induktiven Konzepts – darin der Stimmungslage der empirischen Wissenschaften des ausgehenden 19. Jahrhunderts folgend – vehement ab[7].

Odo Marquard hat in verschiedenen Studien auf systematische Parallelen zwischen Schellings Depotenzierungslehre und Sigmund Freuds Theorie des Unbewußten hingewiesen, die er auch hinsichtlich der verbindenden Genealogie zu erhellen suchte[8]. Von Gotthilf Heinrich Schubert her, der seit der Jenaer Zeit Schelling verbunden war und 1808 seine *Ansichten von der Nachtseite der Naturwissenschaften*, 1814 die *Symbolik des Traumes* veröffentlichte, sind vorbereitende Ansätze zur Tiefenpsychologie und Traumforschung im 20. Jahrhundert zu bemerken.

Nicht minder bedeutsam sind Schellings Begriffe des ‚Lebens' respektive des ‚Lebendigen', die in lebensphilosophischen, aber auch anthropologischen Ansätzen, schließlich in der Biologie, etwa der Morphologie Adolf Portmanns, weiterhin wirksam sind.

d) Existenzphilosophie

Nach den Zeugnissen Kierkegaards war es Schellings Intention auf ‚Wirklichkeit' und Existenz, die ihn an Schellings Berliner Vorlesung zunächst faszinierte, während ihn die religionsphilosophisch-gnostische Spekulation abschreckte. Dennoch ist von Kierkegaard her Schelling in nahezu allen ‚existenzphilosophischen' Konzepten – wenn diese zum Teil sicherlich fragwürdige Rubrizierung hier gestattet ist – präsent. Paul Tillich hat auf Schellings Urheberschaft des „existenziellen Protestes" hingewiesen[9]. Karl Jaspers hat sich lange mit ihm beschäftigt, in vielem verdankt er Schelling Anregungen; nicht zuletzt als Versuch, sich darüber Rechenschaft zu geben, ist seine eindringliche, mit psychologischem Einfühlungsvermögen geschriebene Monographie[10] zugleich eine sehr kritische Auseinandersetzung geworden: Schelling wird als ein genialer Anreger gesehen, der neue Sichtweisen eröffnet hat, dessen Lösungen Jaspers jedoch, weil sie das Absolute dem Denken verfügbar machen wollen, als gnostische Verirrungen ablehnt. Bei Gabriel Marcel schlagen sich Schellings Überlegungen zu einem ‚höheren Empirismus'[11] vor allem in der Unterscheidung von Erster (negativer, in Grenzen analysierender) und Zweiter (auf positive Teilhabe am Sein transzendierender, intuitiv-ganzheitlicher) Reflexion nieder. Martin Heidegger (Bibl. IX) schließlich hat die *Freiheitsschrift* als einen Höhepunkt der onto-theologisch verfaßten Metaphysik und als Hauptwerk des Deutschen Idealismus gewürdigt. Der in Heideggers Sicht dargelegte Hervorgang des Bösen aus der „Seynsfuge" negiert freilich im Gegensatz zu Schellings Konzept allen Bezug auf moralische Freiheit und Sittlichkeit; nach dem aufschlußreichen Hinweis von Werner Marx[12] besteht offensichtlich gerade im Hinblick auf die Freiheitsthematik ein bedeutsamer Zusammenhang zwischen Heideggers Schelling-Lektüre und der sogenannten Kehre in seinem Denken.

e) Religionsphilosophie/Theologie

Bei Paul Tillich finden sich zahlreiche Spuren der Auseinandersetzung mit Schellings Christologie und ihres Einflusses auf die systematische Theologie. In der Moraltheologie ist Schelling nicht zuletzt für das in der Gegenwart außer Kurs gekommene Problem des Bösen bzw. der Sünde in zahlreichen Arbeiten eine unumgängliche Adresse. Für die christliche Theologie des 20. Jahrhunderts hat Schelling, wie die konfessionsübergreifende Rezeption belegt, ein begriffliches Potential vor allem für die systematische Theologie bereitgestellt und ein noch immer diskutables Konzept der Christologie formuliert. Verwiesen sei hier nur auf die Arbeiten der späteren katholischen Bischöfe Klaus Hemmerle und Walter Kasper (Bibl. X).

Ebenso gibt es Einflüsse auf die vergleichende Religionswissenschaft sowie die Mythenforschung; so lassen sich durchaus Parallelen zwischen der *Philosophie der Mythologie* und der strukturalen Mythen-Forschung eines Claude Lévi-Strauss[13] bemerken.

f) Spekulativer Materialismus/Rationalitätskritik

In der Schelling-Aneignung und -Interpretation des östlichen Marxismus hat man sich zumeist an ein von Marx implizit vorgegebenes Rezeptionsschema gehalten: den „aufrichtigen Jugendgedanken Schellings“ gewürdigt, d. h. seine Bedeutung für die Entwicklung der klassischen bürgerlichen Philosophie in den Grenzen zwischen Fichte und Hegel betont und die Naturphilosophie als wesentliche Quelle des Marxismus vereinnahmt – und die Religionsphilosophie, nach dem Irrationalismusvorwurf Georg Lukács’ gegenüber der intellektuellen

Anschauung in der Identitätsphilosophie[14], zum Teufelswerk des Klassenfeindes stilisiert und als reaktionär verworfen[15].

Ganz anders hat der von Jürgen Habermas als „marxistischer Schelling" titulierte Ernst Bloch Schelling rezipiert. Bei ihm steht vor allem die dynamisch-dialektische Theorie der Materie im Vordergrund, die zur Grundlage einer spekulativ-materialistischen Prozeß-Ontologie dient und die dialektische Gesellschafts- und Geschichtstheorie ergänzen und erweitern soll[16]. Habermas selbst, mit der Arbeit *Das Absolute und die Geschichte. Über die Zwiespältigkeit in Schellings Denken* promoviert, hat im Rahmen seines Versuches einer *Rekonstruktion des Historischen Materialismus* Schellings Philosophie, auch im Blick auf ihre kabbalistischen Einflüsse, als Idealismus im Übergang zum Dialektischen Materialismus gewürdigt. Im Vordergrund standen dabei vor allem die Weltalterspekulationen einer Gott entglittenen Welt, in der der gesellschaftlichen Menschheit eine besondere Verantwortung für eine mögliche Zukunft zukomme[17]. Nicht zuletzt damit war die Möglichkeit eröffnet, die historische Quelle der über Feuerbach vermittelten Marxschen Kritik an Hegel freizulegen: in Schellings Hegelkritik, die die wesentlichen und einschlägigen Kritikpunkte bereits im Horizont des Idealismus selbst entwickelt hatte[18].

Schellings Spätphilosophie bietet sich zudem dar als beeindruckendes Bild eines Idealismus, der gleichwohl die reine Rationalität reflektiert und kritisch begrenzt, und als historische Gewähr für ganz unterschiedliche Formen auch zeitgenössischer Rationalitätskritik; die auf die Vorrang-Stellung der Kunst und die Bedeutung einer ‚ästhetischen Reflexion' im *System des transzendentalen Idealismus* gegründete und z. B. im samt ihrer Konvergenz zum Konzept Theodor W. Adornos durchscheinende Perspektive gibt hierzu einen Beleg[19].

g) Kosmologie und Naturphilosophie

Die historische Bedeutung von Schellings Naturphilosophie war zweifelsohne darin begründet, zur damaligen Zeit unverbundene, scheinbar heterogene Theorien und Ansätze in Physik, Chemie, Biologie und Medizin durch einen spekulativen Grundgedanken kritisch zu modifizieren, aufeinander beziehbar zu machen und der empirischen Forschung durchaus entsprechende Aufgaben zu formulieren. Ihr Schicksal war es, daß sie von eben diesen empirischen Wissenschaften, die sich im 19. Jahrhundert rasant entwickelten, als forschungshemmende, die Empirie überfliegende Spekulation – und damit im Sinne des Wortes von Rudolf Carnap: als Begriffsdichtung – abgewiesen wurde. Zu den Kritikern gehörten etwa Justus v. Liebig, der Schelling selbst gehört hat, oder Hermann v. Helmholtz. Hierbei wurde vor allem die von Jakob Friedrich Fries vertretene Tendenz zu einer mathematischen Naturphilosophie, im Gegensatz zum dynamischen Ansatz Schellings, zu extensiver Geltung gebracht. In der Naturphilosophie des 19. Jahrhundert war Schelling eigentlich nur bei wenigen, etwa bei Gustav Theodor Fechner als Vertreter einer induktiven Metaphysik, aber auch dann bestenfalls nur als ‚Anreger' dem Programm nach, präsent.

Der in der Gegenwart zunehmenden Aufmerksamkeit auf Schellings naturphilosophisches Konzept liegen zunächst ganz unterschiedliche und divergierende Motive zugrunde: Zum einen gibt es ein wissenschaftlich-systematisches Motiv, das dort zur Geltung kommt, wo Naturwissenschaftler Versuche zur Vereinheitlichung ihrer Theorien auf der Grundlage allgemeinster Gesetzlichkeiten nicht aufgegeben haben. Dies impliziert zunächst, daß Naturphilosophie als Disziplin mehr ist als bloße Wissenschaftstheorie und Methodologie der Naturwissenschaften. Und für eine solche gehaltvolle Theorie bietet Schelling dann so etwas wie ein leitendes formales Strukturmodell, unangesehen der konkreten (historisch natürlich weitgehend überholten) Gehalte. In diesem Zusammenhang ließe sich auch Schellings weithin unbekannte Vorläuferschaft zu Themen wie ‚Anfangssingularität' und ‚Urknall', aber auch zur Problematik des ‚anthropischen Prinzips' (Bernulf Kanitscheider, John Wheeler) in Erinnerung rufen. Zum anderen gibt es ein praktisches Motiv, das aus der Situation der ökologischen Krise der

Gegenwart und der Frage nach einer angemessenen Reaktion auf sie hervorgeht. Hierbei steht Schellings ‚Natur'-Begriff als solcher im Vordergrund: näherhin sein Versuch, Natur als ‚Subjekt' zu denken und damit einen von bloßer Herrschaft und Ausbeutung unabhängigen und somit unverkürzten Naturbegriff geltend zu machen. Beide Motive historischer Vergegenwärtigung und systematischer Reflexion von Schellings Naturphilosophie treten dann in einen Zusammenhang, wenn ein holistisches Natur-Konzept intendiert wird, das den Menschen strukturell in die Natur einbezieht, jedoch so, daß die Kantische Dichotomie von Natur und Freiheit nicht sich auflöst, also ohne den Vernunft- und Freiheitscharakter des Menschen zu nivellieren.

h) Das Paradigma der Selbstorganisation in den Naturwissenschaften

Zu den explizit in den Einzelwissenschaften diskutierten Theoremen oder Paradigmen gehört gegenwärtig neben der (universalisierten) Evolutionstheorie, von der sich Schelling freilich darin unterscheidet, daß er sie nicht als Deszendenztheorie formuliert, offenbar das Paradigma der Selbstorganisation: sei es in der von Ilya Prigogine formulierten Theorie der Nichtgleichgewichtsthermodynamik irreversibler Prozesse, sei es in Hermann Hakens Lehre von den Erzeugungsprinzipien synergetischer Strukturen[20]. Wenn sich hierbei auch aufs Ganze gesehen durchaus überraschende Parallelen und Übereinstimmungen ergeben, so bleibt die Funktion des Schellingschen Konzepts wohl doch nur eine, wenn auch nur teilweise willkommene Anregung (vgl. Kap. 10. g.): Der Anspruch auf Totalität auf der einen und auf empirisch-experimentelle und mathematisierbare Erkenntnisse auf der anderen Seite markieren dabei eine unüberwindlich scheinende Grenze.

Anhang

1. Anmerkungen

1. Einleitung

1 H. Heine, Sämtliche Werke Bd. IX, hrsg. v. H. Kaufmann, München 1964, S. 274.

2 Zit. n. A. Gulyga, Schelling. Leben und Werk (*Bibl. V*), S. 377; zum Zitat vgl.: F. H. Jacobi, Werke Bd. 4, 1. Abt., hrsg. v. F. Roth/F. Köppen, Leipzig 1819, S. 54.

2. Biographische Skizze

1 Vgl. dazu: W. G. Jacobs, Zwischen Revolution und Orthodoxie? (*Bibl. VII*).

2 Zit. n. M. Frank, Einleitung, in: F. W. J. Schelling, Philosophie der Offenbarung 1841/42 (Bibl. II), S. 11.

3 F. W. J. Schelling, Übersicht meines künftigen handschriftlichen Nachlasses, in: Schellingiana rariora (*Bibl. III*), S. 668–676.

3. Die Vernunft und das Pathos der Vollendung

1 Zit. n.: W. G. Jacobs, Zwischen Revolution und Orthodoxie? a.a.O., S. 50.

2 Vgl. W. G. Jacobs, Licht unter dem Scheffel. Hölderlins Lehrer Christian Friedrich Schnurrer, in: V. Lawitschka (Hrsg.), Hölderlin: Christentum und Antike. Turm-Vorträge 1989/90/91, Tübingen 1991, S. 28–45; 43.

3 Vgl. die Ausfälle angesichts Kants öffentlicher Erklärung gegen Fichtes Wissenschaftslehre im Briefwechsel Fichte-Schelling (BuD II 188–191).

4 K. L. Reinhold, Über das Fundament des philosophischen Wissens, hrsg. v. W. H. Schrader, Hamburg 1978, S. 78.

5 F. H. Jacobi, Werke Bd. 2, hrsg. v. F. Roth/F. Köppen, Leipzig 1815, S. 125–310.

6 A.a.O., S. 304 u. 310.

7 J. G. Fichte, Gesamtausgabe der Bayerischen Akademie der Wissenschaften, hrsg. v. R. Lauth/H. Jakob/H. Gliwitzky, Stuttgart-Bad Cannstatt 1962 ff., Bd. I,2, S. 44.

8 A.a.O., S. 48.

9 A.a.O., S. 55.

10 Vgl. übrigens Fichtes Brief an H. Stephani vom Dezember 1793: „Kant hat überhaupt die richtige Philosophie; aber nur in ihren Resultaten, nicht nach ihren Gründen." (Fichte, Gesamt-Ausgabe, a.a.O., III, 2 S. 28); diese Figur war durch Reinhold in die Diskussion gekommen.

11 J. G. Fichte, Über den Begriff der Wissenschaftslehre oder der sogenannten Philosophie, Gesamt-Ausgabe, a.a.O., I,2 S. 107–167.

12 Vgl. P. Baumanns, Die Entstehung der Philosophie Schellings aus der Fichtekritik, in: Th. S. Hoffmann/F. Ungler (Hrsg.), Aufhebung der Transzendentalphilosophie? Systematische Beiträge zur Würdigung, Entwicklung und Kritik des transzendentalen Ansatzes zwischen Kant und Hegel, Würzburg 1994, S. 41–61.

13 Schelling spricht zu dieser Zeit – wie übrigens auch Hölderlin – von ‚*intellektualer* Anschauung': offensichtlich dem Ausdruck Spinozas *Amor dei intellectualis* nachgebildet.

14 I. Kant, Kritik der reinen Vernunft (=KrV) B 131 f.

15 Gleichlautende Wendungen finden sich in den Briefen an Hegel (6. 1. 95) und F. I. Niethammer (22. 1. 96) (BuD II 59/I 61).

16 Ein Ausnahme bildet das Werk von Kuno Fischer (*Bibl. V*).

17 Vgl. „Schönheit ... ist nichts anders als Freiheit in der Erscheinung", in: F. Schiller, Kallias oder über die Schönheit. Briefe an G. Körner, in: F. Schiller, Werke, hrsg. v. H. G. Göpfert, München/Wien 1966, Bd. II, S. 357.

18 Vgl. R. Bubner (Hrsg.), Das Älteste Systemprogramm. Studien zur Frühgeschichte des deutschen Idealismus. (Hegel-Studien, Beih. 9), Bonn 1973, ^{2}1982; Chr. Jamme/H. Schneider (Hrsg.), Mythologie der Vernunft. Hegels ‚ältestes Systemprogramm' des Deutschen Idealismus, Frankfurt a.M. 1984; dort findet sich der Text S. 11–14 (vgl. BuD I 69–71).

19 Vgl. D. Henrich, Aufklärung der Herkunft des Manuskriptes ‚Das älteste Systemprogramm des deutschen Idealismus', in: Chr. Jamme/H. Schneider (Hrsg.), Mythologie der Vernunft, a.a.O., S. 144–169.

4. Natur- und Transzendentalphilosophie als komplementäre philosophische Wissenschaften

1 Diese drei Epochen unterscheidet K. Joel, Der Ursprung der Naturphilosophie aus dem Geiste der Mystik, Basel 1913.

2 Daher kann Schelling später durchaus zurecht davon sprechen, daß die ‚Identitätsphilosophie' zunächst auf das Ich bezogen gewesen sei: vgl. F. W. J. Schelling, Philosophie der Offenbarung 1841/42 (Paulus-Nachschrift) (*Bibl. II*), S. 112.

3 Vgl. dazu von M. Durner, Schellings Begegnung mit den Naturwissenschaften in Leipzig, in: Archiv für Geschichte der Philosophie 72/2 (1990), S. 220–236; ders., Die Naturphilosophie im 18. Jahrhundert und

der naturwissenschaftliche Unterricht in Tübingen. Zu den Quellen von Schellings Naturphilosophie, in: a.a.O., 73/1 (1991), S. 71–103; ders., Editorischer Bericht zu AA I,5, S. 9 ff.; mit dem Ergänzungsband zur Historisch-Kritischen Schelling-Ausgabe (*Bibl. I*) liegt ein voluminöses Kompendium zur wissenschaftshistorischen Situation vor allem in Physik, Chemie und Physiologie (Biologie) vor.

4 F. W. J. Schelling, ‚Timaeus' (1794), (*Bibl. I*); vgl. insbesondere darin den Beitrag von H. Krings, Genesis und Materie – Zur Bedeutung der ‚Timaeus'-Handschrift für Schellings Naturphilosophie, S. 115–155.

5 Vgl. dazu die Ausführungen in der *Allgemeinen Übersicht*: „Zum Gebiet der Erfahrung rechnet man die Natur auf der einen und die Geschichte auf der andern Seite; es ist schon anderwärts bemerkt worden, daß diese Einteilung der Einteilung in theoretische und praktische Philosophie entspreche. Es müßte also eine Philosophie der Natur und eine Philosophie der Geschichte geben. Als das dritte aus beiden müßte man Philosophie der Kunst, (worin Natur und Freiheit zusammentreten,) hinzufügen. Ob es nun eine Philosophie der Natur, der Geschichte, und der Kunst gebe, soll im Detail hier untersucht werden ..." (I 465/AA I,4 183). Die *Allgemeine Übersicht* bietet im übrigen im Medium einer grundsätzlichen kritischen Auseinandersetzung mit zeitgenössischer Literatur bereits wesentliche Grundzüge und Eckpunkte des 1800 veröffentlichten *Systems des transzendentalen Idealismus*.

6 Vgl. I. Kant, Metaphysische Anfangsgründe der Naturwissenschaft, II. Hauptstück: Metaphysische Anfangsgründe der Dynamik.

5. Das System der absoluten Identität

1 Zu dieser projektierten, aber nicht ausgeführten dreiteiligen Systemgliederung vgl. den Kommentar von K. Düsing, in: Schelling und Hegels erste absolute Metaphysik (1801–1802), Vorlesungsnachschriften von I. P. V. Troxler (*Bibl. II*), S. 105–110. (Die Nachschrift zu Schelling wird im folgenden zitiert mit der Sigle ‚T'.)

2 Schelling empfiehlt später das *System* von 1800 seinen Zuhörern, weil „unter der Hülle des Fichteschen Gedankens schon das neue System [zu] erkennen [sei]", vor allem aber „schon jene *Methode* in voller Anwendung [zu] finden [sei], die später nur in größerem Umfang gebraucht wurde"; diese Methode klagt er dann Hegel gegenüber als sein ihm ‚natürliches' Eigentum ein (X 96).

3 Schelling hat diesen Konstruktionsbegriff ausgeführt in dem Aufsatz *Über die Konstruktion in der Philosophie* (1802) (V 125–151) und sich dabei vor allem kritisch gegen Kants Restriktion der Konstruktion von Begriffen auf die Mathematik gewandt.

4 Vgl. dazu die Interpretation von K. Düsing, in: Schellings und Hegels erste Metaphysik (1801/02), a.a.O., S. 101 ff., 121 ff.

5 Schelling selbst hat später den Übergang zu dem von Fichte ‚unabhängigen System' als ‚Aufhebung einer Beschränkung', als Rückgang vom subjektiven Subjekt-Objekt des Ich zum absoluten Subjekt-Objekt beschrieben (vgl. XIII 55). Zum Verhältnis von Fichtes Wissenschaftslehre zum absolutem Idealismus (1801–1804) vgl. z.B. IV 377.

6 J. G. Fichte, Nachschrift an Reinhold, Gesamtausgabe, a.a.O., II, 5, S. 457–473; 459.

7 Die folgende Veröffentlichung Schellings (im Jahr 1802), die *Ferneren Darstellungen aus dem System der Philosophie*, bringt dazu freilich nichts; und im Dialog *Bruno* wird Fichte kritisch als subjektiver Idealist behandelt.

8 Vgl. R. Lauth, Die Entstehung von Schellings Identitätsphilosophie in der Auseinandersetzung mit Fichtes Wissenschaftslehre (*Bibl. VIII*).

9 Damit kann Schelling auch den kritischen Einwänden K. A. Eschenmayers begegnen, die Anlaß zur Schrift *Über den wahren Begriff der Naturphilosophie* waren. Eschenmayer hatte in seinem Aufsatz *Spontaneität = Weltseele, oder das höchste Princip der Naturphilosophie* die Unbestimmtheit des Prinzips der Naturphilosophie, des Absoluten als absoluter Tätigkeit, bemängelt und danach gefragt, „welches ... der allgemeine Thätigkeitsquell?" sei (K. A. Eschenmayer, Spontaneität = Weltseele, oder das höchste Princip der Naturphilosophie, in: F. W. J. Schelling (Hrsg.), Zeitschrift für spekulative Physik, Bd. II/H. 1, S. 1–68; 4). Näherhin sei die Unbedingtheit im Konzept der spekulativen Physik als unbedingter Empirismus damit erkauft, daß die Natur bereits „ins Werden gesetzt ist", woraus „die jetzt aktive[n] Naturprinzipien in ihrer Thätigkeit zu entwickeln [sind]", „also nur unter der Bedingung, daß das Prinzip des Werdens [...] ausgeschlossen werde". (5) Das Prinzip des Werdens, das Urprinzip, gehört nach Eschenmayer „dem Transzendentalphilosophen zu", und „jenes Prinzip ist die im Titel genannte Weltseele = Spontaneität". (20) Schelling führt nach der Erläuterung des depotenzierenden Rückgangs auf das reine (oder den *Begriff* des) Subjekt-Objekt an: „Jener Impuls der Spontaneität fällt noch in die Sphäre der Natur selbst; es ist das *Licht*, der Sinn der Natur, mit welchem sie in ihr begrenztes Inneres sieht, und der die im Produkt gefesselte ideelle Tätigkeit der konstruierenden zu entreißen sucht. Wie jene der Tag, so ist diese (die konstruierende) die Nacht, jene das *Ich*, diese das Nicht-Ich der Natur selbst. Und so wie jene an sich einfache und reine Tätigkeit durch den Konflikt mit dieser *empirisch* (Farbe) wird, so wird diese im Konflikt mit jener genötigt, mit dem Produkt *ideell* zu werden, es zu rekonstruieren und unter verschiedenen Formen – jetzt durch Magnetismus, wo die beiden Faktoren der Indifferenz noch in ihm selbst sind, jetzt durch Elektrizität, wo sie den einen Faktor der Indifferenz außer ihm, in einem andern Produkte, suchen muß, jetzt als chemische Kraft, wo sie zur Erlangung des einen oder beider Faktoren der Indifferenz eines dritten bedarf –

unter ihre Herrschaft zurückzubringen, bis endlich jene unsterbliche, in ihrem Prinzip unbegrenzbare Tätigkeit, rein und *als ideelle* Tätigkeit sich dem Produkt vermählt, und den Grund des Lebens in der Natur legt, das durch eine noch höhere Potenzierung wiederum sich bis zur *höchsten* Indifferenz von Stufe zu Stufe erhebt." (IV 103)

10 Vgl. X 105 f.; F. W. J. Schelling, Grundlegung der positiven Philosophie. Münchner Vorlesungen WS 1832/33 und SS 1833 (*Bibl. II*), S. 192 f.

11 F. W. J. Schelling, Einleitung in die Philosophie (1830) (*Bibl. II*), S. 50–52; S. 51 (vgl. X 106).

12 F. W. J. Schelling, System der Weltalter (1827/28) (*Bibl. II*), S. 48.

13 F. W. J. Schelling, Einleitung in die Philosophie (1830) (*Bibl. II*), S. 51.

14 F. Köppen, Schellings Lehre oder das Ganze der Philosophie des absoluten Nichts, 1803.

15 Den Nihilismusverdacht hatte F. H. Jacobi bereits gegenüber Kants *Kritik der reinen Vernunft* mit den Worten formuliert: „Ich bin alles, und außer mir ist im eigentlichen Verstande nichts" (F. H. Jacobi, David Hume, in: Werke Bd. 2, a.a.O., S. 216 f.). Fichte habe dieses Programm der idealistischen Philosophie erfüllt und seine Wahrheit formuliert, d.h. „Alles außer ihr in Nichts verwandelt" (Jacobi, Werke Bd. 4, 1.Abt., a.a.O., S. XXIX). Jean Pauls *Clavis Fichteana* diagnostizierte an Fichte den Geist des Zeitalters der Ich-Philosophie. Schelling mußte sich daher grob mißverstanden fühlen, wenn auch jetzt noch dieser Vorwurf an ihn erging.

16 Vgl. *Bruno* sowie *Fernere Darstellungen a. d. System der Philosophie*.

17 Vgl. Schelling und Cotta. Briefwechsel 1803–1849 (*Bibl. III*), S. 18, 21, 27, 37, 71 f. 1813 und 1830 erschienen weitere Einzelauflagen der Schrift, 1818 erschien sie im Rahmen der Sämtlichen Werke (Upsala) als Bd. 9.

18 Vgl. W. v. Humboldt, Antrag auf Errichtung der Universität Berlin (1809), sowie: Über die innere und äußere Organisation der höheren wissenschaftlichen Anstalten in Berlin, in: ders., Werke in fünf Bänden, hrsg. v. A. Flitner/K. Giel, Darmstadt [4]1994, Bd. IV, S. 113–120, 255–266.

19 Vgl. die Sammlung von Texten in: E. Spranger (Hrsg.), Fichte, Schleiermacher, Steffens über das Wesen der Universität, Leipzig 1910; H. Schelsky, Einsamkeit und Freiheit. Idee und Gestalt der deutschen Universität und ihrer Reformen, Hamburg 1963.

20 E. Spranger, Einleitung, in: a.a.O., S. XVII.

21 A.a.O., S. IX.

22 Fichte fragte, ob die Heilkunde überhaupt eine wissenschaftliche Basis haben könne und nicht vielmehr zur praktischen Kunst der Anwendung im Leben gehöre. Schleiermacher zog die Konsequenz, daß die Universität vollständig in der philosophischen Fakultät aufgehen sollte, die höheren Fakultäten hingegen als Spezialschulen einzurichten seien.

23 Vgl. auch: „Christus sei eine historische Person, deren Biographie schon vor ihrer Geburt verzeichnet gewesen." (V 426)

6. System und Freiheit

1 F. W. J. Schellings philosophische Schriften. Erster Band, Landshut 1809, S. IX (VII 334).

2 A.a.O.

3 Schelling hat mit Nachdruck darauf verwiesen, daß der Titel der gleichnamigen Schrift Fichtes (1806) seiner *Religionsschrift* entnommen sei.

4 G. W. Leibniz, Die Theodizee, übers. v. A. Buchenau, Hamburg ²1968.

5 Die Lehre vom Abfall hängt also entschieden von der Lehre der Selbstverdoppelung des Absoluten ab, wie sie übrigens bereits Lessing in seiner Skizze *Das Christentum der Vernunft* formuliert hat: vgl. G. E. Lessing, Werke in 8 Bde., hrsg. v. G. Göpfert, München/Wien 1982, Bd. 7, v. a. §§ 5–12.

6 J. G. Fichte, *Die Grundzüge des gegenwärtigen Zeitalters* (1805), *Über das Wesen des Gelehrten* (1805) und *Die Anweisung zum seligen Leben* (1806).

7 X. Tilliette, Die Freiheitsschrift, in: H. M. Baumgartner (Hrsg.), Schelling (*Bibl. V*), S. 95–108; 95. Eine zweite Veröffentlichung erfolgte im Rahmen der schwedischen Ausgabe von Schellings Sämtlichen Werken, Bd. 11, Upsala 1818. Die erste selbständige Einzelveröffentlichung erschien Reutlingen 1834.

8 Vgl. F. Schlegel, Über die Sprache und Weisheit der Inder. Ein Beitrag zur Begründung der Alterthumskunde. Nebst metrischen Übersetzungen indischer Gedichte, Heidelberg 1808, in: F. Schlegel, Studien zur Philosophie und Theologie, eingl. u. hrsg. v. E. Behler/U. Struc-Oppenberg, Kritische Ausgabe Bd. VIII, München/Paderborn/Wien 1975, S. 105-432.

9 K. Fischer, Schellings Leben, Werke und Lehre (*Bibl. V*), S. 633 f.

10 Auf Schlegels Äußerung verweist Schelling in der Fußnote VII 338: „Der Pantheismus ist das System der reinen Vernunft..." (F. Schlegel, a.a.O., S. 243); die Textstelle dort fährt fort: „...und insofern macht er schon den Übergang von der orientalischen Philosophie zur europäischen. Er schmeichelt dem Eigendünkel des Menschen ebenso als seiner Trägheit. Ist einmal diese große Entdeckung gemacht, diese alles umfassende, alles vernichtende, und doch so leichte Wissenschaft und Vernunft-Weisheit, daß Alles Eins sei, gefunden, so bedarf es weiter keines Suchens und Forschens; alles was andre auf andren Wegen wissen oder glauben, ist nur Irrtum, Täuschung und Verstandesschwäche, so wie alle Veränderung und alles Leben ein leerer Schein." (a.a.O.)

11 F. Schlegel: „Der Pantheismus hebt den Unterschied des Guten und Bösen unvermeidlich auf, so sehr er sich auch in Worten dagegen sträuben mag; das System der Emanation erdrückt den freien Mut, durch das Gefühl unendlicher verborgner Schuld und den Glauben, daß alles böse und auf Ewigkeiten hin unselig sei; die Lehre von den zwei Prinzipien und dem Kampf des Guten und Bösen hält das Mittel

zwischen diesen beiden Extremen, und ist selbst ein mächtiger Antrieb zu gleichem Kampf, eine unversiegliche Quelle sittlichen Lebens.“ (a.a.O., S. 229/231)

12 S.o.S. 86f.

13 Schelling verweist dabei auf Kants Lehre vom intelligiblen Charakter, als „eines subjektiven, aller in die Sinne fallenden Tat vorangehenden Grundes“, in der Schrift *Religion innerhalb der Grenzen der bloßen Vernunft*; Kant ließ freilich offen, ob der intelligible Charakter als ein bestimmter individueller zu verstehen sei.

14 Der an dieser Stelle hervortretende Vorrang der Existenz vor dem Wesen ist zu einer Grundfigur der Existenzphilosophie geworden, vor allem bei J. P. Sartre.

15 G. W. F. Hegel, Vorlesungen über die Geschichte der Philosophie, Theorie-Werkausgabe, Frankfurt a.M. 1970, Bd. 20, S. 453.

16 So etwa bei K. Leese, H. Heimsoeth und H. Fuhrmans.

17 Vgl. H.Fuhrmans, Schellings letzte Philosophie (*Bibl. X*); zum Spätidealismus allgemein vgl.: K. Chr. Köhnke, Entstehung und Aufstieg des Neukantianismus. Die deutsche Universitätsphilosophie zwischen Idealismus und Positivismus, Frankfurt a.M. 1986, S. 88–105.

7. Das Weltalter-Projekt

1 F. H. Jacobi, Von den göttlichen Dingen und ihrer Offenbarung, Leizig 1811, S.40.

2 A.a.O., S. 141.

3 A.a.O., S. 98.

4 Schelling und Cotta. Briefwechsel 1803–1849 (*Bibl. III*), S. 52.

5 Vgl. u.a. F. W. J. Schelling, Über Dante in philosophischer Beziehung (1803) (V 152–163); sowie: W. Hogrebe, Prädikation und Genesis (*Bibl. IX*).

6 Vgl. F. W. J. Schelling, Die Weltalter (*Bibl. I*).

7 M. Schröter, a.a.O., S. XIII–LVIII; die dem Druck der *Sämtlichen Werke* vorangestellte Gliederung stammt von K. F. A. Schelling.

8 Die Theorie des absoluten Geistes wird später in die *Philosophie der Offenbarung*, letztere in das II. Buch ‚Monotheismus‘ der *Philosophie der Mythologie* überführt.

9 Vgl. dazu den oben S. 114 u. 118 angeführten Brief Schellings an Windischmann.

10 Vgl. oben S. 117.

11 Wenn man sich dies im Blick auf den früheren Ansatz Schellings verdeutlichen will, wird mit der ‚Vergangenheit‘ die transzendentale Vergangenheit des Ich in der Geschichte des Selbstbewußtseins hier onto-theo-kosmologisch ausgeführt.

12 In: Schellingiana Rariora (*Bibl. III*), S. 668–676.

13 A.a.O., S. 669.

14 Vgl.: F. W. J. Schelling, Grundlegung der positiven Philosophie (*Bibl. II*). Problematisch an dieser Edition ist nicht, daß zwei Nachschriften derselben Vorlesung kompiliert wurden, sondern daß der Herausgeber an Stellen, die ihm unverstanden schienen, auf den Text der Sämtlichen Werke zurückgegriffen hat, was die historisch-entwicklungsgeschichtliche Aussagekraft erheblich mindert; unter Berücksichtung der Intention Fuhrmans', die primär auf den strukturellen Zusammenhang ausgerichtet war, ist der Text freilich unverzichtbar.
15 Vgl. dazu die Übersicht über Schellings Vorlesungen, unten S. 243.
16 Nach der ‚Nachlaßübersicht' waren diese Vorlesungstexte nicht zur Veröffentlichung bestimmt, sondern „allenfalls einzelnes brauchbar", vor allem in historischer Hinsicht (Schellingiana Rariora, a.a.O., S. 669 ff.).
17 Der Text in den *Sämtlichen Werken* bringt auch hier die letzte, ausgereifteste Fassung: Indizien sind der genannte Zeitabschnitt „fünfzig Jahre nach Kants Erscheinung" (X 73), sowie die Bezugnahme auf die 2. Auflage von Hegels Enzyklopädie; beides konnte nur nach 1831 erfolgt sein.
18 F. W. J. Schelling, System der Weltalter (*Bibl. II*), S. 211.
19 Vgl. dazu auch die Materialien der Lehrstunden, in: Schelling Leonbergensis (*Bibl. III*).
20 Die Edition einer Nachschrift der letzten Mythologie-Vorlesung in München ist in der Reihe ‚Schellingiana' angekündigt.
21 F. W. J. Schelling, System der Weltalter (*Bibl. II*), S. 9.
22 F. W. J. Schelling, Grundlegung der positiven Philosophie (*Bibl. II*), S. 365.
23 W. Schulz hat dies im Blick auf eine generelle Unterscheidung von negativer und positiver Philosophie zurecht als kritischen Ausgangspunkt seiner Interpretation der Spätphilosophie Schellings geltend gemacht (vgl. W. Schulz, *Bibl. X*).
24 Vgl. dazu abschließend Abschnitt 9. c.
25 Schelling und Cotta. Briefwechsel 1803-1849 (*Bibl. III*), S. 174.
26 J. E. Erdmann etwa berichtet, im Besitz einer solchen Fahne gewesen zu sein, in: ders., Grundriß der Geschichte der Philosophie, Bd. 2: Philosophie der Neuzeit, Berlin [4]1896, S. 505.
27 So spottete A. Ruge unter Berufung auf Augenzeugen über die Hefte, aus denen Schelling nach der Einleitung (auf weißen, neuen Blättern) dann, „in der eigentlichen Offenbarung", vortrug: „ganz vergilbtes Papier, ohne Zweifel aus einer Papiermühle des ‚Urvolkes'„ (zit. n. F. W. J. Schelling, Philosophie der Offenbarung 1841/42 (*Bibl. II*), S. 332.
28 Zusätzlich steht die ‚Abbreviatur' in den Lehrstunden (Anm. 19 oben) sowie die Paulus-Nachschrift der Vorlesung 1841/42 (*Bibl. II*) zur Verfügung.

1 Die Freiheit Gottes war durch die Selbstvermittlung in der göttlichen ‚idea' bereits in der Freiheitsschrift sichergestellt; das Problem ist nun näherhin die Herrschaft Gottes auch über die durch den Abfall des Menschen entstandene außergöttliche Welt – in der Person Christi.

2 F. W. J. Schelling, Einleitung in die Philosophie (1830) (*Bibl. II*), S. 114.

3 F. W. J. Schelling, System der Weltalter (1827/28) (*Bibl. II*), S. 9.

4 Dies gilt in gleicher Weise auch für den hier (noch) nicht behandelten Aristoteles (XIII 105, 107, XI 559 Anm. 1).

5 Zu diesem in sich geschlossenen Text (X 126–161/164) kommen noch Formulierungsvarianten bzw. Pointierungen einzelner Kritikpunkte in der *Vorrede zu einer philosophischen Schrift des Herrn Victor Cousin* (X 201–224; 211–213), sowie der ‚Einleitung in die Philosophie der Offenbarung oder Begründung der positiven Philosophie' (XIII 59 f., 65, 71 f., 80–92, 101, 106 Anm. 1, 121 f., 124, 164, 172 f.). Zur Hegel-Kritik vgl. u. a. K. Brinkmann u. M. Frank *(Bibl. X)*.

6 Schelling gibt erst im Abschnitt über Hegel überhaupt zu erkennen, wie er den Übergang von Fichte zum ‚von Fichte unabhängigen System' (Identitätsphilosophie) vollzogen habe und verweist auf die Schriften 1800/01 und die Methode der Depotenzierung bzw. der absoluten Abstraktion (SW X 145–151).

7 Nach Schelling ist das reine Sein als völlig Unbestimmtes ein „ganz aus dem Gebiet der Scholastik" (X 133) stammender Seinsbegriff, als Gattungsbegriff wie auch das ens der Scholastik „etwas ganz Totes" (XIII 64). Die dialektische Methode Hegels sollte dazu dienen, die Ontologie „über die schlechte Form [zu] erheben ..., die sie z.B. in der Wolffischen Philosophie gehabt hatte" (X 139).

8 G. W. F. Hegel, Wissenschaft der Logik, Theorie-Werkausgabe, a.a.O., Bd. 5, S. 447.

9 A.a.O., Bd. 6., S. 572.

10 G. W. F. Hegel, Enzyklopädie der philosophischen Wissenschaften, a.a.O. Bd. 8, S. 393.

11 Nur „weil die Natur eben existiert" (X 152), „muß" Hegel „zur Wirklichkeit kommen" (X 153).

12 Auf Details der Hegelschen Religionsphilosophie geht Schelling – abgesehen beispielsweise vom Begriff Monotheismus (XII 40 Anm.) – nicht ein.

13 F. W. J. Schelling, Einleitung in die Philosophie (1830) (*Bibl. II*), S. 117.

14 G. Hermann, Die älteste Mythologie der Griechen, 1817.

15 F. W. J. Schelling, Urfassung der Philosophie der Offenbarung (1831/32) (*Bibl. II*), S. 100.

16 Ein Beispiel dafür ist Kants *Religion innerhalb der Grenzen der bloßen Vernunft*, die, im Blick auf die Bestimmung von Moralität, Jesus hin-

sichtlich „Lehre, Lebenswandel und Leiden“ auf „das Beispiel eines Gott wohlgefälligen Menschen“, als personifiziertes Ideal moralischer Vollkommenheit, reduziert (vgl. II. Stück).

17 „Diese Gewißheit über die Verfasser hat nur für jenes dogmatische Verfahren Wichtigkeit, welches die Hauptsätze der christlichen Lehre nicht um ihrer selbst willen für wahr hält, dem diese Sätze bloß wahr sind, weil und inwiefern sie in Büchern stehen, die als, von Gott eingegebene, apostolische angesehen werden.“ (XIV 318).

18 Vgl. J. G. Fichte, Anweisung zum seligen Leben (1806); aber auch: G. W. F. Hegel, Vorlesungen über die Philosophie der Geschichte, Theorie-Werkausgabe Bd. 12, a.a.O., S. 401. Zur Christologie vgl. insbes. H. Rosenau u. Christian Danz *(Bibl. X).*

19 I. Kant, Die Religion innerhalb der Grenzen der bloßen Vernunft, I. Stück.

9. Die Berliner Vorlesungen und das abschließende Konzept

1 Dieser Tenor findet sich penetrant vor allem bei Varnhagen van Ense, vgl.: Schelling im Spiegel seiner Zeitgenossen (*Bibl. III*) Bd. I, S. 492, 498 ff. u.ö.

2 Vgl. a.a.O., Bd. II, S. 242 u. 227.

3 A.a.O., Bd. I, S. 465.

4 A.a.O. S. 444, 452.

5 Vgl. die Neuveröffentlichung der Philosophie der Offenbarung – ohne H. E. G. Paulus’ Kommentar – hrsg. v. M. Frank, Frankfurt a.M. [2]1993 (*Bibl. II*), S. 87–325. Die Sammlung von Auszügen anderer Nachschriften und Dokumenten enthält u.a. auch die Nachschrift S. Kierkegaards (S. 391–467).

6 Einen Beleg dafür sieht Schelling in Kants Antinomienlehre; während die thesis für die positive Philosophie steht, gehört die antithesis der negativen Philosophie zu (vgl. XIII 145 f.).

7 Die Art der Einführung dieses Unterschiedes am Seienden als solchem ist freilich nur propädeutischer Art: Wenn Schelling den Anspruch, Philosophie als strenge Vernunftwissenschaft auszuführen, einhalten will, um nicht zuletzt damit gegenüber Hegel konkurrenzfähig zu bleiben, kann der Unterschied nicht im Sinne einer bloßen Voraussetzung zum System gefaßt werden, sondern muß selbst systematisch hergeleitet werden.

8 Vgl. Schellings und Hegels erste absolute Metaphysik (1801/02) (*Bibl. II*), S. 45 f.

9 Dies ist bedeutsam für den Zusammenhang von rationaler und positiver Philosophie (vgl. 9. c.).

10 In den Text sind vor der Berliner Akademie der Wissenschaften gehaltene Vorträge eingegangen; nicht zuletzt deshalb sind einige Details sehr ausführlich geraten, anderes wird nur eben angedeutet (vgl. XI, VI Anm.). Eine unverzichtbare Quelle zur ‚Darstellung der rein rationalen Philosophie' ist (bisher) Schellings Tagebuch aus dem Jahr 1848 (*Bibl. III*). Seine beiden thematischen Schwerpunkte sind philosophisch die Konzeption und Ausarbeitung der Vorlesungen XI–XIV sowie XVIII (später eingefügt) und politisch die Notizen zu Ereignissen der bürgerlichen Revolution und ihre Kommentierung durch ihn als betroffenen Zeitzeugen, die in der (unten skizzierten) Theorie des Politischen entsprechend verarbeitet wurden.

11 F. W. J. Schelling, Tagebuch 1848 (*Bibl. III*), S. 24.

12 Die unterschiedlichen Benennungen der ersten Potenz lauten: das „bloß seyn Könnende" (als erste Potenz des reinen Denkens), das „Seynkönnen" (als Ausgangspunkt der negativen Philosophie) (XIII 76), und das „Seynkönnende" (zu Anfang der positiven Philosophie; XIII 205).

13 Hiermit soll also mit Blick auf Hegel das (bisherige) methodische Defizit der Einführung des Unterschieds von Wesen und Existenz ausgeräumt werden.

14 Die bisher einläßlichste Interpretation dazu: H. Schrödter, Die Grundlagen der Lehre Schellings von den Potenzen in seiner ‚reinrationalen Philosophie', in: ZphF 40/4 (1986), S. 562–585.

15 Bei der Ausarbeitung des letzten Konzepts politischer Philosophie innerhalb des idealen Teils der reinrationalen Philosophie hat Schelling auf die Tagebucheintragungen aus dem Jahr 1848 zurückgegriffen; die XXII. und XXIII. Vorlesung weisen nahezu wörtliche Übereinstimmung auf. Vgl. zum Folgenden: M. Schraven, Philosophie und Revolution (*Bibl. X*).

16 Durch diese Negativierung der Welt ist aber Gott zugleich auch von den Übeln der Welt entlastet und nach Schelling der Philosophie eine Theodizee gelungen.

17 Die Option für die Freiheit und freie Entfaltung des Individuums ist bei veränderter Begründung durchgängiges Charakteristikum der Schellingschen Rechts- und Staatslehre; sei es in der Forderung, daß der Staat als ‚mechanisches Räderwerk' abzuschaffen und eine vernünftige Ordnung der Einheit zu etablieren sei, sei es, daß er im Horizont der Utopie eines Gottesstaates als notwendige Bedingung menschlicher Freiheit auf einen außer ihm liegenden Zweck beschränkt sei.

18 M. Schraven, Philosophie und Revolution, a.a.O., S. 177.

19 Stimmungslage am 21. 11. 1847 nach M. Meyrs Notiz: „Der Deutsche ist der Esel des Weltalls, nichts wird ihm erspart; die kleinen Regierungen sind der Zeit nicht gewachsen, die sind so geblieben aus früherer Zeit, aber ohne Kaiser gehts nicht; Sie werden sehen, in 50 [vgl. S. 451: 30] Jahren ist alles anders; da sind die kleinen Regierungen weg; die

Zeit ist zu groß, die Regierungen von Baden, Württemberg sind schlecht, schwach, tun, was die Liberalen wollen." (Schelling im Spiegel seiner Zeitgenossen Bd. II (*Bibl. III*), S. 446).

20 M. Schraven, a.a.O., S. 163.

21 So J. Habermas, Dialektischer Idealismus im Übergang zum Materialismus – Geschichtsphilosophische Folgerungen aus Schellings Idee einer Contaction Gottes, in: ders., Theorie und Praxis. Sozialphilosophische Studien, Frankfurt a.M. [4]1971, S. 172–227.

22 Vgl. X. Tilliette, Une philosophie en devenir (*Bibl. V*), Bd. II, S. 79–96.

23 XIII 17, 81, 92 f., 94 f., 128, 132, 147 ff., 151, 152 ff., 160 f.; vgl. dazu auch XI 564.

24 Dieser Ausdruck findet sich in XI 562.

25 So in den Interpretationen von W. Schulz (*Bibl. X*) und M. Theunissen, Die Aufhebung des Idealismus in der Spätphilosophie Schellings, in: Philos. Jahrbuch 83 (1976), S. 1–29.

26 F. W. J. Schelling, Übersicht meines künftigen handschriftlichen Nachlasses, in: Schellingiana Rariora (*Bibl. III*), S. 668–676; 671 f.

27 Dieser Übergang wird in der *Abhandlung über die Quelle der ewigen Wahrheiten* (SW XI 573 ff.) selbst noch rational vollzogen.

10. Zur Wirkung

1 K. Rosenkranz, Schelling, Danzig 1843, ND Aalen 1969.

2 P. Tschaadajew, Apologie eines Wahnsinnigen. Geschichtsphilosophische Schriften, hrsg. v. G. Lehmann-Carli/U. Lehmann, Leipzig 1992; vgl. S. 187–189.

3 Victor Cousin über französische und deutsche Philosophie. Aus dem Französischen von H. Beckers, Stuttgart/Tübingen 1834.

4 Vgl. V. Descombes, Das Selbe und das Andere. Fünfundvierzig Jahre Philosophie in Frankreich 1933–1978, Frankfurt a.M. 1981, S. 71.

5 Vgl. L. Noack, Schelling und die Philosophie der Romantik. Ein Beitrag zur Kulturgeschichte des deutschen Geistes. 2 Bde., Berlin 1859, Bd. 2, S. 360–375.

6 E. v. Hartmann, Schellings positive Philosophie als Einheit von Hegel und Schopenhauer (1869).

7 Vgl. E. v. Hartmann, Philosophie des Unbewußten, 3 Bde., Berlin [7]1876, S. 15 f., v.a. 20 ff.

8 Vgl. O. Marquard, Transzendentaler Idealismus, romantische Naturphilosophie, Psychoanalyse (*Bibl. VII*); ders.: Über einige Beziehungen zwischen Ästhetik und Therapeutik in der Philosophie des neunzehnten Jahrhunderts, in: M. Frank/G. Kurz (Hrsg.), Materialien zu Schellings philosophischen Anfängen (*Bibl. VI*), S. 341–377.

9 Vgl. P. Tillich, Schelling und die Anfänge des existentialistischen Protestes, in: Ges. Werke Bd. IV, Stuttgart 1961, S. 133–144.

10 K. Jaspers, Schelling (*Bibl. V*).

11 Vgl. G. Marcel, Schelling, fut-il un précurseur de la philosophie de l'existence? in: Revue de Métaphysique et de Morale 62 (1957), S. 72–87.

12 Vgl. W. Marx, Das Wesen des Bösen und seine Rolle in der Geschichte in Schellings Freiheitsabhandlung, in: L. Hasler (Hrsg.), Schelling. Seine Bedeutung für eine Philosophie der Natur und der Geschichte (*Bibl. VI*), S. 49–69; ders., Gibt es auf Erden ein Maß?, Hamburg 1983, v. a. S. 13–15.

13 Vgl. K.-H. Volkmann-Schluck, Mythos und Logos (*Bibl. X*).

14 G. Lukács, Die Zerstörung der Vernunft, Werkausgabe Bd. 9, Darmstadt/Neuwied 1962.

15 Vgl. dazu kritisch: W. E. Ehrhardt, Die Naturphilosophie *und* die Philosophie der Offenbarung. Zur Kritik materialistischer Schelling-Forschung, in: H. J. Sandkühler (Hrsg.), Natur und geschichtlicher Prozeß (*Bibl. VIII*), S. 337–359.

16 Vgl. dazu A. Wüstehube, Das Denken aus dem Grund (*Bibl. XI*).

17 J. Habermas, Dialektischer Idealismus im Übergang zum Materialismus – geschichtsphilosophische Folgerungen aus Schellings Idee einer Contraction Gottes, in: Theorie und Praxis. Sozialphilosophische Studien, Frankfurt a.M. 1978, S. 172–227.

18 Vgl. M. Frank: Der unendliche Mangel an Sein (*Bibl. X*).

19 Vgl. M. Baum, Die Transzendierung des Mythos (*Bibl. XI*).

20 Vgl. M.-L. Heuser-Keßler, Die Produktivität der Natur; kritisch dazu: H.-D. Mutschler, Spekulative und empirische Physik (*Bibl. VIII*).

2. Zeittafel

1775	27. Januar Schelling in Leonberg (Württemberg) geboren.
1784	Besuch der Lateinschule in Nürtingen.
1787–1790	Unterricht im Höheren Seminar des Klosters Bebenhausen.
1790–1795	Studium der Philosophie und Theologie am Tübinger Stift.
1792	Magisterdissertation: Antiquissimi de prima malorum humanorum origine philosophematis genes. III. explicandi tentamen criticum et philosophicum.
1793	Über Mythen, historische Sagen und Philosopheme der ältesten Welt.
1794	Über die Möglichkeit einer Form der Philosophie überhaupt.
1795	Theologische Dissertation: De Marcione Paullinarum epistolarum emendatore. Weitere Schriften: Vom Ich als Princip der Philosophie oder über das Unbedingte im menschlichen Wissen; Philosophische Briefe über Dogmatismus und Kriticismus.

1796	Begleitet als Hofmeister die Barone von Riedesel an die Universität Leipzig; Studien in Mathematik, Naturwissenschaften und Medizin. Neue Deduktion des Naturrechts. Begegnung mit Fichte.
1796/97	Allgemeine Übersicht der neuesten Philosophischen Literatur.
1797	Ideen zu einer Philosophie der Natur.
1798	Durch Goethes Vermittlung Berufung als außerordentlicher Professor nach Jena. Nähere Bekanntschaft mit Fichte, den Brüdern Schlegel und Novalis. Von der Weltseele.
1799	Erster Entwurf zu einem System der Naturphilosophie. Kurz darauf: Einleitung zum Ersten Entwurf.
1800	System des transzendentalen Idealismus. Medizinische Studien in Bamberg. Am 12. Juli Tod von Auguste Böhmer.
1800/01	Herausgeber der „Zeitschrift für spekulative Physik".
1801	Darstellung meines Systems der Philosophie.
1801/02	Entfremdung von Fichte.
1802	Bruno. Fernere Darstellungen aus dem System der Philosophie. Doktor der Medizin der Universität Landshut.
1802/03	Zusammenarbeit mit Hegel in Jena; „Kritisches Journal der Philosophie".
1803	Vorlesungen über die Methode des akademischen Studiums. 26. Juni Heirat mit der von A. W. Schlegel geschiedenen Caroline, geb. Michaelis. Arbeit an der Philosophie der Kunst. Berufung als ordentlicher Professor nach Würzburg.
1804	Immanuel Kant. Philosophie und Religion. Arbeit an den Vorlesungen Propädeutik der Philosophie und System der gesammten Philosophie.
1805	„Jahrbücher der Medizin als Wissenschaft".
1806	Letzte Vorlesung in Würzburg. Eintritt in den bayerischen Staatsdienst. Mitglied der Akademie der Wissenschaften in München. Öffentlicher Bruch mit Fichte: Darlegung des wahren Verhältnisses der Naturphilosophie zu der verbesserten Fichteschen Lehre.
1807	12. Oktober: Rede zum Geburtstag des bayer. Königs Über das Verhältnis der bildenden Künste zu der Natur. Hegel, Phänomenologie des Geistes. Ernennung zum Generalsekretär der Akademie der bildenden Künste in München. Geadelt.
1809	Philosophische Untersuchungen über das Wesen der menschlichen Freiheit. Caroline stirbt am 7. September in Maulbronn.
1810	Stuttgarter Privatvorlesungen; Beginn der Arbeit an den Weltaltern.
1812	Denkmal von den göttlichen Dingen etc. des Herrn Friedrich Heinrich Jacobi. Am 11. Juni Heirat mit Pauline Gotter.

1813	Herausgeber der „Allgemeine[n] Zeitschrift von Deutschen für Deutsche".
1815	12. Oktober: Rede Die Gottheiten von Samothrake.
1820/1821	Erste Vorlesungen in Erlangen. Erste Fassung der Philosophie der Mythologie.
1823	Aufgabe der Stelle als Generalsekretär der Akademie der bildenden Künste.
1826	Berufung an die neugegründete Münchener Universität (in der Nachfolge von Ingolstadt und Landshut).
1827	Ernennung zum Generalkonservator der wissenschaftlichen Sammlungen des Bayerischen Königshauses. Ernennung zum Vorstand der Akademie der Wissenschaften.
1827–1839	Vorlesungen in München.
1830	Ernennung zum Wirklichen Geheimen Staatsrat.
1831/32	Erster Vortrag der Philosophie der Offenbarung.
1832	Rede in der Akademie über die Entdeckung der elektromagnetischen Induktion durch Faraday.
1834	Vorrede zu einer philosophischen Schrift V. Cousins.
1835–1840	Lehrer für Philosophie des Kronprinzen, späteren Königs Maximilian II.
1840	Berufung nach Berlin.
1841	Im November erste Vorlesung in Berlin.
1842	Aufnahme in den preußischen Staatsdienst.
1843	H. E. G. Paulus veröffentlicht eine Mitschrift der Philosophie der Offenbarung. Anstrengung eines Prozesses wegen unerlaubten Nachdrucks. Scheitern des Prozesses.
1846	Vorwort zu H. Steffens nachgelassenen Schriften; Einstellung der Vorlesungstätigkeit. Vorträge in der Preußischen Akademie der Wissenschaften.
1854	Tod Schellings in Bad Ragaz (Schweiz) am 20. August.

3. Übersichtstafeln

Übersicht über Schellings naturphilosophische Schriften[1]

I. Einleitende Schriften

A. Propädeutische

1. Einleitung zu den Ideen zu einer Philosophie der Natur: Über die Probleme, welche eine Philosophie der Natur aufzulösen hat (1797) [II 11–56]
2. Vorrede zu der Schrift Von der Weltseele (1798) [II 347–451]
3. Einleitung zu seinem Entwurf eines Systems der Naturphilosophie (1799) [III 269–326]
4. Über den wahren Begriff der Naturphilosophie und die richtige Art ihre Probleme aufzulösen (1801) [IV 79–104]

B. Allgemeine Naturphilosophie

1. Zusatz zur Einleitung in die Ideen: Darstellung der allgemeinen Idee der Philosophie überhaupt und der Naturphilosophie insbesondere als notwendigen und integranten Teil der ersten (1803) [II 57–73]
2. Abhandlung über das Verhältnis des Realen und Idealen in der Natur (Zur 2. Aufl. der Schrift Von der Weltseele 1806) [II 357–378]
3. Aphorismen zur Einleitung in die Naturphilosophie (1806) [VII 140–197]
4. Aphorismen über die Naturphilosophie (1806) [VII 198–244]

II. Ausführende Schriften

A. Dynamik

1. Ideen zu einer Philosophie der Natur. I.Tl (1797). Zusätze zur 2. Aufl. (1803) [II 74–343]
2. Allgemeine Deduktion des dynamischen Prozesses oder der Kategorien der Physik (1800) [IV 1–78]

B. Organik

1. Von der Weltseele (1798) [II 379–583]
2. Vorläufige Bezeichnung des Standpunkts der Medizin nach Grundsätzen der Naturphilosophie (1806) [VII 127–288]

---

[1] K. Fischer (*Bibl. V*) S. 357 f.; Band- und Seitenzahlen der *Sämtlichen Werke* wurden in [ ] beigefügt.

C. System des Ganzen

1. Erster Entwurf des Systems der Naturphilosophie (1799) [III 1–268]
2. Darstellung meines Systems der Philosophie (1801) [IV 105–212]
3. Fernere Darstellungen aus dem System der Philosophie (1802) [IV 333–510]
4. System der gesamten Philosophie und der Naturphilosophie insbesondere (1804) [VI 131–576]

Übersicht über Schellings Vorlesungen (1827/28–1845/46)

[bei den mit * markierten Vorlesungen liegen Nachschriften veröffentlicht vor, vgl. u. Bibl. II]

München

1827/28	Allgemeine Methodologie des akademischen Studiums, zugleich als Einleitung in das Studium der Philosophie/System der Weltalter *
1828	Allgemeine und spezielle Methodologie des akademischen Studiums/Philosophie der Mythologie
1828/29	Philosophie der Mythologie [Ankündigung: Allgemeine Methodologie des akademischen Studiums/System der allgemeinen Philosophie]
1829	Philosophie der Mythologie [Ankündigung: Zweiter Teil der Philosophie der Offenbarung]
1829/30	nicht gelesen [Ankündigung: Das System der Weltalter]
1830	Einleitung in die Philosophie *
1830/31	Philosophie der Mythologie
1831	Methodologie des akademischen Studiums/Philosophie der Mythologie
1831/32	Philosophie der Offenbarung *
1832	Philosophie der Offenbarung */Entwicklung der philosophischen Systeme von Cartesius bis auf die gegenwärtige Zeit *
1832/33	Das System der positiven Philosophie in seiner Begründung und Ausführung*
1833	System der Weltalter
1833/34	Geschichte der philosophischen Systeme von Cartesius bis auf die gegenwärtige Zeit als Übergang zum System der positiven Philosophie
1834	Philosophie der Mythologie
1834/35	Begründung der positiven Philosophie [Ankündigung: Philosophie der Offenbarung]
1835	nicht gelesen [Ankündigung: Philosophie der Mythologie, 2. Teil]

1835/36	Philosophie der Mythologie *
1836	Einleitung in die Philosophie
1836/37	System der positiven Philosophie. Zugleich als Resultat der Entwicklung der Philosophie seit Cartesius
1837	Philosophie der Mythologie (historische, philosophische Einleitung, 1.Teil)
1837/38	Grundlage der positiven Philosophie/Philosophie der Mythologie
1838	Über das Studium der Philosophie auf Universitäten/Philosophie der Mythologie
1838/39	Philosophie der Offenbarung
1839	Allgemeine Einleitung in die Philosophie
1839/40	nicht gelesen [Ankündigung: Einleitung in die Philosophie und genetische Entwicklung der verschiedenen Systeme vom Cartesius bis auf die gegenwärtige Zeit]
1840	nicht gelesen [Ankündigung: Philosophie der Mythologie]
1840/41	Einleitung in die Philosophie/Philosophie der Mythologie
1841	nicht gelesen [keine Ankündigung]

Berlin

1841/42	Philosophie der Offenbarung *
1842	Philosophie der Mythologie
1842/43	Philosophie der Mythologie
1843	Philosophie der Mythologie
1843/44	Prinzipien der Philosophie
1844	Philosophie der Offenbarung
1844/45	Philosophie der Mythologie
1845	Philosophie der Mythologie
1845/46	Philosophie der Mythologie *
1846	[Beendigung der Vorlesungstätigkeit]

4. Bibliographische Hinweise

I. Werke

Historisch-Kritische Ausgabe im Auftrag der Schelling-Kommission der Bayerischen Akademie der Wissenschaften, hrsg. v. H. M. Baumgartner/ W. G. Jacobs/H. Krings/H. Zeltner†. Reihe I: Werke, 5 Bde. und 1 Ergänzungsband (Wissenschaftshistorischer Bericht), Stuttgart-Bad Cannstatt 1976 ff.

Sämmtliche Werke, hrsg.v. K. F. A. Schelling, Stuttgart/Augsburg 1856–61.

Werke. Nach der Originalausgabe in neuer Anordnung, hrsg. v. M. Schröter, München 1927–54, ND 1962–71.

Die Weltalter. Fragmente. In den Urfassungen 1811 und 1813, hrsg. v. M. Schröter, München 1946, [3]1979.
Ausgewählte Werke [Teil-Nachdruck von SW], Darmstadt 1966ff.
Ausgewählte Schriften. 6 Bde. hrsg. v. M. Frank, Frankfurt a.M. 1985.
Schelling, F. W. J. (Hrsg.): Zeitschrift für spekulative Physik [1801/02], ND Hildesheim 1969.
Schelling, F. W. J. (Hrsg.): Neue Zeitschrift für spekulative Physik [1802], ND Hildesheim 1969.
Schelling, F. W. J. /Hegel, G. W. F.: Kritisches Journal der Philosophie 1802/03, hrsg. v. S. Dietzsch, Berlin 1985.
Schelling, F. W. J. Ausgewählt und vorgestellt v. M. Boenke (Philosophie jetzt!), München 1995.
Einzelausgaben von Schriften Schellings sind bei den Verlagen: Meiner (Hamburg), Reclam (Stuttgart)/(Leipzig) und Suhrkamp (Frankfurt a.M.) erschienen.

II. Vorlesungsnachschriften (chronologisch nach den Vorlesungen)

Schellings und Hegels erste absolute Metaphysik (1801/02). Zusammenfassende Vorlesungsnachschriften von I. P. V. Troxler, hrsg. v. K. Düsing, Köln 1988.
Schelling, F. W. J.: Stuttgarter Privatvorlesungen [1810]. Version inédite, accompagnée du texte des Oeuvres [E. F. Georgii], hrsg. v. M. Vetö, Torino 1973.
Schelling, F. W. J.: Initia Philosophiae universae. Erlanger Vorlesung von 1820/21 [F. L. Enderlein], hrsg. v. H. Fuhrmans, Bonn 1969.
Schelling, F. W. J.: System der Weltalter. Münchner Vorlesungen 1827/28 in einer Nachschrift von E. v. Lasaulx, hrsg. v. S. Peetz, Frankfurt a.M. 1990.
Schelling, F. W. J.: Einleitung in die Philosophie (1830), hrsg. v. W. E. Ehrhardt, Stuttgart-Bad Cannstatt 1989.
Schelling, F. W. J.: Urfassung der Philosophie der Offenbarung (1831/32), hrsg. v. W. E. Ehrhardt, 2. Tlbde., Hamburg 1992.
Schelling, F. W. J.: Grundlegung der positiven Philosophie. Münchner Vorlesungen WS 1832/33 und SS 1833 [J. G. C. F. Helmes], hrsg. v. H. Fuhrmans, Torino 1972.
La Philosophie de la Mythologie de Schelling. D'aprés Ch. Secréton (Munich 1835/36) et H.-F. Amiel (Berlin 1845/46), hrsg. v. L. Pareyson/M. Pagano, Milano 1991.
Koktanek, A. M.: Schellings Seinslehre und Kierkegaard. Mit Erstausgabe der Nachschriften zweier Schelling-Vorlesungen von G. M. Mittermair und S. Kierkegaard, München 1962.

Schelling, F. W. J.: Philosophie der Mythologie. Nachschrift der Münchener Vorlesungen 1841, mit einem Vorwort v. W. E. Ehrhardt hrsg. v. A. Roser/H. Schulten, Stuttgart-Bad Cannstatt 1996.
Schelling, F. W. J.: Philosophie der Offenbarung 1841/42 [sog. Paulus-Nachschrift], hrsg. u. eingel. v. M. Frank, Frankfurt a.M. ²1993.

III. Briefe und Dokumente

Aus Schellings Leben. In Briefen, 3 Bde., hrsg. v. G. L. Plitt, Leipzig 1869–70.
König Maximilian II. von Bayern und Schelling. Briefwechsel, hrsg. v. L. Trost u. F. Leist, Stuttgart 1890.
Schelling, F. W. J.: Briefe und Dokumente, hrsg. v. H. Fuhrmans, 3 Bde., Bonn 1962, 1973, 1975.
Schelling und Cotta. Briefwechsel 1803–1849, hrsg. v. H. Fuhrmans u. L. Lohrer, Stuttgart 1965.
Fichte – Schelling Briefwechsel, hrsg. v. W. Schulz, Frankfurt a.M. 1968.
Loer, B.: Das Absolute und die Wirklichkeit in Schellings Philosophie. Mit der Erstedition einer Handschrift aus dem Berliner Schelling-Nachlaß, Berlin/New York 1974.
Schelling im Spiegel seiner Zeitgenossen, hrsg. v. X. Tilliette, 3 Bde., Torino – Milano 1974–1988.
Schellingiana rariora, hrsg. v. L. Pareyson, Torino 1977.
Ehrhardt, W. E.: Schelling Leonbergensis und Maximilian II. von Bayern: Lehrstunden der Philosophie, Stuttgart-Bad Cannstatt 1989.
Schelling, F. W. J.: Das Tagebuch 1848. Rationale Philosophie und demokratische Revolution, hrsg. v. H. J. Sandkühler/A. v. Pechmann/M. Schraven, Hamburg 1990.
Schelling, F. W. J.: Philosophische Entwürfe und Tagebücher 1809–1813. Philosophie der Freiheit und der Weltalter, hrsg. v. L. Knatz/H. J. Sandkühler/M. Schraven, Hamburg 1994.
Schelling, F. W. J.: ‚Timaeus' (1794), hrsg. v. H. Buchner, mit einem Beitrag v. H. Krings, Stuttgart-Bad Cannstatt 1994.

IV. Bibliographien, Forschungsberichte

Schneeberger, G.: Friedrich Wilhelm Joseph von Schelling. Eine Bibliographie, Bern 1954.
Sandkühler, H.J.: Friedrich Wilhelm Joseph Schelling, Stuttgart 1970.
De Sanctis, N.: Bibliografia italiana di Schelling, in: X. Tilliette (Hrsg.): Attualità di Schelling, Milano 1974, S. 199–208.
Schieche, W.: Bibliographie, in: H. M. Baumgartner (Hrsg.): Schelling. Einführung in seine Philosophie, Freiburg/München 1975, S. 178–201.
Vetö, M.: Bibliographie, in: ders.: Le fondement selon Schelling, Paris 1977, S. 615–636.

Schelling, F. W. J.: Über das Verhältnis der bildenden Künste zu der Natur. Mit einer vollständigen Bibliographie zu Schellings Philosophie der Kunst, eingel. und hrsg. v. L. Sziborsky, Hamburg 1983.
Gabel, G. U.: Schelling. Ein Verzeichnis westeuropäischer und nordamerikanischer Hochschulschriften 1885–1980, Köln 1986.

Zeltner, H.: Schelling-Forschung seit 1954, Darmstadt 1975.
Braun, H.: Ein Bedürfnis nach Schelling, in: Philos. Rundschau 37 (1990), S. 161–196 und 298–326.
Mende, E.: Revolution, Religion, Staat und Gott. Schwerpunkte der jüngsten Schelling-Literatur, in: Philosophischer Literaturanzeiger 44 (1991), S. 192–205.
Korten, H.: Neue Schellingiana: Quellen, Dokumente und Interpretationen, in: Allg. Zeitschrift für Philosophie 17 (1992), S. 57–76.
Mende, E.: Das Absolute und die „Urfassung der Philosophie der Offenbarung" bilden Schwergewichte neuester Schelling-Publikationen, in: Philosophischer Literaturanzeiger 46 (1993), S. 401–413.
Crummenauer, H.: Schellings Naturphilosophie. Ein Forschungsbericht, in: Information Philosophie, August 1994, S. 22–37.
Ehrhardt, W. E.: ... also muß auf Schelling zurückgegangen werden, in: Philosophische Rundschau 42 (1995), Heft 1, S. 1–10, Heft 3, S. 225–233.

V. Biographien, Gesamtdarstellungen, Einführungen

Fischer, K.: Schellings Leben, Werke und Lehre [Geschichte der neueren Philosophie Bd.7], Heidelberg ³1902.
Hartmann, E. v.: Zwei Schriften über Schellings Philosophie [Schellings philosophisches System (1897); Schellings positive Philosophie als Einheit von Hegel und Schopenhauer (1869)], ND Aalen 1979.
Zeltner, H.: Schelling, Stuttgart 1954.
Jaspers, K.: Schelling. Größe und Verhängnis, München 1955.
Tilliette, X.: Une philosophie en devenir, 2 Bde., Paris 1970.
Bausola, A.: F. W. J. Schelling, Firenze 1975.
Vetö, M.: Le fondement selon Schelling, Paris 1977.
Dietzsch, S.: F. W. J. Schelling, Köln 1978.
Kirchhoff, J.: F. W. J. v. Schelling in Selbstzeugnissen und Bilddokumenten, Reinbek 1982.
Gulyga, A.: Schelling. Leben und Werk, Stuttgart 1989 (russ.: Moskau 1981).

Baumgartner, H. M. (Hrsg.): Schelling. Einführung in seine Philosophie, Freiburg/München 1975.
Frank, M.: Eine Einführung in Schellings Philosophie, Frankfurt a.M. 1985.

VI. Sammelwerke

Verhandlungen der Schelling-Tagung in Bad Ragaz vom 22.–25. 9. 1954, Studia philosophica. Jahrbuch der Schweizerischen Philosophischen Gesellschaft, Vol. XIV, Basel 1954.

Koktanek, A. M. (Hrsg.): Schelling-Studien. Festgabe für M. Schröter zum 85. Geb., München/Wien 1965.

Tilliette, X. (Hrsg.): Attualità di Schelling, Milano 1974.

Frank, M./Kurz, G. (Hrsg.): Materialien zu Schellings philosophischen Anfängen, Frankfurt/M. 1975.

Schellings Philosophie der Freiheit. Festschrift der Stadt Leonberg zum 200. Geb. des Philosophen, Stuttgart 1977.

Lange, E. (Hrsg.): Die Philosophie des jungen Schelling. Collegium Philosophicum Jenense, Heft 1, Weimar 1977.

Dietzsch, S. (Hrsg.): Natur – Kunst – Mythos. Beiträge zur Philosophie F. W. J. Schellings, Berlin 1978.

Planty-Bonjour, G. (Hrsg.): Actualité de Schelling. Travaux du Centre de Documentation et de Recherche sur Hegel et sur Marx, Paris 1979.

Hasler, L. (Hrsg.): Schelling. Seine Bedeutung für eine Philosophie der Natur und der Geschichte, Stuttgart-Bad Cannstatt 1981.

Pawlowski, H.-M./Smid, S./Specht, R. (Hrsg.): Die praktische Philosophie Schellings und die gegenwärtige Rechtsphilosophie, Stuttgart-Bad Cannstatt 1989.

Baumgartner, H. M./Jacobs, W. G. (Hrsg.): Philosophie der Subjektivität? Zur Bestimmung des neuzeitlichen Philosophierens, Stuttgart-Bad Cannstatt 1993.

Courtine, J.- Fr./Marquet, J.-Fr. (Hrsg.): Le dernier Schelling. Raison et positivité, Paris 1994.

Baumgartner, H. M./Jacobs, W. G. (Hrsg.): Schellings Weg zur Freiheitsschrift, Stuttgart-Bad Cannstatt 1996.

VII. Zur Früh- und Transzendentalphilosophie

Watson, J.: Schellings transcendental Idealism. A critical exposition [1882], ND Bristol 1992.

Metzger, W.: Die Epochen der Schellingschen Philosophie von 1795–1802. Ein problemgeschichtlicher Durchblick, Heidelberg 1911.

Meier, F.: Die Idee der Transzendentalphilosophie beim jungen Schelling, Winterthur 1961.

Jähnig, D.: Die Kunst in der Philosophie. Bd. 1: Schellings Begründung von Natur und Geschichte. Bd. 2: Die Wahrheitsfunktion der Kunst, Pfullingen 1966/1969.

Görland, I.: Die Entwicklung der Frühphilosophie Schellings in der Auseinandersetzung mit Fichte, Frankfurt a.M. 1973.

Holz, H.: Die Idee der Philosophie bei Schelling. Metaphysische Motive in seiner Frühphilosophie, Freiburg/München 1977.
Jacobs, W. G.: Zwischen Revolution und Orthodoxie? Schelling und seine Freunde im Stift und an der Universität Tübingen. Texte und Untersuchungen, Stuttgart-Bad Cannstatt 1989.
Boehnke, M.: Transformation des Realitätsbegriffs. Untersuchungen zur frühen Philosophie Schellings im Ausgang von Kant, Stuttgart-Bad Cannstatt 1989.
Sandkaulen-Bock, B.: Ausgang vom Unbedingten. Über den Anfang in der Philosophie Schellings, Göttingen 1990.
Jacobs, W. G.: Gottesbegriff und Geschichtsphilosophie in der Sicht Schellings, Stuttgart-Bad Cannstatt 1993.
Kuhlmann, H.: Schellings früher Idealismus. Ein kritischer Versuch, Stuttgart/Weimar 1993.

VIII. Zur Natur- und Identitätsphilosophie

Schilling, K.: Natur und Wahrheit. Untersuchungen über Entstehung und Entwicklung des Schellingschen Systems bis 1800, München 1934.
Esposito, J. L.: Schellings Idealism and Philosophy of Nature, London 1977.
Braun, B.: Schellings zwiespältige Wirklichkeit. Das Problem der Natur in seinem Denken, St. Ottilien 1983.
Sandkühler, H. J. (Hrsg.): Natur und geschichtlicher Prozeß. Studien zur Naturphilosophie F. W. J. Schellings, Frankfurt a.M. 1984.
Heckmann, R./Krings, H./Meyer, R. W. (Hrsg.): Natur und Subjektivität: Zur Auseinandersetzung mit der Naturphilosophie des jungen Schelling, Stuttgart-Bad Cannstatt 1985.
Heuser-Keßler, M.-L.: Die Produktivität der Natur. Schellings Naturphilosophie und das neue Paradigma der Selbstorganisation der Natur, Berlin 1986.
Mutschler, H.-D.: Spekulative und empirische Physik. Aktualität und Grenzen der Naturphilosophie Schellings, Stuttgart 1990.
Küppers, B.-O.: Natur als Organismus. Schellings frühe Naturphilosophie und ihre Bedeutung für die moderne Biologie, Frankfurt a.M. 1992.
Grün, K.-J.: Das Erwachen der Materie. Studie über die spinozistischen Gehalte der Naturphilosophie Schellings, Hildesheim/Zürich/New York 1993.
Gerabek, W. E.: F. W. J. Schelling und die Medizin der Romantik. Studien zu Schellings Würzburger Periode, Frankfurt/Berlin/Bern/New York/Paris/Wien 1995.

Zeltner, H.: Schellings philosophische Idee und das Identitätssystem, Heidelberg 1931.

Schlanger, J. E.: Schelling et la réalité finie. Essai sur la philosophie de la nature et de l'identité, Paris 1966.
Lauth, R.: Die Entstehung von Schellings Identitätsphilosophie in der Auseinandersetzung mit Fichtes Wissenschaftslehre. 1795–1801, Freiburg/München 1975.
Blanchard, G.: Die Vernunft und das Irrationale. Die Grundlagen von Schellings Spätphilosophie im „System des transzendentalen Idealismus" und der „Identitätsphilosophie", Frankfurt a.M. 1979.
Schneider, W.: Ästhetische Ontologie: Schellings Weg des Denkens zur Identitätsphilosophie, Frankfurt a.M. 1983.
Barth, B.: Schellings Philosophie der Kunst. Göttliche Imagination und ästhetische Einbildungskraft, Freiburg/München 1991.

IX. Zur Freiheits- und Weltalterphilosophie

Heidegger, M.: Schellings Abhandlung über das Wesen der menschlichen Freiheit [Vorlesung 1936], hrsg. v. H. Feick, Tübingen 1971; und in: ders.: Gesamtausgabe Bd. 42, hrsg. v. I. Schüßler, Frankfurt a.M. 1988.
Heidegger, M.: Die Metaphysik des deutschen Idealismus. Zur erneuten Auslegung von Schelling, in: ders.: Gesamtausgabe Bd. 49, hrsg. v. G. Seubold, Frankfurt a.M. 1991.
Bolman Jr., F. de Wolfe: Schelling: The Ages of the World [1942], ND New York 1967.
Fuhrmans, H.: Schellings Philosophie der Weltalter, Düsseldorf 1954.
Wieland, W.: Schellings Lehre von der Zeit. Grundlagen und Voraussetzungen der Weltalterphilosophie, Heidelberg 1956.
Kile Jr., Fr. O.: Die theologischen Grundlagen von Schellings Philosophie der Freiheit, Leiden 1965.
Weischedel, W. (Hrsg.): Streit um die göttlichen Dinge. Die Auseinandersetzung zwischen Jacobi und Schelling, Darmstadt 1967.
Weischedel, W.: Jacobi und Schelling. Eine philosophisch-theologische Kontroverse, Darmstadt 1969.
Holz, H.: Spekulation und Faktizität. Zum Freiheitsbegriff des mittleren und späten Schelling, Bonn 1970.
Brown, R. F.: The later Philosophy of Schelling. The influence of Boehme on the works of 1809–1815, Lewisburg 1977.
Durner, M.: Wissen und Geschichte bei Schelling. Eine Interpretation der Ersten Erlanger Vorlesung, München 1979.
Wolfinger, F.: Denken und Transzendenz – zum Problem ihrer Vermittlung. Der unterschiedliche Weg der Philosophen F. H. Jacobi und F. W. J. Schelling und ihre Konfrontation im Streit um die göttlichen Dinge, Frankfurt a.M. 1981.
White, A.: Schelling. An Introduction to the System of Freedom, New Haven/London 1983.

Oesterreich, P. L.: Philosophie, Mythos und Lebenswelt. Schellings universalhistorischer Weltalteridealismus und die Idee eines neuen Mythos, Frankfurt a.M./Bern/New York 1984.
Reinecke, V.: Der Wiederholungsprozeß und die mythologischen Tatsachen in Schellings Spätphilosophie. Eine religionswissenschaftliche Studie unter der Voraussetzung des Verhältnisses der „Weltalter" zu der Abhandlung „Über die Gottheiten von Samothrake", Rheinfelden 1986.
Hogrebe, W.: Prädikation und Genesis. Metaphysik als Fundamentalheuristik im Ausgang von Schellings „Die Weltalter", Frankfurt a.M. 1989.
Lanfranconi, A.: Krisis. Eine Lektüre der „Weltalter"-Texte F. W. J. Schellings, Stuttgart-Bad Cannstatt 1992.
Schelling, F. W. J.: Über das Wesen der menschlichen Freiheit, hrsg. v. O. Höffe/A. Pieper, (Klassiker Auslegen Bd. 3), Berlin 1995.

X. Zur Spätphilosophie

Erdmann, J. E.: Über Schelling, namentlich seine negative Philosophie, Halle 1857.
Frantz, K.: Schellings positive Philosophie. Nach ihrem Inhalt wie nach ihrer Bedeutung für den allgemeinen Umschwung der jetzt noch herrschenden Denkweise dargestellt (1879/80), ND Aalen 1968.
Groos, K.: Die Reine Vernunftwissenschaft. Systematische Darstellung von Schellings rationaler oder negativer Philosophie, Heidelberg 1889.
Tillich, P.: Die religionsgeschichtliche Konstruktion in Schellings positiver Philosophie; ihre Voraussetzungen und Prinzipien [1910], in: Gesammelte Werke Bd. I, ^{2}1959, S. 11–108.
Dekker, G.: Die Rückwendung zum Mythos. Schellings letzte Wandlung, München/Berlin 1930.
Fuhrmans, H.: Schellings letzte Philosophie. Die negative und positive Philosophie im Einsatz des Spätidealismus, Berlin 1940.
Schulz, W.: Die Vollendung des Deutschen Idealismus in der Spätphilosophie Schellings, Stuttgart/Köln 1955, Pfullingen ^{2}1975.
Kasper, W.: Das Absolute in der Geschichte. Philosophie und Theologie der Geschichte in der Spätphilosophie Schellings, Mainz 1965.
Oeser, E.: Die antike Dialektik in der Spätphilosophie Schellings. Ein Beitrag zur Kritik des Hegelschen Systems, Wien/München 1965.
Hemmerle, K.: Gott und das Denken in Schellings Spätphilosophie, Freiburg/Basel/Wien 1966.
Czuma, H.: Der philosophische Standpunkt in Schellings Philosophie der Mythologie und Offenbarung, Innsbruck 1969.
Volkmann-Schluck, K.-H.: Mythos und Logos. Interpretationen zu Schellings Philosophie der Mythologie, Berlin 1969.
Schöpsdau, W.: Die Evidenz Gottes im Mythos. Schellings Spätphilosophie und die Theologie, Mainz 1972.

Frank, M.: Der unendliche Mangel an Sein. Schellings Hegelkritik und die Anfänge der Marxschen Dialektik, Frankfurt a.M. 1975.
Brinkmann, K.: Schellings Hegel-Kritik, in: K. Hartmann (Hrsg.), Die ontologische Option, Berlin 1976, S. 117–210).
Korsch, D.: Der Grund der Freiheit. Eine Untersuchung zur Problemgeschichte der positiven Philosophie und zur Systemfunktion des Christentums im Spätwerk F. W. J. Schellings, München 1980.
Mine, H.: Ungrund und Mitwissenschaft. Das Problem der Freiheit in der Spätphilosophie Schellings, Frankfurt a.M./Bern/New York 1983.
Teichner, W.: Mensch und Gott in der Entfremdung oder die Krise der Subjektivität, Freiburg/München 1984.
Rosenau, H.: Die Differenz im christologischen Denken Schellings, Frankfurt a.M./Bern/New York 1985.
Kreiml, J.: Die Wirklichkeit Gottes. Eine Untersuchung über die Metaphysik und die Religionsphilosophie des späten Schelling, Regensburg 1989.
Schraven, M.: Philosophie und Revolution. Schellings Verhältnis zum Politischen im Revolutionsjahr 1848, Stuttgart-Bad Cannstatt 1989.
Buchheim, Th.: Eins von Allem. Die Selbstbescheidung des Idealismus in Schellings Spätphilosophie, Hamburg 1992.
Frantz, A.: Philosophische Religion. Eine Auseinandersetzung mit den Grundlegungsproblemen der Spätphilosophie F. W. J. Schellings, Amsterdam/Atlanta 1992.
Wilson, J. E.: Schellings Mythologie. Zur Auslegung der Philosophie der Mythologie und Offenbarung, Stuttgart-Bad Cannstatt 1993.
Borlinghaus, R.: Neue Wissenschaft. Schelling und das Projekt einer positiven Philosophie, Frankfurt/Berlin/Bern/New York/Paris/Wien 1995.
Danz, Chr.: Die philosophische Christologie F. W. J. Schellings, Stuttgart-Bad Cannstatt 1995.

XI. Zu speziellen Themen

Tillich, P.: Mystik und Schuldbewußtsein in Schellings philosophischer Entwicklung, Halle 1912.
Leese, K.: Von Jakob Böhme zu Schelling. Zur Metaphysik des Gottesproblems, Erfurt 1927.
Barion, J.: Die intellektuelle Anschauung bei J. G. Fichte und Schelling und ihre religionsgeschichtliche Bedeutung, Würzburg 1929.
Knittermeyer, H.: Schelling und die romantische Schule, München 1929.
Schneider, R.: Schellings und Hegels schwäbische Geistesahnen, Würzburg 1938.
Hablützel, R.: Dialektik und Einbildungskraft. F.W.J. Schellings Lehre von der menschlichen Erkenntnis, Basel 1954.
Benz, E.: Schellings theologische Geistesahnen, Wiesbaden 1955.
Benz, E.: Schelling. Werden und Wirken seines Denkens, Zürich 1955.

Hollerbach, A.: Der Rechtsgedanke bei Schelling. Quellenstudien zu seiner Rechts- und Staatsphilosophie, Frankfurt a.M. 1957.
Kahn-Wallerstein, C.: Schellings Frauen: Caroline und Pauline, Bern 1959.
Portmann, St.: Das Böse – die Ohnmacht der Vernunft. Das Böse und die Erlösung in Schellings philosophischer Entwicklung, Meisenheim/Glan 1966.
Hayner, P. C.: Reason and Existence. Schellings philosophy of history, Leiden 1967.
Wild, Ch.: Reflexion und Erfahrung. Eine Interpretation der Früh- und Spätphilosophie Schellings, Freiburg/München 1968.
Sandkühler, H. J.: Freiheit und Wirklichkeit. Zur Dialektik von Politik und Philosophie bei Schelling, Frankfurt a.M. 1968.
Schmidt, Fr. W.: Zum Begriff der Negativität bei Schelling und Hegel, Stuttgart 1971.
Schröter, M.: Kritische Studien. Über Schelling und zur Kulturphilosophie, München 1971.
Bracken, J. A.: Freiheit und Kausalität bei Schelling, Freiburg/München 1972.
Doyé, S.: Die menschliche Freiheit und das Problem des absoluten Vernunftsystems. Zur Entwicklung des Schellingschen Systems, Köln 1972.
Osterwald, U.: Die Zweideutigkeit der Freiheit als Resultat der Willensmetaphysik Schellings, Bielefeld 1972.
Hennigfeld, J.: Mythos und Poesie. Interpretationen zu Schellings Philosophie der Kunst und Philosophie der Mythologie, Meisenheim/Glan 1973.
Marquet, J.-F.: Liberté et existence. Étude sur la formation de la philosophie de Schelling, Paris 1973.
Taureck, B.: Mathematische und transzendentale Identität. Philosophische Untersuchungen über den Identitätsbegriff der mathematischen Logik sowie bei Schelling und Hegel, Wien/München 1973.
Schurr, A.: Philosophie als System bei Fichte, Schelling und Hegel, Stuttgart-Bad Cannstatt 1974.
Ohashi, R.: Exstase und Gelassenheit. Zu Schelling und Heidegger, München 1975.
Vergauwen, G.: Absolute und endliche Freiheit. Schellings Lehre von Schöpfung und Fall, Freiburg 1975.
Mokrosch, R.: Theologische Freiheitsphilosophie. Metaphysik, Freiheit und Ethik in der philosophischen Entwicklung Schellings und in den Anfängen Tillichs, Frankfurt a.M. 1976.
Marx, W.: Schelling. Geschichte, System, Freiheit, Freiburg/München 1977.
Kondylis, P.: Die Entstehung der Dialektik. Eine Analyse der geistigen Entwicklung von Hölderlin, Schelling und Hegel bis 1802, Stuttgart 1979.
Marquard, O.: Transzendentaler Idealismus, romantische Naturphilosophie, Psychoanalyse, Köln 1986, ²1987.

Baum, K.: Die Transzendierung des Mythos. Zur Philosophie und Ästhetik Schellings und Adornos, Würzburg 1988.
Lawrence, J. P.: Schellings Philosophie des ewigen Anfangs. Die Natur als Quelle der Geschichte, Würzburg 1989.
Wüstehube, A.: Das Denken aus dem Grund. Zur Bedeutung der Spätphilosophie Schellings für die Ontologie Ernst Blochs, Würzburg 1989.
Heemstra, A.: Transzendenz und Immanenz. Das Problem des Absoluten in Schellings Philosophie, Stuttgart-Bad Cannstatt 1994.
Hermanni, F.: Die letzte Entlastung. Vollendung und Scheitern des abendländischen Theodizeeprojektes in Schellings Philosophie, Wien 1994.
Hühn, L.: Fichte und Schelling. Oder: Über die Grenze menschlichen Wissens, Stuttgart/Weimar 1994.
Iber, Chr.: Das Andere der Vernunft als ihr Prinzip. Grundzüge der philosophischen Entwicklung Schellings mit einem Ausblick auf die nachidealistischen Philosophiekonzeptionen Heideggers und Adornos, Berlin/New York 1994.

5. Bildquellenverzeichnis

Abb. 1: Archiv Gerstenberg, Wietze.
Abb. 2, 8, 9: Schiller-Nationalmuseum Marbach.
Abb. 3, 4, 5: Städtische Museen Jena, Romantikerhaus.
Abb. 6: Münchener Stadtmuseum.
Abb. 7: Goethe-Museum Düsseldorf.

6. Personenregister

7. Sachregister

Beck'sche Reihe „Denker"
Herausgegeben von Otfried Höffe

Adorno, von Rolf Wiggershaus (BsR 510)
Antike Skeptiker, von Friedo Ricken (BsR 526)
Aristoteles, von Otfried Höffe (BsR 535)
Augustinus, von Christoph Horn (BsR 531)
Bacon, von Wolfgang Krohn (BsR 509)
Berkeley, von Arend Kulenkampff (BsR 511)
Camus, von Annemarie Pieper (BsR 507)
Cassirer, von Andreas Graeser (BsR 527)
Epikur, von Malte Hossenfelder (BsR 520)
Fichte, von Peter Rohs (BsR 521)
Foucault, von Urs Marti (BsR 513)
Frege, von Verena Mayer (BsR 534)
Freud, von Alfred Schöpf (BsR 502)
Galilei, von Klaus Fischer (BsR 504)
Horkheimer, von Zvi Rosen (BsR 528)
Humboldt, von W. v., von Tilman Borsche (BsR 519)
Hume, von Jens Kulenkampff (BsR 517)
Jaspers, von Kurt Salamun (BsR 508)
Kant, von Otfried Höffe (BsR 506)
Konfuzius, von Heiner Roetz (BsR 529)
Locke, von Rainer Specht (BsR 518)
Macchiavelli, von Wolfgang Kersting (BsR 515)
Marx, von Walter Euchner (BsR 505)
Newton, von Ivo Schneider (BsR 514)
Nietzsche, von Volker Gerhardt (BsR 522)
Ockham, von Jan P. Beckmann (BsR 533)
Peirce, von Klaus Oehler (BsR 523)
Piaget, von Thomas Kesselring (BsR 512)
Popper, von Lothar Schäfer (BsR 516)
Quine, von Henri Lauener (BsR 503)
Rawls, von Thomas W. Pogge (BsR 525)
Schelling, von H. M. Baumgartner/H. Korten (BsR 536)
Sokrates, von Günter Figal (BsR 530)
Wittgenstein, von Wilhelm Vossenkuhl (BsR 532)

Verlag C. H. Beck München